2030年のその先へ
17の目標を超えて目指す世界

SDGs思考

田瀬和夫
SDGパートナーズ
著

インプレス

はじめに

本書で私が読者のみなさんに最もお伝えしたいことは、「つなぐ・つなげる」ということです。SDGs《エスディージーズ》(Sustainable Development Goals；持続可能な開発目標)は、一見難しい国際文書です。しかし、この文書が語ろうとしていることは、10年後に私たちがどのような社会を次の世代に引き継ぎたいかという、私たち世代にとっての近未来の「自分ごと」であり、また今の世代と将来の子どもたちをいかに「つないで」いくかという、つとめて真剣でまたシンプルな問題意識でもあると考えています。そしてこのことが、後述するようにビジネスや企業を含むすべての主体にとって、今まさにこの時代にとても重要な示唆を与えてくれると思っています。

私の大学時代はバブルの最後の頃で世界中が浮足立っていました。東京湾岸のディスコは大いに繁盛していましたし、就職の内定もたくさんの企業に頂いたりしました。それが突然１９８９年に冷戦が終了し、バブル経済もそれに合わせたように崩壊し、そんな日が来るとは夢にも思わなかったベルリンの壁の崩壊が実際に起こり、ソビエト連邦がロシアになり、湾岸戦争が勃発するという大きな変化を目の当たりにして、自分の将来の仕事について真剣に考えたのをよく覚えています。

よくよく考えた結果、頂いていた就職内定はすべて辞退し、科学と社会を「つなぐ」存在になろうと思って原子力工学から経済社会の方角に大きく舵を切り、当時の外務公務員I種試験（いわゆる外交官試験）に1年半かけて取り組んで外務省に入省しました。その後、後述するように国連難民高等弁務官をお務めになった緒方貞子先生という智の巨人のお手伝いをする幸運に恵まれ、国連で「人間の安全保障」に従事し、その後、世界のお金をちゃんと回すという問題意識から民間に転じました。

その意味で私は１９９０年以降の世界の変化をいろいろな角度から見る機会に恵まれましたが、おそらくこの30年ほど国際社会が急速に発展し、地球の環境に大きな影響を与え、また世界の人々がいやがおうにも「つながった」時代は、ホモ・サピエンスの繁栄の歴史の中でもなかったのではないでしょうか。極めて大きな変化が次々にやってきて、場合によっては国さえもなくなる危機が訪れるかと思えば、一方では人工知能が人間の心を代替するほどのテクノロジーの変化が私たちの日々の生活を変えていきます。私たちはどこへ向かうのでしょう？

仏教では「諸行無常」という、変わらないものはないという教えがあります。すべてのものは移ろいゆきます。ただ、もしかしたら、人が人として生きていく中で変わらない道理はあるかもしれません。それはおそらく、人が自然の中で生まれ、生きて死んでいくこと、自らのみならず次の世代の幸福を願うこと、現世の人との「つながり」、あるいは前の世代、次の世代との「つながり」の中で自らを知り、世のために何かをなそうとすることかもしれません。そうした人間の変わらない部分を「普遍的価値」と呼ぶならば、ＳＤＧｓはそうした変わらない価値をいかに時間を超えて「つなげて」いくかという体系といえるのです。

平和・開発・人権を「つなげた」人間の安全保障とＳＤＧｓ

２０１５年９月に国連総会で採択されたＳＤＧｓですが、突然この年にこのような考えが生まれたわけではありません。世界は２０００年の国連ミレニアム・サミットにおいて２０１５年を目標年とする開発目標、いわゆるＭＤＧｓ（ミレニアム開発目標）を採択しました。私は２０００年の国連総会での森喜朗総理大臣（当時）のニューヨークでの演説の草案づくりに関わりましたが、そのときに国連が直面していた最も大きな問題意識は、１９９０年代に多くの国で起きた国内紛争とその後の難民問題、人道危機をどう脱してよりプラスの開発につなげていくかということでした。

実際、１９９１年の湾岸戦争を端緒として、１９９０年代の国際社会はどこを見ても戦争ばかり、血みどろの「激動の10年」でした。冷戦時代の米ソの圧力が解き放たれた途端、それまで蓄積してきた不満や政治的圧力が各地で噴出し、ソマリアが無政府状態に陥り、カンボジアも完全な内戦状態となり、バルカン半島ではボスニア・ヘルツェゴビナが火を噴き、ルワンダではジェノサイドが発生し、東ティモールやコソボでも独立や民族浄化のために血が流れます。

私の恩師である緒方貞子先生は１９９０年から２０００年、つまりまさにこの「激動の10年」において、国連難民高等弁務官をお務めになりました。私は１９９０年代に外務省にいましたが、直接には存じ上げず遠い存在で、「国連における伝説の日本人リーダー」であり「通訳学校の教材に登場する最も正確な英語を話す日本人」として一方的に知っていましたが、この方が高等弁務官の任務を終えられた２０００年秋ごろから、国連で「人間の安全保障」に関する委員会を立ち上げる準備のために外務省に何度もおいでになりました。その際にふとしたことをきっかけにお話をすることとなり、数カ月後にはニューヨークに一緒に来て手伝いなさいということとなって、私の人生は大きく回転し始めます。

「人間の安全保障」はのちに「ＳＤＧｓの指導原則」ともいわれるもので、多くの重要な論点でＳＤＧｓと考え方が合致します。その一つが「社会課題はすべてつながっている」という考え方です。１９９０年代を通じて、国連は紛争下・紛争直後の人道的な状況にある人々をいかに救い、そこからいかに長期的な開発に向かうお手伝いをするかという難題に取り組もうとしました。紛争国で和平合意が成立すると平和維持活動（ＰＫＯ）が政治的な安定を確保する、それと同時に国連難民高等弁務官事務所（ＵＮＨＣＲ）、国連世界食糧計画（ＷＦＰ）、国連児童基金（ユニセフ）などの人道支援機関が即座に現場に入って人々の命を救い、緊急に必要なテントや食糧、ワクチンなどを配布します。そして状況が落ち着いたら人道支援機関は撤退し、その後に国連開発計画（ＵＮＤＰ）や国連食糧農業機関（ＦＡＯ）などにバトンタッチをして、今度は開発に向けて着手する、というシナリオです。

ところが実際やってみると、このシナリオはまったくうまくいきませんでした。なぜかというと、単純にユニセフなど緊急事態対応のための能力を普段から鍛えている国際機関が、ほぼまだ紛争下という厳しい状況の中でその活動を終えたその直後に、ＦＡＯなどの開発機関が現場に足を踏み入れることは危険すぎて到底できなかったからです。その結果、ユーゴスラビア然り、アフリカ然りですが、人道支援のあとに多くの国が国際社会からいわば「ほったらかされた」状態となり、１９９０年代を通じて実に紛争後の国々の半分以上が5年以内にまた紛争状態に陥るという状況が生じます。つまり「人道支援」と「開発支援」が分離されてしまい、それがうまく「つながらなかった」ために多くの人々の命が失われたのです。

緒方先生は常に現場からものを見る方でした。１９９０年代を通じて生じた上記のような人道と開発の分離に対して、国際機関がいかに「自分たちのできること」を現場に持っていくかということに集中してしまい、現場の人々のニーズに応えられていなかったか、いかに国際社会が「サプライサイドの論理」に陥っていたかを明らかにしようとします。そして、人道と開発をうまく「つなげて」いくためには、デマンドサイド、すなわち現場で支援を受ける人々の目線からそのニーズを把握し、それに国際的な取り組みのやり方を合わせていくような、つまり「現場から逆算して必要な制度を決めていく」、演繹的な思考回路が必要であるということを解き明かしていきます。

その中で緒方先生が強調された最も重要な点が、現場の人々から見ると人間が生きていく上での課題はすべて「つながって」いるということでした。紛争後の現場で小さな子どもを抱える親にとっては今日食べるもの、トイレ、衛生、薬、雨風から身を守る場所などの命を維持するニーズも、子どもの教育や収入といった少し先のニーズも、常に同時に発生しています。それらは複雑な事情や人間関係によって絡み合い、どれか一つを取り出して満たしてもあまり意味がないのです。これに対して国連は、ユニセフは子ども、ＷＦＰは食糧、ＷＨＯは保健といった具合に厳格な住み分けを行ってしまい、その壁のために現場の人々に対して有効な手助けができなかった。これを解決しようとしたのが、人々の視点からさまざまな課題の連関に取り組み、最終的には国連の組織改革までその視点でやってしまおうとする「人間の安全保障」という政策概念でありました。

緒方先生ともう一人、開発経済学でノーベル賞を取ったアマルティア・セン先生のお二人が理論的に構築した人間の安全保障は、人道と開発を「つなぐ」有効な考え方として2000年代の国連の活動の統合に大きな影響を与えます。それは、2005年に当時のコフィー・アナン事務総長が発表した、国連の平和・開発・人権における活動を統合していくべきという事務総長報告「In Larger Freedom：より大きな自由を求めて」につながっていきます。本書ではこの「より大きな自由」という言葉がＳＤＧｓの一番初めの文章に書かれている意味、そしてこの概念がＳＤＧｓのみならず第二次世界大戦後の国際社会を根本から支える概念であることを明らかにしますが、そこには人間の安全保障という現場の視点が大きな役割を果たしたのでした。

平和・開発・人権と地球環境を「つなげた」ＳＤＧｓ

こうした紛争と開発への取り組みと同時に、人類が1950年以降に経験した世界的な経済の成長は地球環境に次第に負担をかけ、また人間に対しても負担をかけていくこととなります。読者のみなさんもご存知の通り、日本でも1956年には水俣病の被害が明らかになり、1960年代には石油化学コンビナートから排出される光化学スモッグなどの物質から四日市ぜんそくをはじめとする公害が拡大します。1000種を越える生物相を誇る琵琶湖においても、1960年代には農薬、1970年代には化学汚染、1980年代には富栄養化に悩まされました。そして世界的な環境破壊の流れを受けて、1972年には国連人間環境会議（通称ストックホルム会議）が開催され、1984年には「環境と開発に関する世界委員会」（通称ブルントラント委員会）が組織されます。

1987年に報告を出したブルントラント委員会は、人類がこのままの消費を続けていくと早晩地球が持たなくなるという危機感を国連の公式の問題意識として捉え、現在の世代のニーズのために将来の世代が使うべき資源を先取りして借金をしないことを「サステナビリティ」と定義します（正確には「将来の世代のニーズを満たす能力を損なうことなく、今日の世代のニーズを満たすような開発」を持続可能な開発と定義しました）。ここからサステナビリティは国際社会において急速に主流化し、1992年のリオの地球サミットから、一気に地球温暖化に対する問題意識がグローバルなものとなります。私は1997年に日本がCOP3（第3回気候変動枠組条約締約国会議）を京都に招いたときに外務省で環境を担当する課のとなりで人権を担当していましたが、いよいよ環境が一つの大きなアジェンダになるのを肌で感じていました。

重要なことは、西暦2000年を迎えたあたりから、世界の中でこうした環境に対する取り組みと、上述したような平和や人権に関する取り組みが、実は突き詰めて考えると同じところに行き着くのではないか、私たちが人類として目指している世界、次の子どもたちに引き渡したい世界というのは、実は一つの大きな考え方として表すべきなのではないかと考える人たちが出てきたことです。２０００年に採択されたＳＤＧｓの前身であるＭＤＧｓは主として途上国の開発をどうやって助けていこうかという文書でしたが、環境への配慮がなくては継続的な社会の成長はありえないし、逆に環境への配慮がない開発は、１９６０年代の先進国の苦い公害経験を繰り返すことにもなりえます。また、地球温暖化をはじめとする環境の課題は、そもそもその元をたどると原因は社会的な要素、たとえば格差ということが大きな働きをしていることがわかってきます。

２０１２年頃に開発途上国であるコロンビアとグアテマラが国連持続可能な開発会議（リオ＋20）において提案した、国連の平和・開発・人権という大きな流れと、環境と持続可能な開発というもう一つの大きな流れを「つなげて」、一つの統一した目標としようという考え方は、こうした意味でとても道理にかなったものであったということができます。国連はここから3年間、片やＭＤＧｓを引き継ぐ体系として、片や持続可能な開発を具体化する体系として、これらが統合された「２０３０アジェンダ」の策定に臨みます。そして２０１５年9月25日～27日に開催された「国連持続可能な開発サミット」において国連総会決議として採択されたのが、私たちが今日ＳＤＧｓとしてよく知っている、「我々の世界を変革する：持続可能な開発のための ２０３０アジェンダ」です。

世代を超えてすべての人が自分らしくよく生きられる世界へ

こうした大きな流れから生まれたＳＤＧｓには、本書で詳述するように、17の目標、１６９のターゲットを遥かに超えた大きな世界観があります。それは、人類がこれまでの歴史から学び次の世代に伝えたいメッセージであり、また将来の子どもたちに引き渡したい世界そのものでもあるのです。これらは17個の素敵な（私も好きな）アイコンだけからはどうやったってわかりませんし、ましてや169の数値目標をどんなに研究しても出てきません。しかしそれらはこのSDGsという文書の前文や宣言の中にちりばめられ、しっかりと根を下ろしています。

世代を超えて（present and future generations）

すべての人が（leaving no one behind）

自分らしく（in larger freedom）

よく生きられる（well-being）世界

ということが私のSDGs世界観の解釈です。これらはすべてSDGsという国連文書の中に明示的に含まれている言葉であり、一つひとつが大きな歴史と思想をその背景に持ち、現在と将来の世代に対する希望を紡いでいると感じます。そしてこうした世界観への理解なしにSDGsの個別の目標に断片的なやり方で取り組むことは、私にとっては1990年代に国連が犯した過ちとまったく同じことの繰り返しに見えるのです。今求められることは、国際社会のすべてのアクターが目指すべき世界観に共感し、それに向けてすべてのことを「つなげて」いくことではないでしょうか。

なぜ企業がＳＤＧｓに取り組むのか

本書は企業の経営に携わる人たちに多く読んでいただきたいと思って著したものです。それなのに、前書きで企業の話が全然出てこないので心配されている方も多いかと思いますので、このあたりから企業がなぜＳＤＧｓに取り組むべきなのかについて考えてみます。

実は私が２０１４年に民間に転じたのは、国連の人道支援や開発の現場においてきちんとお金が回っていないという現実に直面したことが直接の理由です。国連の予算というのは各国の税金が原資ですから、そこには「利益」という概念はありません。政府開発援助（ＯＤＡ）と同じで、途上国を支援するための使い切りのお金です。そうするとどうなるかというと、お金を使い切ったところですべてが止まることになってしまいます。国連の現場で嫌というほど見てきましたが、お金がなくなった瞬間に、救急車も、食糧支援も、学校の授業も、すべてみごとにストップします。そして最悪の場合は1年経たないうちに「元の木阿弥」となってしまいます。

そこで現場の国連職員が渇望するのはいつも「追加資金」ですが、それでは問題は解決しません。最終的には外部からのインプットがなくてもそこで継続的に価値が生み出され、それが拡大再生産されるような仕組み、つまり「利益」という概念がなければ社会は回っていかないのですが、国連は利益を生むことを許されていない。ここで開発支援というプロセスが大きな矛盾を生じるのです。２０１０年から国連の人道支援の仕事でパキスタンに3年駐在しましたが、そこでもまさに、国際社会の公的な支援と民間企業による投資という二つの重要なインプットがまったく「つながっていない」ことを痛感しました。そしてこれを「つなげる」ことが私が国連を辞して日本のコンサルティング会社に移った直接の理由でした。これは自分の人生にとって大きな転換点でした。

一方で、企業に移ってみると、企業の経営者の中にはただ単にお金を稼ぎたいだけではなく、利益を挙げるというプロセスにおいて確実に社会に対して何らかの善をなすべきだという理念を持った人が多くいることに気づかされました。グローバル・コンパクト・ネットワーク・ジャパン（ＧＣＮＪ）の代表理事で元富士ゼロックス社長の有馬利男さんはその代表格でおいでであると思いますが、有馬さんとお話していると、企業の存在意義はお金を回し、利益を生み出すことで社会をよくすることであるという世界観を明確に感じることができます。そして、こうした優れた経営者の経営思想とＳＤＧｓが目指す世界観はまったく違わない、むしろ世界は優れた経営者を必要とするのだと考えるようになりました。

今私は、企業がＳＤＧｓに取り組むべき最も大きな理由は、「企業は継続的に金を稼ぎ利益を挙げながら、社会に対して善をなすべきであるから」であると思っています。ＳＤＧｓは現代の社会においてある意味で「善」という概念を具体化する概念であり、それならば企業がＳＤＧｓを活用して金を稼ぎ、利益を挙げることはその社会的な存在意義、すなわち会社としての大義に合致するからです。

ただ、単にＳＤＧｓの世界観に賛同し、あるいは社会に対して善をなそうとするだけではお金は儲かりません。特にＳＤＧｓのそれぞれの目標をワッペンのように自社の活動に当てはめて、あれやってます、これやってますという「紐付け（マッピング）」をしているだけではどこにも行けません。本当にＳＤＧｓを理解し、これを経営に「練り込み」、継続的に利益を挙げながら社会的な善まで両立させようと思ったら、ここには極めて戦略的で革新的な発想と、それによる社会的なインパクトまでを「つなげて」考えるという思考方法が必要となってきます。本書は特に、積み上げの帰納法と逆算の演繹法を「つなげる」ことによって企業がどのようにＳＤＧｓが目指す世界観と利益を両立しうるか、その解説に挑みます。また、たとえば多様性と包摂に代表される組織論やＥＳＧ投資ということがいかに利益に対して大きな因果関係を持つ可能性があるか、その「つながり」に迫ります。

本書が経営者のみならず、すべての人がＳＤＧｓと私たちが目指す世界について考えるきっかけとなることを願います。世代を超えてすべての人が自分らしくよく生きられる世界を実現する。その成否は今この時代にかかっているといえるでしょう。

2020年8月　田瀬和夫

第2章 今なぜSDGsに取り組むべきなのか

第3章

SDGsを経営に実装するための思考法

97

第4章 ESGの潮流

第5章 SDGsの視点から考える気候変動

第7章

SDGsの実現に向けた ダイバーシティ&インクルージョン

287

2015年9月25日、
世界193か国が全会一致でSDGsを承認した。

第1章

2030年のその先へ
17の目標を超えて目指す世界

【写真:Newscom/アフロ】

人類の共存を目指す二つの大きな流れ
―SDGs誕生の背景

人類の生存戦略とは一体何でしょうか。人間というのは、体そのものは決して強靭とはいえず、ひょっとしたら戦闘力では猫にも敵わないかもしれません。それにもかかわらず、生物ピラミッドの頂点に君臨しているのは、文字と言語を用いてありとあらゆる情報を次世代に伝える「**教育**」という手段を持ち合わせているからです。人間は教育という生存戦略を通して文明を作り出してきた一方で、歴史を振り返ればもっぱら殺し合いのために活用してきました。「**戦争**」はいわば「勝つ」ための生存戦略です。しかし、15世紀頃に鉄砲が発明され、20世紀にはとうとう原子力爆弾が作り出され、人間はようやく、このまま殺し合いを続ければ人類が滅びることに気がつきます。こうして人類の生存戦略は「**共存**」である、というコンセンサスが形成されていきました。

このコンセンサスが公式に最も大きな形で文書になったものが**国連憲章**です。国際連合は、第二次世界大戦後の1945年、人類史上初めて「共存」を訴えて誕生しました。人類全体として共存を戦略にしようと誓った初の文書となり、前文にはその決意が明示されています（図1－1）。

図1-1——国連憲章の前文に見られる「共存」への誓い

国連憲章前文

"われら連合国の人民は、われらの一生のうち二度まで言語に絶する悲哀を人類に与えた戦争の惨害から将来の世代を救い、基本的人権と人間の尊厳及び価値と男女及び大小各国の同権とに関する信念を改めて確認し、正義と条約その他の国際法の源泉から生ずる義務の尊重とを維持することができる条件を確立し、一層大きな自由の中で社会的進歩と生活水準の向上とを促進すること、並びに、このために、寛容を実行し、且つ、善良な隣人として互に平和に生活し、国際の平和および安全を維持するためにわれらの力を合わせ、共同の利益の場合を除く外は武力を用いないことを原則の受諾と方法の設定によって確保し、すべての人民の経済的及び社会的発達を促進するために国際機構を用いることを決意して、これらの目的を達成するために、われらの努力を結集することに決定した"

図1-2――1987年東西冷戦終了前後、世界各地で内戦が勃発

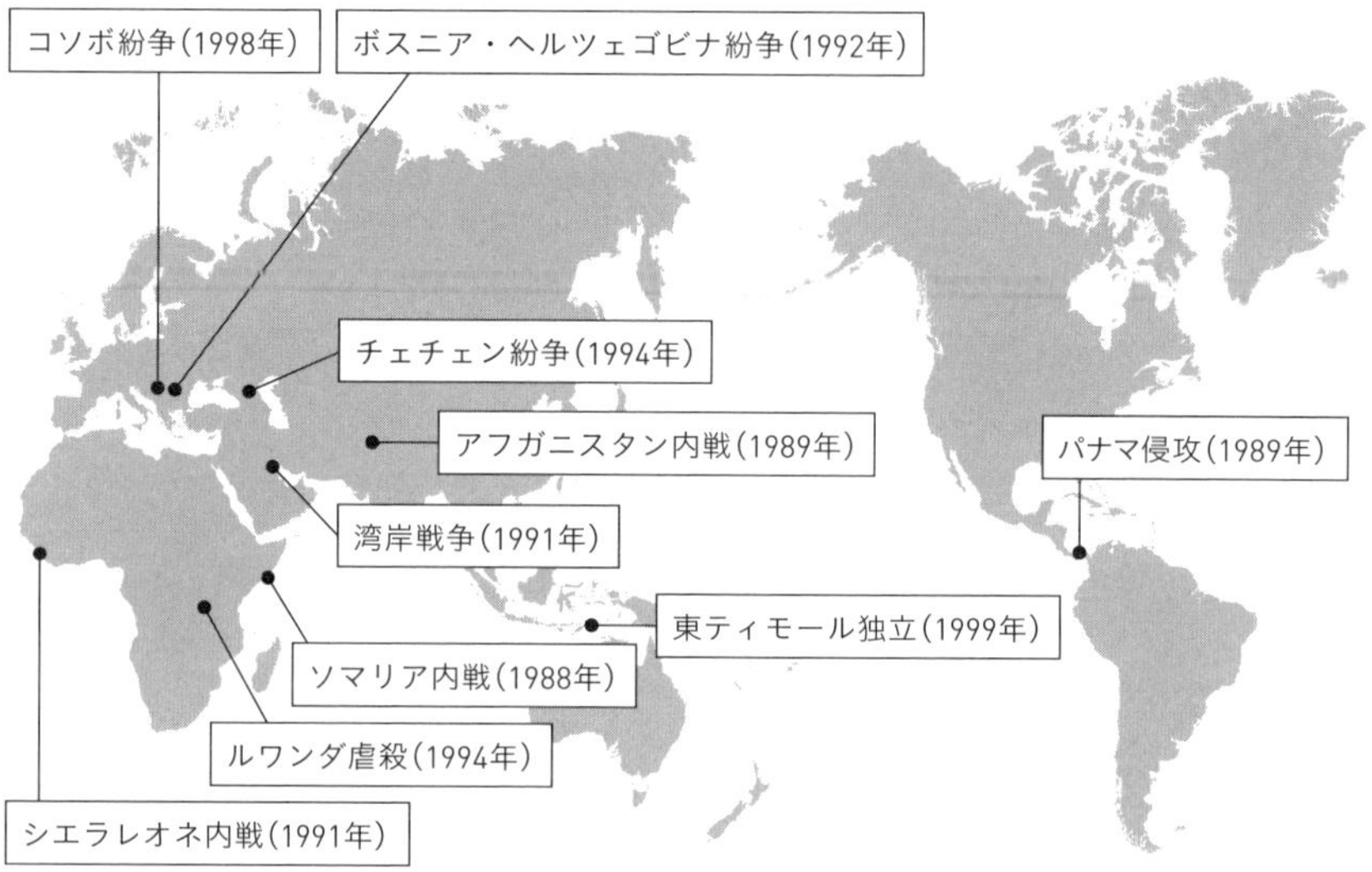

※括弧内は発生年

戦争の惨禍を繰り返したくないと誓った人類は、二度と戦争をしないこと(平和)、飢餓から人々を救うこと(開発)、そして人々が生まれながらにして持つ可能性を摘まないこと(人権)という三つの重要な目標に注力することとしました。戦後の政治構造と経済構造は基本的にこの国連の枠組に支えられて発展します。

それにもかかわらず、1989年に米国と旧ソ連の冷戦が終わると、世界中で戦争が巻き起こります。1991年に勃発した湾岸戦争を皮切りに、ソマリア、シエラレオネ、コソボ、ボスニア・ヘルツェゴビナ、チェチェン、アフガニスタン、東ティモール、パナマ、ルワンダといった国々では、国家を崩壊させるほどの激しく長い戦争が続きました(図1－2)。こうした国々では多くの人命が失われ、人々は自分らしく生きる権利を剥奪されたわけですが、だからこそより一層、国連の人権

を守り平和を実現するための役割が、ますます大きく重要になったといえます。

1990年代における変化：グローバル化

1990年代にはもう一つ大きな国際社会の変化が起こります。戦争により国家が機能しなくなる一方で、国が完全に機能していても制御できない問題がたくさん浮上しました。きっかけは**グローバル化**です。情報通信技術が普及し、航空機や船舶などの移動手段の発達によって人やモノの大量移動が可能になったことで、多国籍企業が躍進し、金融取引が国際化され、国際市場が形成されるなど、経済の面では目に見えて大きな変化が生じました。しかしその一方、人や物の移動がもたらす負の側面として、**感染症の流行**も多くみられるようになりました。

国連世界観光機関（World Tourism Organization；UNWTO）および国際民間航空機関（International Civil Aviation Organization；ICAO）の統計によると、1993年から1997年の間の地球上での航空機の移動は、世界のどのエリアにおいても30〜40％以上増加しています。このような世界規模の移動の増加は、感染症をコントロールすることが難しくなったことを裏づけています。実際に2003年にはSARSが国際的に大流行しました。また、2020年には新型コロナウイルス感染症（COVID－19）がパンデミックを引き起こしています。グローバル化によって各国は相互に依存し合うようになり、国境は意味を持たなくなり、その結果、世界中で制御することが困難な問題が起こりはじめたのです。

環境保全に向けた国連、国際社会の動き

その一方で、世界的に経済が成長を続けていた1980年代に、このまま消費が拡大すれば地球が持たなくなるのではないかという議論が浮上し、**「持続可能な開発」(Sustainable Development)**という概念が生まれます。環境保全と経済成長は対立し合うものではなく、両立し互いに支え合うものであるという考え方で、環境保全のためには経済成長を犠牲にすべきであるという、これまでの見解を覆すものでした。

経済成長は、技術開発による資源の保全を可能にし、環境を守り維持するための投資機会を増やすことができるものとして再定義され、環境保全と経済成長はともに社会の発展のための両輪であると位置づけられたのです。1984年には国連で**「環境と開発に関する世界委員会」(ブルントラント委員会)**が組織され、その3年後に発表された最終報告書[1]の中で、初めて「サステナビリティ」という言葉が使われます。その真意を汲むと、「将来の世代のニーズを満たす能力を損なうことなく、今日の世代のニーズを満たすような開発」という意味になりますが、この辺りから今の世代が次の

子どもたちに借りをつくってはならない、きちんと次の人たちに資源を残していこうという機運が高まります。

1992年にはブラジルのリオデジャネイロで**国連環境開発会議（地球サミット）**が開催され、当時のほぼすべての国連加盟国である172カ国の政府代表が参加しました。地球サミットでは持続可能な開発に向け、地球規模のパートナーシップを構築することを目指すリオ宣言が提唱され、その具体的なルールとして、気候変動を抑制するための国際的な枠組みである「気候変動枠組条約」や生物多様性の保全などを目的とする「生物多様性条約」、各国政府が取るべき行動をまとめた4分野40項目が記された「アジェンダ21」が採択されました。なお、「気候変動枠組条約」はその後、1997年の**京都議定書**、2015年の**パリ協定**につながっていきます。

そして生まれたMDGs

2000年代に入ると、平和・開発・人権という系譜を引き継ぐ形で**ミレニアム開発目標**（Millennium Development Goals；**MDGs**《エムディーンーズ》）が定められました。MDGsは2000年9月にニューヨークで開催された国連ミレニアム・サミットで採択された国連ミレニアム宣言と、1990年代に開催された主要な国際会議やサミットで採択された国際開発目標を統合し、一つの共通枠組みとしてまとめられたものです。極度の貧困や飢餓の撲滅など、2015年までに達成すべき八つの目標を掲げました。

MDGsの八つの目標

- 目標1　極度の貧困と飢餓の撲滅
- 目標2　普遍的な初等教育の達成
- 目標3　ジェンダー平等の推進と女性の地位向上
- 目標4　乳幼児死亡率の削減
- 目標5　妊産婦の健康の改善
- 目標6　HIV／エイズ、マラリア、その他の疾病の蔓延防止
- 目標7　環境の持続可能性の確保
- 目標8　開発のためのグローバルなパートナーシップの推進

MDGsによって掲げられた具体的な目標に対し、15年間にわたって世界が一丸となって取り組んだことにより、極度の貧困下に暮らす人の数は19億人から半数以下の8億3600万人に減少し、途上国の初等教育就学率は80％から91％に増加するなど、世界全体で大きな成果がみられました。(2)

一方で、目標の達成には国や地域によって差があり、MDGsの恩恵を受けられていない「取り残された人々」と「様々な格差」の存在が明らかになりました。

二つの大きな流れがSDGsへと統合

サステナビリティという観点では、地球の温暖化をどうやって防ぎ、持続可能な開発を実現するかという議論が、温室効果ガス（GHG）の排出削減と吸収の対策を行う「緩和」と、既に起こりはじめているGHGによる影響への「適応」との両面から深まってきました。そうした議論が続く中で、国連憲章からの「平和・開発・人権」、そしてブルントラント委員会以後の「環境・持続可能性」という二つの大きな流れが、実は同じ世界を目指しているのではないかという意識が生まれてきます。

2005年にはコフィー・アナン元国連事務総長が、国連の活動を統合すべく「In Larger Freedom：より大きな自由を求めて：すべての人のための開発、安全保障および人権」(3)という事務総長報告を出しました（図1－3）。そして、その

図1-3―― 事務総長報告を発表するコフィー・アナン（2005年3月）

写真：ロイター/アフロ

後２０１２年の国連持続可能な開発会議（リオ＋20）の準備会合において、コロンビアとグアテマラが二つの大きな流れを統合して一つの文書とするべきであると提案を行うに至ります。これがＳＤＧｓ採択に向けた最初のステップとなりました（図１－４）。

ＳＤＧｓの誕生

リオ＋20は、１９９２年に開催された地球サミットから20年後の２０１２年に、同じブラジルのリオデジャネイロで開催されました。リオ＋20での提案は、ポストＭＤＧｓの議論と統合され、そこから文書を作成する交渉を経て、１９３（当時）の国連加盟国の合意が形成されました。ＭＤＧｓが期限切れとなる２０１５年末を目前にした２０１５年９月に、国連総会において全会一致で採択されたのが、「我々の世界を変革する：持続可能な開発のための２０３０アジェンダ」[4]という文書です。

総会決議として採択されたこの文書は「**２０３０アジェンダ**」とも通称されます。英文で35ページに及ぶ文書の中に17の目標、１６９のターゲットからなる持続可能な開発目標、すなわち**ＳＤＧｓ**が含まれています。ＳＤＧｓは、ＭＤＧｓが達成できなかった課題を引き継いだのみならず、経済成長、社会的包摂、環境保護といった相互に関連する諸課題を含んでおり、統合的な対

図1-4――　「平和・開発・人権」体系と「環境・持続可能性」体系の統合

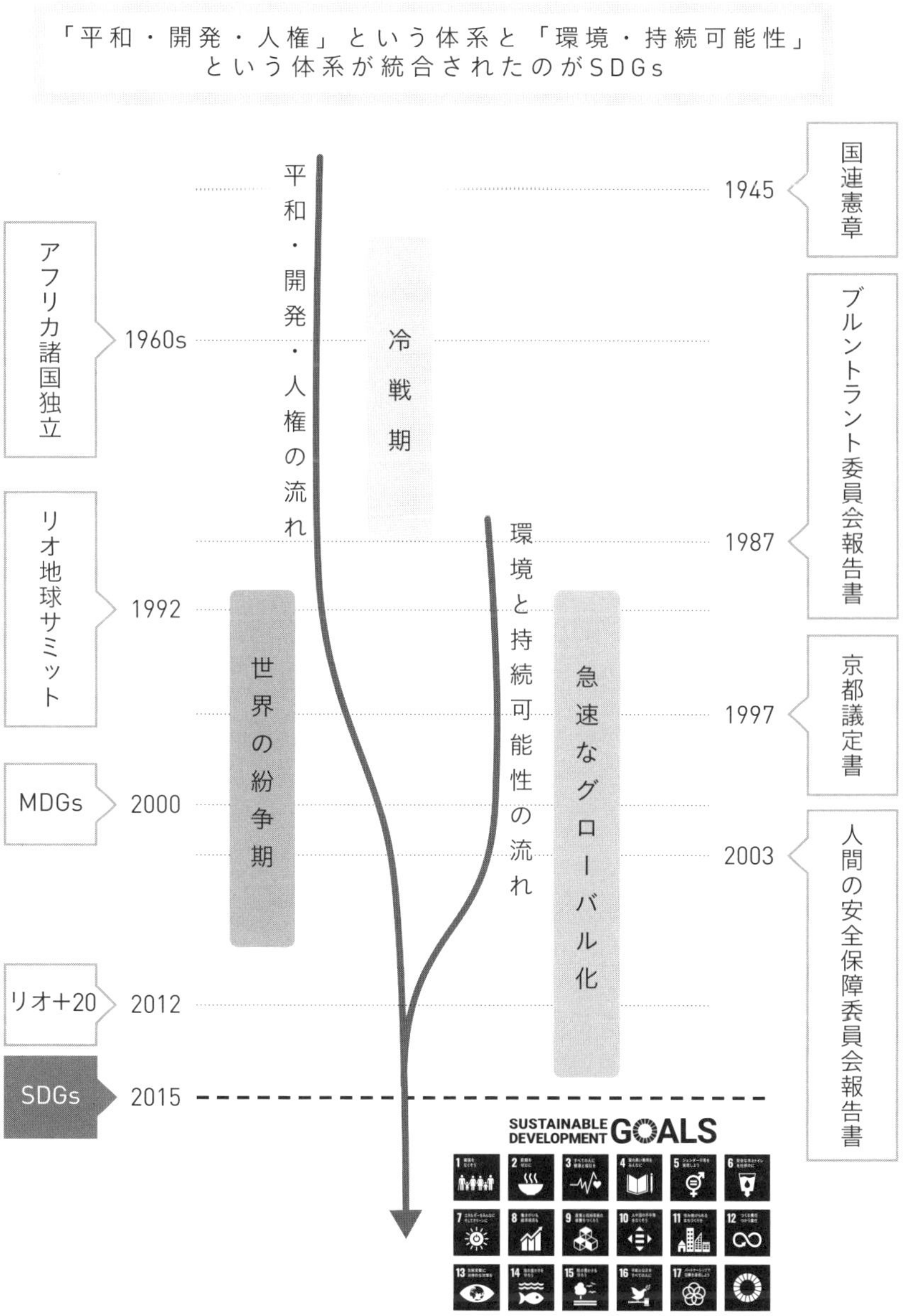

図1-5── SDGsとは人類の生存戦略の一つの到達点

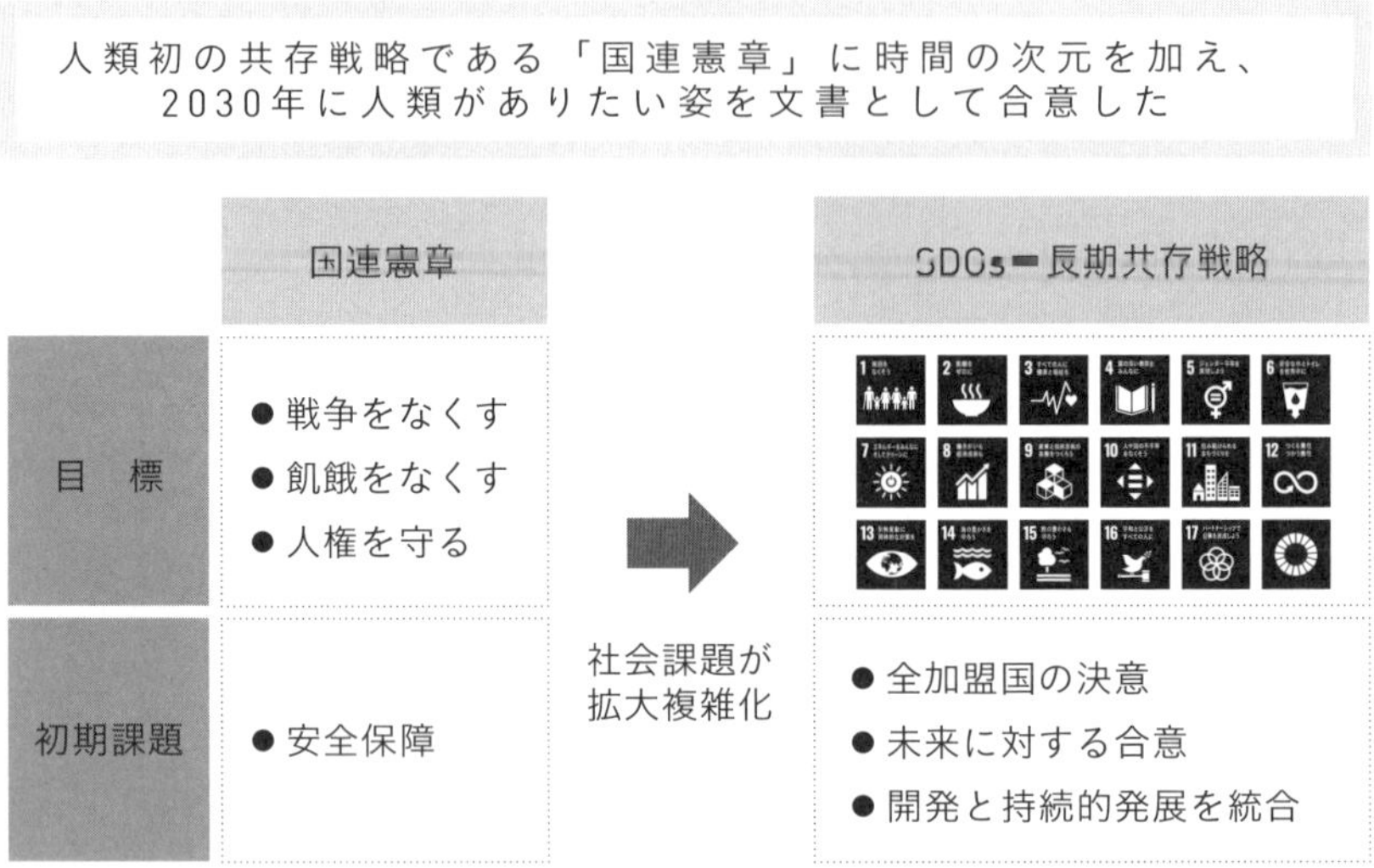

策を必要とするものです。また、MDGsが開発途上国のみにおける対策を意図していたのに対して、SDGsは普遍的であり、途上国・先進国を問わずすべての国を対象としています。

ここで冒頭の話に戻りましょう。

人類が種の頂点に君臨して世界の覇権を握ったのは、教育という生存戦略があったからです。しかしその一方、教育は他国との戦争という新たな生存戦略へとつながり、数十万年にわたり殺し合いの歴史を歩むこととなりました。20世紀の半ば、その反省から生まれたのが国連憲章という「共存」戦略です。

勝者か敗者か、生か死かという人類が歩んできた二元論に対して、SDGsは「**持続的な共存**」という新たな戦略を明確に持ち込みます。2015年9月、この共存戦略を193カ国すべての国連加盟国が全会一致で採択できたことは、ある意味で人類という種の成熟度を表しているのかもしれません。ホモ・サピエンスは、その誕生から約20万年という長い年月をかけて、ようやく共通の理想を掲げ、わずか15年先とはいえ、未来のありたい姿を具体的に描いて合意したのです。地球上に生きる70億人の総意が込められたといっても過言ではない文書が採択されたことは、人類の生存戦略の一つの到達点ともいうべき画期的な出来事であるといえます（図1－5）。

そしてここから先は、この人類共通の理想として掲げられたSDGsが示す2030年の世界を実現できるかどうかが試されます。私たちは引き続き、歴史の大きな転換点に立っているのです。

SDGsの構成

SDGsの17の目標は大きく四つに分類できます（図1－6）。最初の六つは主として開発に関するもの、次の六つは主として経済に関するもの、その次の三つが主として地球環境に関するもの、そして最後の二つが全体を支えるような枠組み、となります。それぞれの目標には、さらに詳細な定性的・定量的なターゲットが定められており、全体として169の課題が提示されています。

ただ、留意しなければならないのは、この17の目標、169のターゲットだけを見ても、**SDGsが目指す世界観**は必ずしも明らかにはならないということです。2030アジェンダは35ページからなる文書であると述べましたが、その中には2ページの前文、59段落にわたる宣言、

図1-6 —— SDGsアイコンの分類

出所：国際連合広報センター提供の図を基に作成

次に169のターゲットが述べられ、続いて12段落からなる実施手段とグローバル・パートナーシップ、さらにそのあとに20段落にわたるフォローアップとレビューという重要な要素が組み込まれています（図1－7）。

そして実は、その前文や宣言の中にこそ、**SDGsという思想全体を理解するための重要なヒント**が隠されているのです。

図1-7―― 2030アジェンダの構成

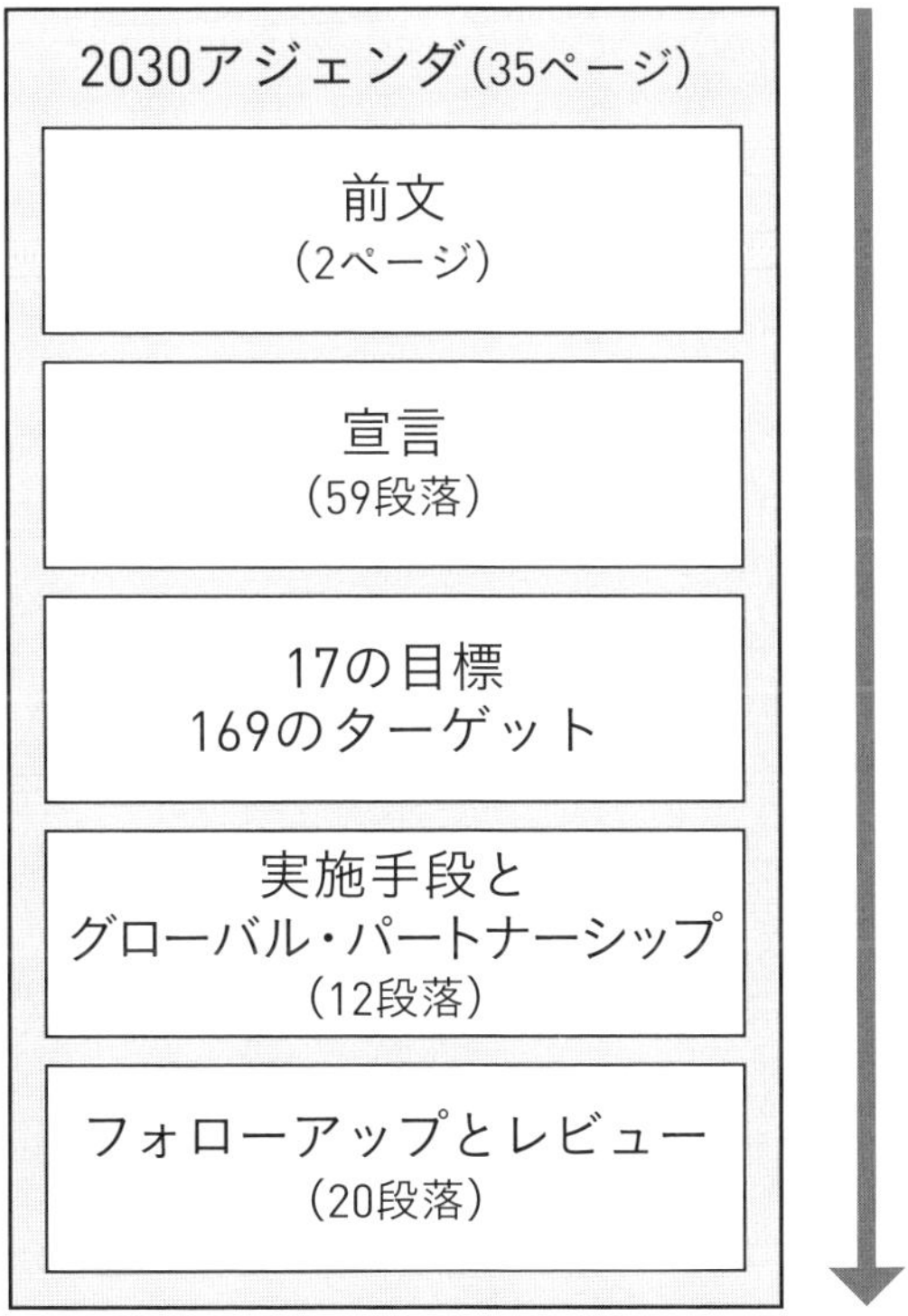

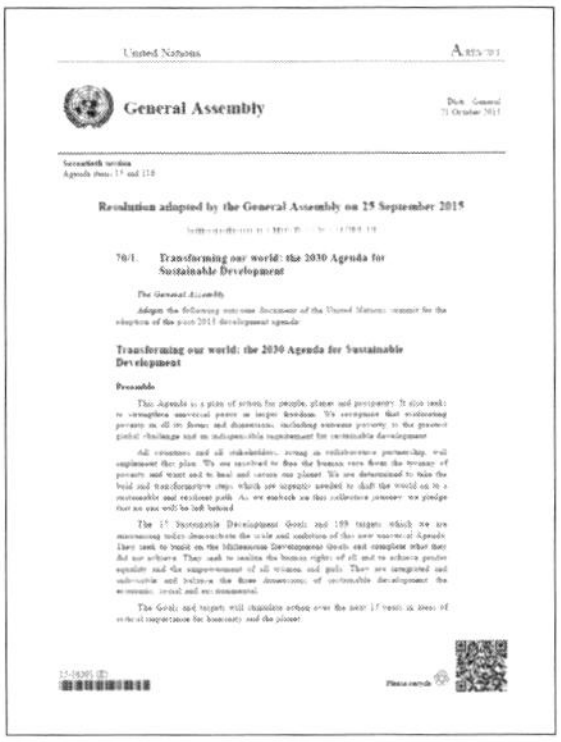

United Nations

General Assembly

Seventieth session

Resolution adopted by the General Assembly on 25 September 2015

70/1. Transforming our world: the 2030 Agenda for Sustainable Development

The General Assembly

Transforming our world: the 2030 Agenda for Sustainable Development

Preamble

「2030アジェンダ」の前文。
出所:国際連合ウェブサイト(https://www.un.org/)

SDGsの世界観を読み解く

　ここまでSDGs誕生の背景やその成り立ちについて述べてきましたが、いまだSDGsとはいったい何なのか、わかったようでわからない、という方も多いのではないでしょうか。これはなぜかというと、SDGsの17の目標と169のターゲットは、「2030アジェンダ」という偉大な文書のほんの一部に過ぎないからです。この文書には、国連憲章と同じように、高らかな宣言からなる前文があり、数値目標と実施手段の後にはさらに高らかな宣言からなるフォローアップがあります。ここでは、四つのキーワードを通じて、そのストーリーが伝える**世界観**を紐解きます。

キーワード1「すべての人が」

「2030アジェンダ」の前文第2段落では、**「誰ひとり取り残さない」**（no one will be left

図1-8—— トリクルダウン理論によって生じる格差

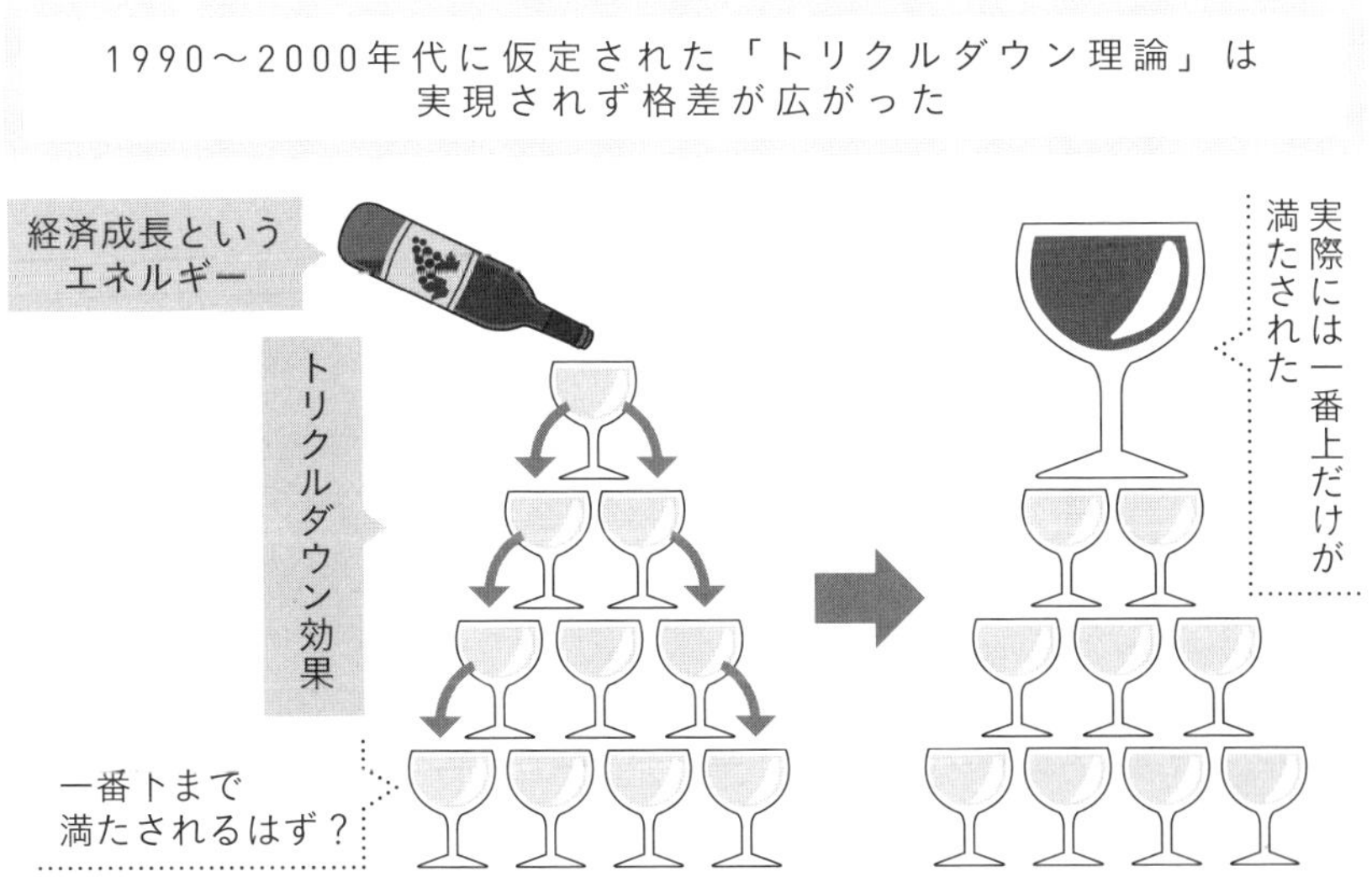

1990〜2000年代に仮定された「トリクルダウン理論」は
実現されず格差が広がった
経済成長というエネルギー
トリクルダウン効果
一番下まで満たされるはず？
実際には一番上だけが満たされた

behind）という決意が宣言されていますが、これには二つの意味があります。

一つめは、2000年代のMDGsの時代に「成長」を志向しすぎたことに対する教訓です。タワーのように積み上げられたシャンパングラスをイメージしてみてください。上からシャンパンを注ぐと流れ落ちてきて、一番下のグラスもシャンパンで満たされる——。これは「富める者が富めば、経済活動が活発化して貧しい者にも富が再分配される」とする経済理論で、トリクルダウン理論と呼ばれますが、1990〜2000年代の経済政策はこうした考えのもとに実施されていました。しかし実際には、一番上のグラスばかりがどんどん大きくなって満たされ、下のグラスにはシャンパンは行き届かず、結果的に社会的な格差を広げることにつながりました（図1-8）。そのような経験と反省を踏まえてSDGsが目指すのは、「格

図1-9——「すべての人」が参画できる社会

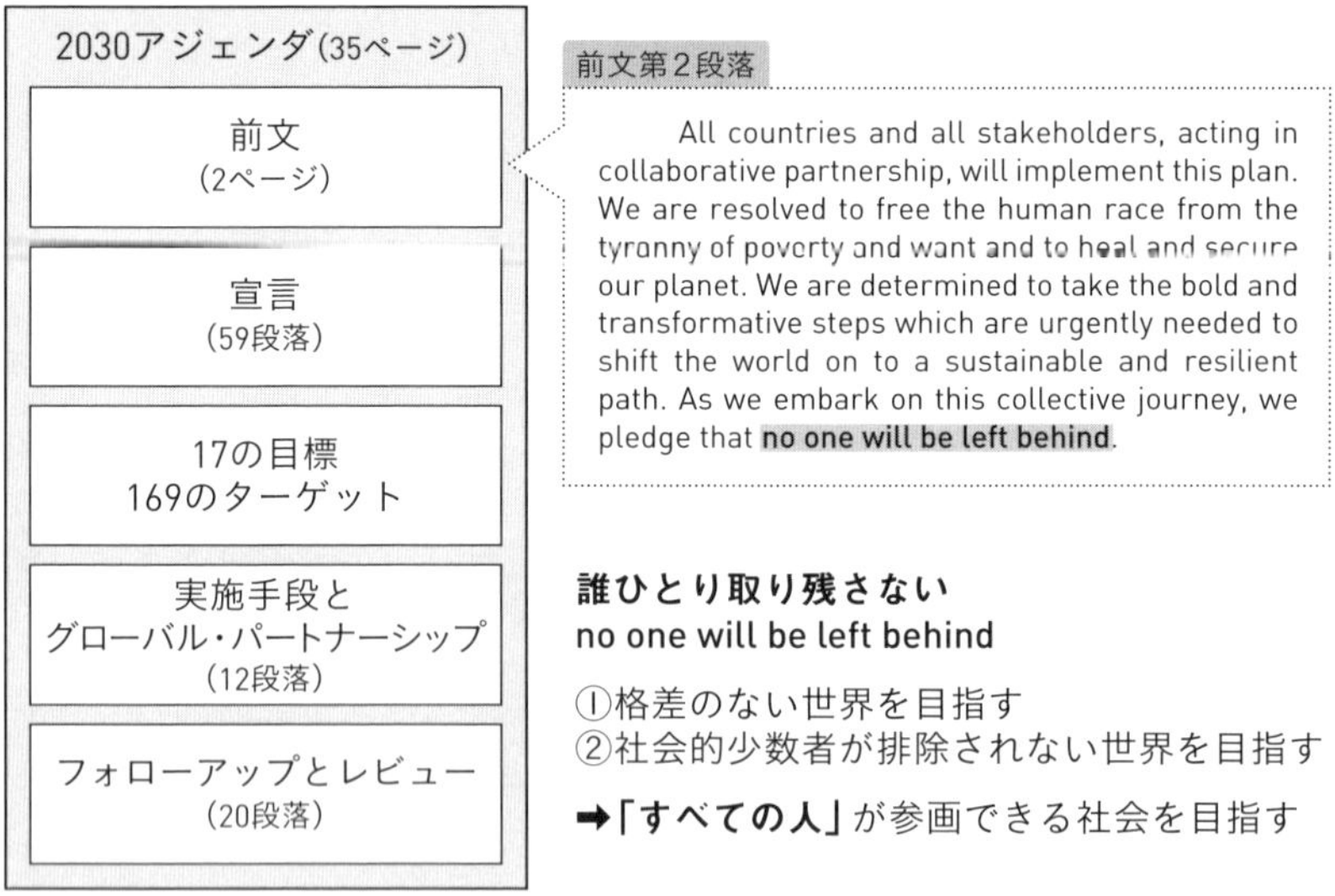
2030アジェンダ(35ページ)
前文
(2ページ)
宣言
(59段落)
17の目標
169のターゲット
実施手段と
グローバル・パートナーシップ
(12段落)
フォローアップとレビュー
(20段落)
前文第2段落
All countries and all stakeholders, acting in collaborative partnership, will implement this plan. We are resolved to free the human race from the tyranny of poverty and want and to heal and secure our planet. We are determined to take the bold and transformative steps which are urgently needed to shift the world on to a sustainable and resilient path. As we embark on this collective journey, we pledge that no one will be left behind.
誰ひとり取り残さない
no one will be left behind
①格差のない世界を目指す
②社会的少数者が排除されない世界を目指す
➡「すべての人」が参画できる社会を目指す

差のない世界」です。

そして二つめは、障がい者やLGBTQ[5]といった人々の権利が蔑ろにされない、社会的少数者を含むすべての人が社会に参画できるような世界を目指すことです。こうした二つの意味を持つのが、この「誰ひとり取り残さない」であるといえます。

LGBTQや高齢者についてはSDGsの中で言及されていませんが、SDGsが想定する「**すべての人**」に含まれると解釈できます。

キーワード2「自分らしく」

前文第1文、すなわちこの文書の最初の文章では、**「より大きな自由」**(in larger freedom)が平和の中で実現されるべきであると言い切っています。この文言は国連憲章の前文、また先述のコフィー・アナンの事務総長報告のタイトルにも使われているものですが、「すべての人がより多くの人生の選択肢を持つべきである」という重要な思想を表すものであり、ある意味で現在の国際社会の根底を支える概念です。

ここで、いかに「フリーダム」という言葉が重要か、という点に触れます。日本語の「自由」を英語で表現すると、LibertyとFreedomの二つがあります。Libertyは、「他人に拘束されない自由」のことです。米国のニューヨークにある自由の女神像(Statue of Liberty)が持っているのは独立宣言書であり、イギリスから束縛されない自由を表現しています。それに対してFreedomは、「**人生における選択肢が多いこと**」を表しています。

アイススケートで華々しい功績を残している羽生結弦《はにゅうゆづる》選手を例に考えてみると、羽生選手は様々な技や表現で観る人を魅了していますが、その氷上での演技の自由度は、地球上の全人類と比較すると抜きん出て高い、といえます。羽生選手は誰よりも氷の上でできること、選択肢を多く持ち合わせており、それらの選択肢は羽生選手の経験や練習、思想や哲学などを土台にしています。すなわちFreedomの意味は、「できることが多くなる」「できることの選択肢が多い」ということです（図1－10）。

国連憲章の前文でFreedomが使われている理由は、世界では、貧困、戦争、災害などによって自分の人生に対する選択肢を完全に奪われている人々が多く存在しているからです。またSDGsの第1文には、2030年を生きるあらゆる人々のために「自分の意思で未来を自由に選択できる世界」の実現を目指すという決意が表明されています。そして「多くの選択肢から自分の人生を選ぶ」ということは、とりもなおさず「**自分らしい**」人生を送ることを意味するのではないでしょうか（図1－11）。

キーワード3「よく生きる」

宣言文の第7段落では、SDGsが目指す世界について、「我々が思い描く世界は、すべての生命が栄え、すべての人々が身体的、精神的、社会的に**よく生きられる（well-being）**世界である」と述べています。また、前文の「Prosperity」（繁栄）という段落においても、すべての人が身体的・精神的・社会的に「よく生きる」ことができる社会を実現したい、という決意が表明されています。ここで使われているwell-being（ウェルビーイング）という言葉は、世界保健機関（World Health

図1-10―― 二つの自由

Liberty

▼

束縛されない自由

自由の女神（Statue of Liberty）は「英国から束縛されない自由」の象徴である独立宣言書を抱いている

写真：photoAC

Freedom

▼

できることの選択肢が多い

「氷の上での自由」という場合、それは「できることが多い」、「できることの選択肢が多い」ことを表す

写真：Kiyoshi Sakamoto/AFLO

図1-11――「自分らしい」人生を生きる

2030アジェンダ（35ページ）

- 前文（2ページ）
- 宣言（59段落）
- 17の目標 169のターゲット
- 実施手段とグローバル・パートナーシップ（12段落）
- フォローアップとレビュー（20段落）

前文第1段落

Preamble

This Agenda is a plan of action for people, planet and prosperity. It also seeks to strengthen universal peace **in larger freedom**. We recognize that eradicating poverty in all its forms and dimensions, including extreme poverty, is the greatest global challenge and an indispensable requirement for sustainable development.

より大きな自由
in larger freedom

①できることが多くなる
②多くの選択肢から人生を選ぶ

➡**「自分らしい」**人生を生きる

図1-12――「よく生きる」はSDGsに欠かせない要素

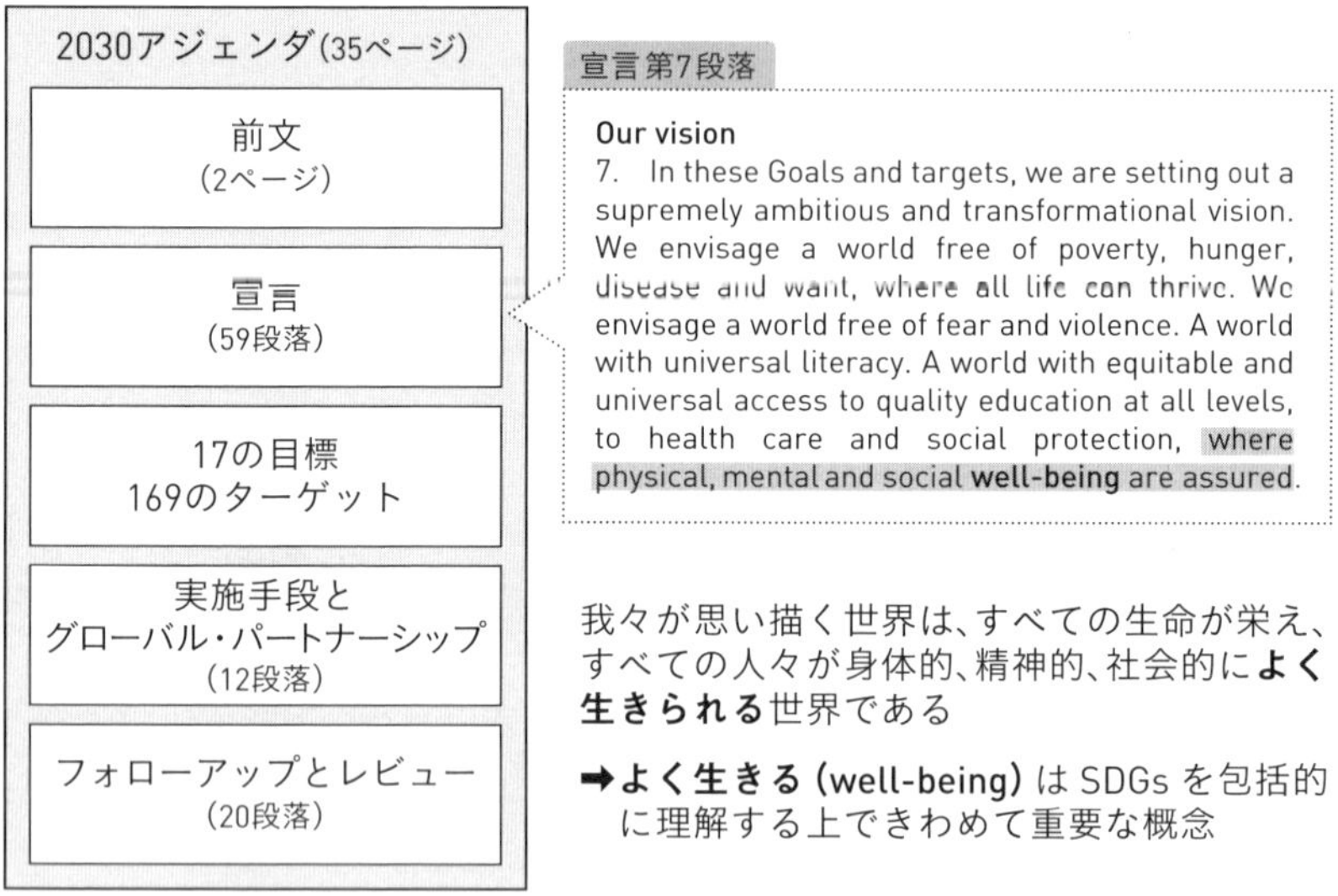
2030アジェンダ(35ページ)
前文
(2ページ)
宣言
(59段落)
17の目標
169のターゲット
実施手段と
グローバル・パートナーシップ
(12段落)
フォローアップとレビュー
(20段落)
宣言第7段落
Our vision
7. In these Goals and targets, we are setting out a supremely ambitious and transformational vision. We envisage a world free of poverty, hunger, disease and want, where all life can thrive. We envisage a world free of fear and violence. A world with universal literacy. A world with equitable and universal access to quality education at all levels, to health care and social protection, where physical, mental and social well-being are assured.
我々が思い描く世界は、すべての生命が栄え、すべての人々が身体的、精神的、社会的によく生きられる世界である
➡よく生きる(well-being)はSDGsを包括的に理解する上できわめて重要な概念

※SDGパートナーズによる翻訳

Organization; WHO）の憲章にも用いられています。[6] WHOは、健康を「たんに病気ではない、ということではなく、身体的、精神的、社会的なウェルビーイングが満たされている状態であること」と定義しており、こうしたことからも、SDGsが目指す理想の世界において、この「よく生きる」という概念は極めて重要な要素であることがわかります。

近年では、従業員のウェルビーイングの向上が事業の生産性の向上につながるとして、この概念を経営に取り入れる企業も増えています。

グーグルは、ウェルビーイングが労働生産性の向上や離職率の低下につながることを発表し、世界の注目を集めました。グーグルでは、社内で効果的にパフォーマンスを上げているチームの特徴を明らかにするために、2012年に「プロジェクト・アリストテレス」と呼ばれる調査プロジェ

クトを立ち上げました。「全体は部分の総和に勝る」という古代ギリシャの哲学者であるアリストテレスの言葉になぞらえて命名されたこのプロジェクトは、効果性の高いチームにおいて最も重要な要素となるのが「心理的安全性」（Psychological Safety）であることを明らかにしました。[7]

「心理的安全性」とは、対人関係において何らかの判断が下される可能性のある発言や行動を行った結果に対する個々の受け取り方を表しており、チーム内においていかなる行動をとったとしても、拒絶されたり罰されたりしないと信じられている状態のことを指します。心理的安全性の高いチームのメンバーは他者のアイデアを受け入れてうまく活用でき、収益性が高く、また離職率が低いなどの特徴を示しました。つまり、メンバー一人ひとりのウェルビーイングを実現することにより、チームにおける労働生産性や業務効率が改善されることが証明されたのです。

このように、「よく生きる」（Well-being）はＳＤＧｓの世界観を直接的に表す言葉であると同時に、ＳＤＧｓが目指す世界の実現に欠かせない要素であり、そしてあらゆる国における企業の取り組みにおいても非常に重要な概念であると捉えられるようになってきています。

キーワード4「世代を超えて」

前文の「Planet」（地球）という段落においては、「**今日の世代と将来の世代の両方のニーズを満たす**」ことが明確に掲げられています（図1－13）。ここでは、地球温暖化を含む環境問題に今の世代で対処しなければならない、持続可能な社会を次の世代に引き継ぐべきであるという決意が述べられています。ＳＤＧｓは次の世代から借りない、「**世代を超えて**」人類の理想を叶えることを目指すとしており、先述のブルントラント委員会が１９８７年に示したサステナビリティの考え方（本書30ページ）が30年近くを経て結実した形となっています。

キーワードから見えてくる未来の社会像

これら四つのキーワードを組み合わせると、ＳＤＧｓが想起する未来の社会像が見えてきます。すなわちそれは、

「世代を超えて、すべての人が、自分らしく、よく生きられる社会」

ということではないでしょうか。１６９のターゲットはこの社会像から演繹される形で理解され

図1-13――「世代を超えて」人類の理想を叶える

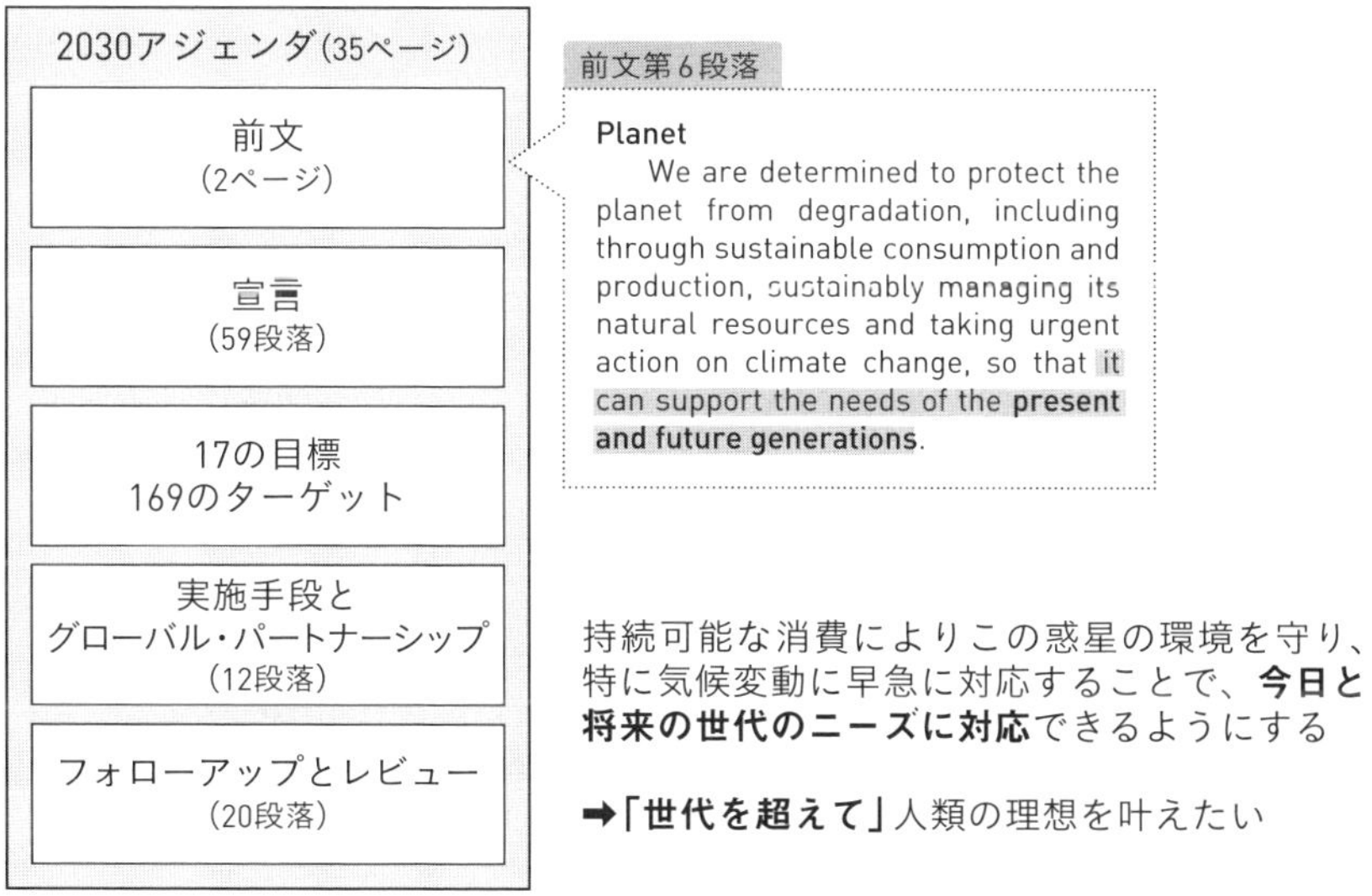
2030アジェンダ(35ページ)
前文
(2ページ)
宣言
(59段落)
17の目標
169のターゲット
実施手段と
グローバル・パートナーシップ
(12段落)
フォローアップとレビュー
(20段落)
前文第6段落
Planet
We are determined to protect the planet from degradation, including through sustainable consumption and production, sustainably managing its natural resources and taking urgent action on climate change, so that it can support the needs of the present and future generations.
持続可能な消費によりこの惑星の環境を守り、特に気候変動に早急に対応することで、今日と将来の世代のニーズに対応できるようにする
➡「世代を超えて」人類の理想を叶えたい

※SDGパートナーズによる翻訳

ねばならず、逆に高齢化やプラスチック問題など、１６９項目の中に入っていない課題についても、この社会像から考えて対処しなければならないのは明らかです。ビジネスにおけるＳＤＧｓへの取り組みでは、17の目標や１６９のターゲットにばかり目が行ってしまいがちですが、こうした根源的な未来像が理解されなければ、取り組む意義がないとすらいえます。

企業が未来の社会像を踏まえてＳＤＧｓに取り組むことは、企業の本分や大義となんら矛盾せず、むしろ自社の存在意義を実現することにつながります。企業がＳＤＧｓを経営に取り入れる意義について、まずはビジネスがＳＤＧｓを重要視すべき理由を通じて考えてみます。

SDGsがビジネスで重要視されるのはなぜか

三つの理由

SDGsは、2015年9月に開催された国連総会にて採択された、いわば**政治宣言**であり、加盟国に対して何の拘束力も強制力もありません。すべての国連加盟国に対しその実施を義務づけられる決定を行うことができるのは、常任理事国5カ国（中国、フランス、ロシア、英国、米国）と2年の任期で選出される非常任理事国10カ国で構成される安全保障理事会での決議のみだからです。

実際に「2030アジェンダ」をよく読むと、誰がいつ、どのように目標やターゲットを達成していくのか、具体的なことはいっさい書いてありません。技術的に実現が可能なのかどうかの検証もなされておらず、したがって割り当てられている予算もありません。達成の尺度についても2015年の時点で決まっておらず、いまだ緩く定義されている程度の状態です。

図1-14―― SDGsはオープンクエスチョン

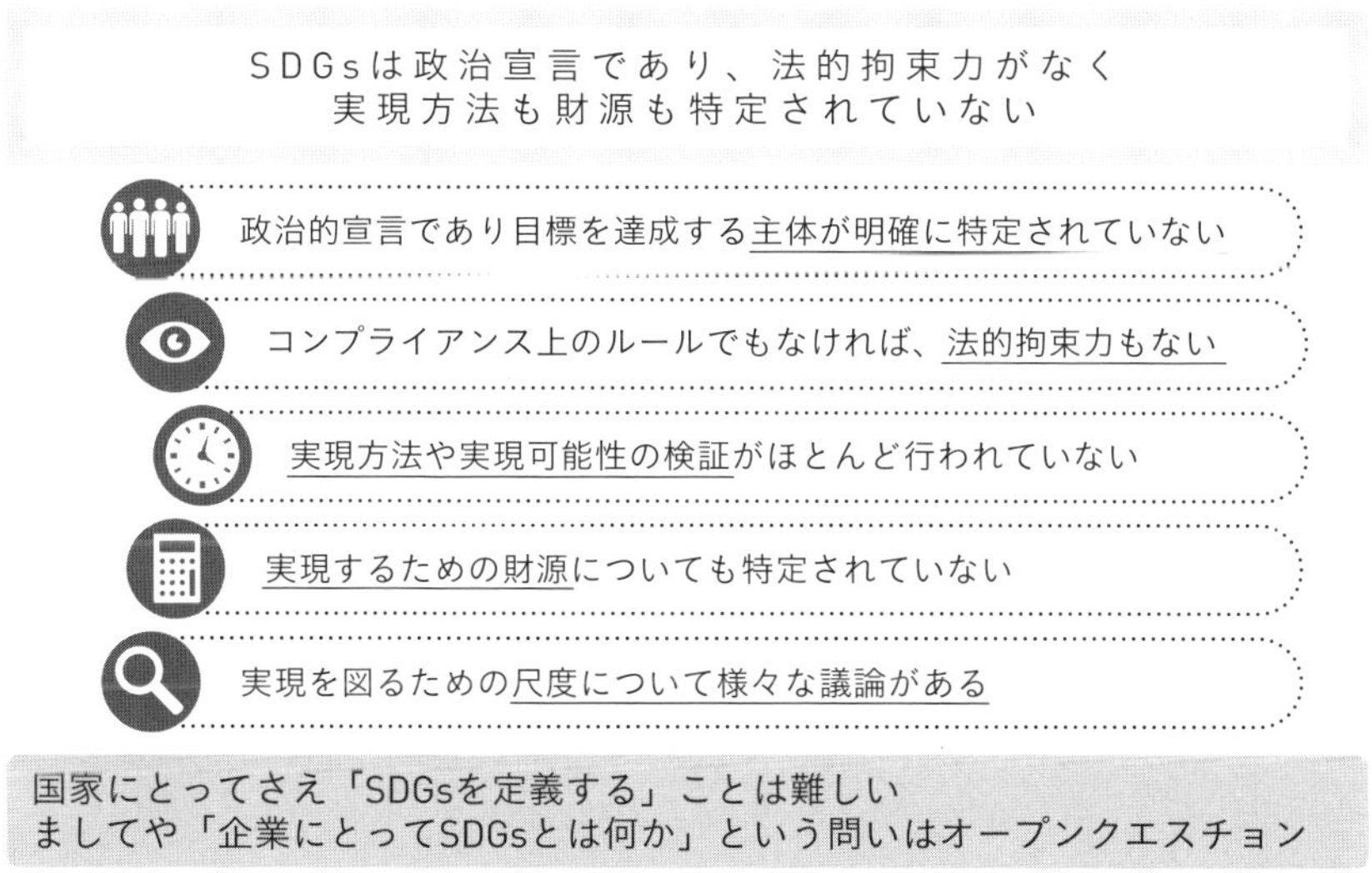
SDGsは政治宣言であり、法的拘束力がなく
実現方法も財源も特定されていない
政治的宣言であり目標を達成する主体が明確に特定されていない
コンプライアンス上のルールでもなければ、法的拘束力もない
実現方法や実現可能性の検証がほとんど行われていない
実現するための財源についても特定されていない
実現を図るための尺度について様々な議論がある
国家にとってさえ「SDGsを定義する」ことは難しい
ましてや「企業にとってSDGsとは何か」という問いはオープンクエスチョン

つまり、すべての加盟国が賛同したという歴史的に偉大な文書である一方で、国家にとっては法的にも政治的にも、定義することが非常に難しいのがSDGsだといえます。まして、企業やビジネスにとっては、「経営者が好きなように決めればよい」といえるぐらいの完全なるオープンクエスチョンで、実践するためのルールやガイドラインはどこにも存在しません（図1－14）。

にもかかわらず、このSDGsをベースにして根底から自社のビジネスを変革しようという企業が増えてきています。特にグローバルに活動する企業においてSDGsが重要視されるのには、大きな観点から三つの理由があると考えられます。

1　SDGsが大きな機会を創出するから

SDGsはいわば、2030年に向けた人類の未来予想図です。その中には、化石燃料から再生エネルギーへの転換や、インターネットを含めたICT技術のグローバル規模での普及、さらなる技術革新の進展など、世界経済を伸長させるための目標と施策がちりばめられています。そして、SDGsを実現するためには、世界で年間5～7兆ドルの新規の資金が必要になるといわれています[8]。これはつまり、SDGsが「新しい市場を創出する」ということです。企業としてこうした新市場を自らの機会として捉え、勝機につなげていくのは当然のことといえるでしょう。

2　SDGsによってリスクを最小化できるから

SDGsが示唆する気候変動への対策や人権尊重のための方向性は、企業にとって、自らが生み出す負の社会的インパクトを最小化するとともに、自らに対するリスクも最小化する大きなヒントとなりえます。GHGの排出に関する国際的なルール、ビジネスと人権に関する国際的なルール、ESG投資における様々な評価項目、腐敗防止のためのコーポレート・ガバナンスなど、SDGs

を土台として企業を律する規範が数多く出現していますが、これらは社会を守るためのみならず企業そのものを守るための盾であるといえるのです。こうした観点からも、企業がＳＤＧｓに取り組むのは理にかなっています。

3 ＳＤＧｓは経済活動の土台を形成するから

少し俯瞰的な観点から私たちの経済活動を見ると、まず土台として地球環境があり、その上に社会が形成されており、社会の安定を前提として初めて企業活動が成立するという構造になっています。環境が破壊されたら漁業も農業も立ち行かなくなり、そこを前提とした企業活動は基盤を失います。また、紛争や難民問題などが深刻化することで、これまでの企業活動が大きな影響を受けるといったことは最近でも多くの国でみられます。すなわち、企業を含むすべての主体がＳＤＧｓに取り組むことは、私たちの経済社会活動の土台を守ることでもあるのです。

これらの理由をもう少し「経営」という観点から考えてみると、企業がＳＤＧｓを実践することは、企業の本分である「**利益を挙げながら社会に対して善をなすこと**」に完全に合致します。利益だけを優先し、社会に対して悪をなすことは企業として許されません。しかし逆に、社会に善をな

図1-15――SDGsがビジネスで重要視される理由

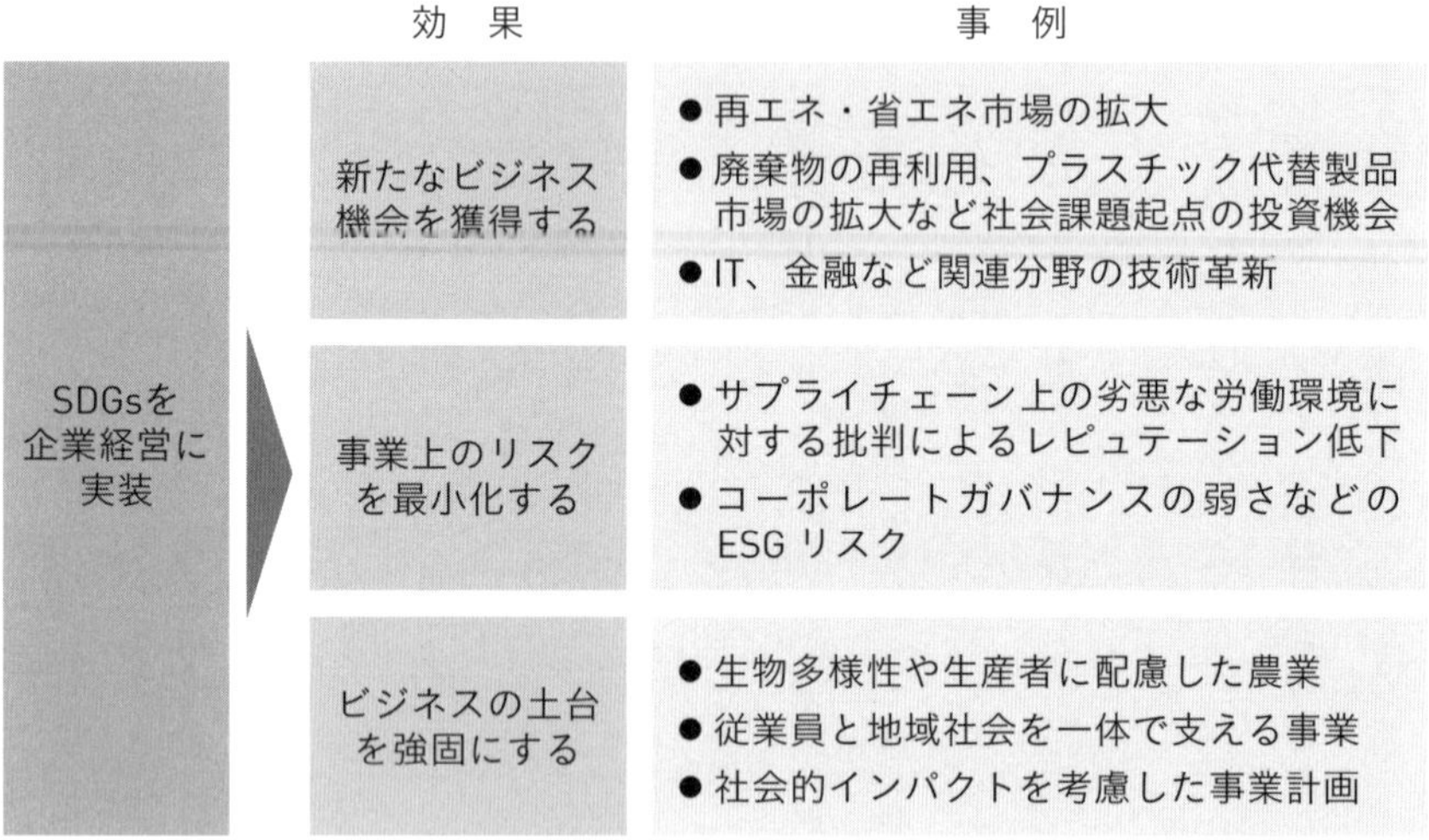

	効　果	事　例
SDGsを企業経営に実装	新たなビジネス機会を獲得する	● 再エネ・省エネ市場の拡大 ● 廃棄物の再利用、プラスチック代替製品市場の拡大など社会課題起点の投資機会 ● IT、金融など関連分野の技術革新
	事業上のリスクを最小化する	● サプライチェーン上の劣悪な労働環境に対する批判によるレピュテーション低下 ● コーポレートガバナンスの弱さなどのESGリスク
	ビジネスの土台を強固にする	● 生物多様性や生産者に配慮した農業 ● 従業員と地域社会を一体で支える事業 ● 社会的インパクトを考慮した事業計画

すだけで利益を挙げなければ企業は存続できません。この難しい方程式を成立させるためには、両方を同時に満たす方法論が必要なのです。

それこそがＳＤＧｓであり、企業がＳＤＧｓを活用して利益を挙げることは、企業の大義に正面から応えることなのではないでしょうか。企業がＳＤＧｓに取り組む大義と小義については、第2章で詳しく説明します。

SDGsをいかにして実行するか

インサイド・アウトとアウトサイド・イン

国連グローバル・コンパクト（UNGC）は、1999年の世界経済フォーラム（ダボス会議）の席上でコフィー・アナンが提唱し、2000年に設立されたイニシアチブです。持続可能な成長を実現するための世界的な枠組み作りに自発的に参加することに賛同した、1万5000を超える団体が署名しています。(9)

UNGCは、グローバル・レポーティング・イニシアチブ（GRI）および持続可能な開発のための世界経済人会議（WBCSD）と共同で「**SDGコンパス**」(10)という企業行動指針を作成し、2015年に発表しました。この「SDGコンパス」においては、企業がSDGsに取り組む上で、現在の事業に基づいて考える「**インサイド・アウト**」よりも、社会の要請に基づいて考える「**アウ**

図1-16――「SDGコンパス」の目標設定アプローチ

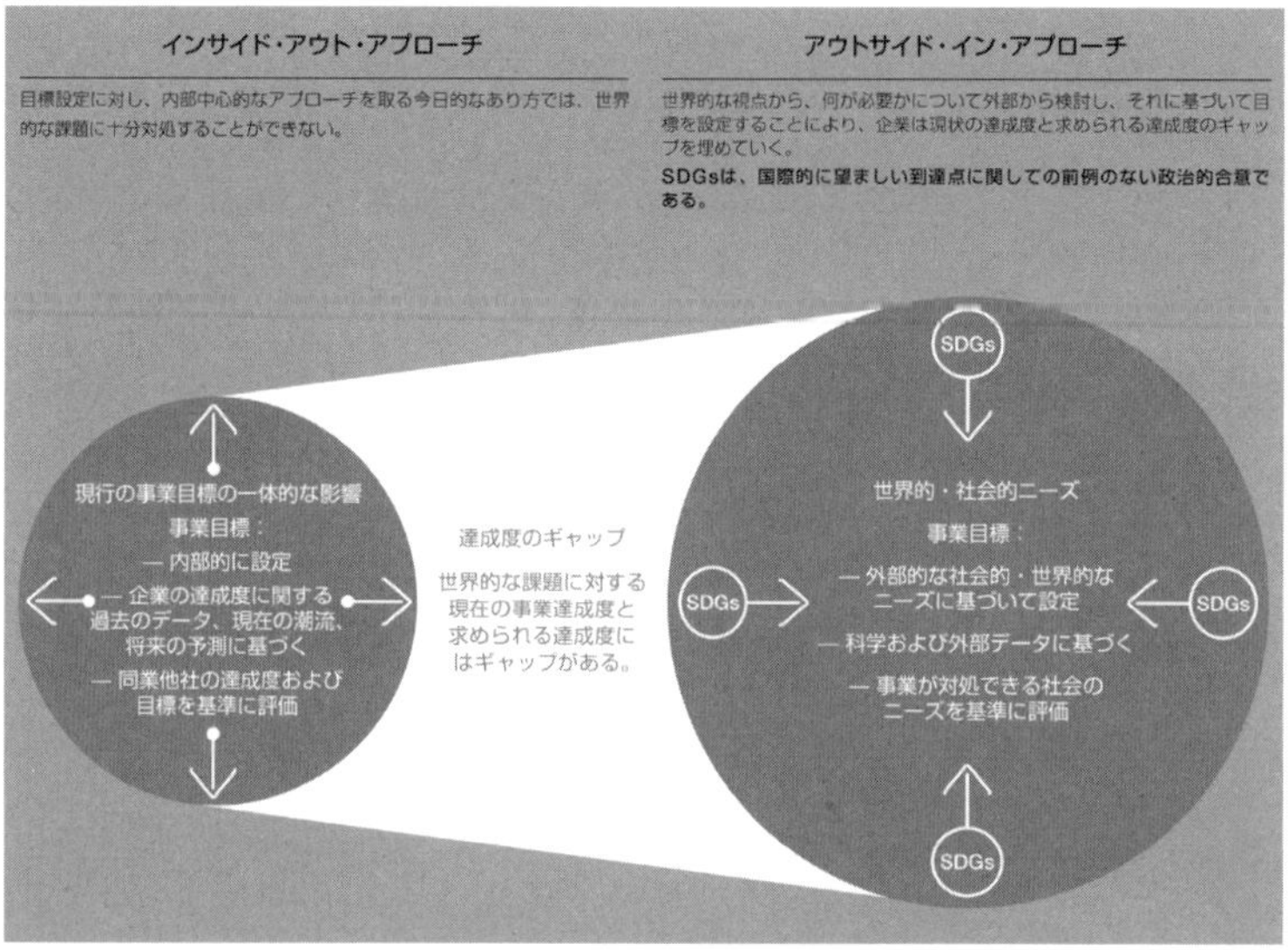

インサイド・アウト・アプローチ
目標設定に対し、内部中心的なアプローチを取る今日的なあり方では、世界的な課題に十分対処することができない。
アウトサイド・イン・アプローチ
世界的な視点から、何が必要かについて外部から検討し、それに基づいて目標を設定することにより、企業は現状の達成度と求められる達成度のギャップを埋めていく。
SDGsは、国際的に望ましい到達点に関しての前例のない政治的合意である。
現行の事業目標の一体的な影響
事業目標：
― 内部的に設定
― 企業の達成度に関する過去のデータ、現在の潮流、将来の予測に基づく
― 同業他社の達成度および目標を基準に評価
達成度のギャップ
世界的な課題に対する現在の事業達成度と求められる達成度にはギャップがある。
SDGs
世界的・社会的ニーズ
事業目標：
― 外部的な社会的・世界的なニーズに基づいて設定
― 科学および外部データに基づく
― 事業が対処できる社会のニーズを基準に評価
SDGs
SDGs
SDGs

出所：UN Global Compact, GRI, WBCSD"SDG Compass"日本語翻訳版
（https://sdgcompass.org/wp-content/uploads/2016/04/SDG_Compass_Japanese.pdf）

トサイド・イン」という考え方が重要であると述べられています。確かにその通りなのですが、このアウトサイド・インという考えをきちんと理解するのは、それほど簡単ではありません。なぜなら、多くの「本業による社会課題解決」は、インサイド・アウトとアウトサイド・インの混合により生まれるものだからです。

　クロネコヤマトで知られるヤマト運輸を例にとってみましょう。ヤマト運輸の強みの一つとして、「ラストワンマイルの力」が挙げられます。これは、「日本中のどこに誰が住んでいるかを宅配サービスの提供を通じて把握する能力」を表します。この「ラストワンマイルの力」を活用し、ヤマト運輸では近年、高齢者の見守りサービス[11]を展開しています。

　さて、この見守りサービスはいったい、インサイド・アウト、アウトサイド・インのどちら

に当たるでしょうか。「ラストワンマイルの力」を高齢者の見守りサービスに応用したと考えればインサイド・アウトになります。しかし、ある配送地域に高齢者がいて見守りを必要としていることが判明したため、自社でできることを検討した結果、見守りサービスに行き着いたということであれば、アウトサイド・インといえるでしょう。

ヤマト運輸の例からわかる通り、ほとんどのいわゆるCSV[12]に基づくビジネスは、コンパスの図でいうと真ん中の白いところに着地するように思われます（図1－16）。また、特に歴史のある日本の企業の多くが、そもそも社会の要請に応えるために創業しています。その場合、経営者は自分の会社の歴史と活動そのものがSDGsの実践なのである、と考えがちです。間違いではないのですが、それでは新しい経営論理や事業は生まれてきません。

付加価値の差分を探し出す

その結果、ほとんどの日本の企業では、現在の自社事業のサプライチェーンを分解し、それぞれのプロセスがどのSDGsの目標（ないしはアイコン）に紐づいているかというい わゆる「マッピング」を行い、それぞれに目標値を設定してそれを実行する、というところで思考が止まってしまっています。このこと自体は、自社のビジネスと社会の関係を知る上で不可欠なプロセスといえますが、残念ながらマッピングだけでは事業戦略や利益獲得を実現するには十分とはいえません。

なぜなら、女性の活躍（目標5 ジェンダー平等を実現しよう）にしろ、紙の節約（目標15 陸の豊かさも守ろう）にしろ、日本の企業はＳＤＧｓが生まれるずっと前から取り組んでおり、さらに重要なことは、ＫＰＩ[13]を設定し目標を達成するだけでは何の利益創出にもつながらないからです。「利益と社会に対する善」を両立させるには、経営にとってＳＤＧｓというフレームワークにしかないユニークな付加価値は何かを考える必要が出てきます。

続く第2章では、「利益と社会に対する善」を両立させるための基本的な考え方について、第3章ではＳＤＧｓが経営に与えることができる「付加価値の差分」について、それぞれ詳しく説明していきます。

column

ポスト・コロナ社会とSDGs

2020年、新型コロナウイルス感染症（COVID－19）の世界的大流行（パンデミック）は人々を震撼させ日常を奪い、そして世界経済に大打撃を与えました。2020年8月22日現在、世界全体で2300万人を超える感染者とおよそ80万人の死者が確認されており(14)、ウイルス感染の勢いはいまだ衰えていません。感染の拡大を抑えるため、人々は外出を制限され、企業はこれまでのビジネスのやり方を再考せざるを得なくなりました。テレワークの導入が急速に進み、対面を前提としたビジネスの慣習は見直され、デジタル技術を活用した業務変革に関する議論が加速した一方で、柔軟性に乏しい働き方や医療制度の脆弱性など、私たちの社会における弱点が浮き彫りになりました。コロナ危機において浮上してきた様々な教訓を活かせるか否かで、私たちの未来は大きく変わるのではないでしょうか。そして、ポスト・コロナ社会における新しい日常を追求するうえで道しるべとなるのが、SDGsであると考えます。

コロナが引き起こす「負のSDGドミノ」

すでに多くの人々が気づき始めているように、新型コロナウイルスは健康だけの問題ではなく、人類の持続的な生存にまで関わる問題に発展しています。新型コロナにより起こりうる負の連鎖を図式化してみましょう。

図1-17—— 負のSDGドミノ

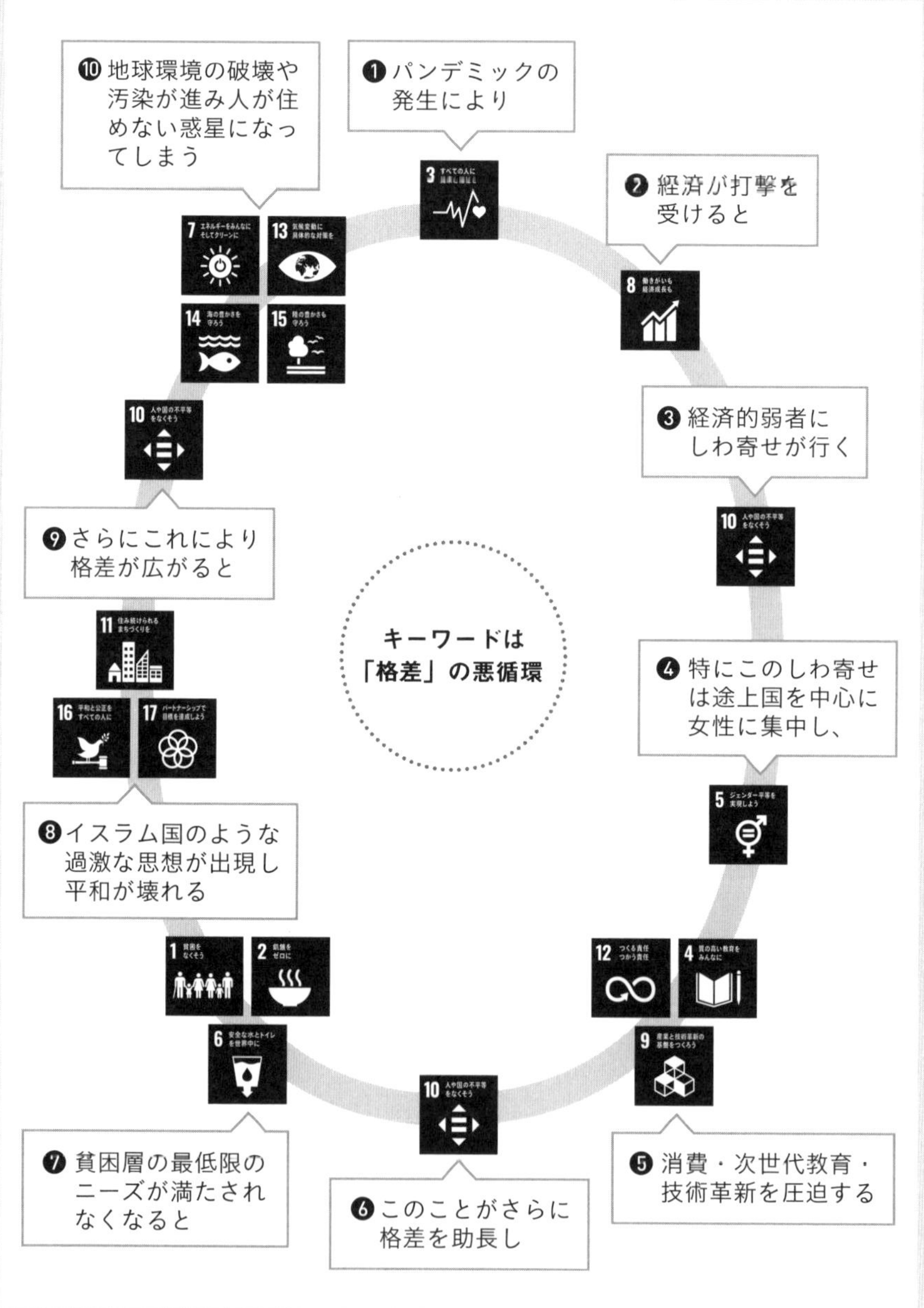
❶パンデミックの発生により
❷経済が打撃を受けると
❸経済的弱者にしわ寄せが行く
❹特にこのしわ寄せは途上国を中心に女性に集中し、
❺消費・次世代教育・技術革新を圧迫する
❻このことがさらに格差を助長し
❼貧困層の最低限のニーズが満たされなくなると
❽イスラム国のような過激な思想が出現し平和が壊れる
❾さらにこれにより格差が広がると
❿地球環境の破壊や汚染が進み人が住めない惑星になってしまう
キーワードは「格差」の悪循環

パンデミックの発生により経済が打撃を受けると、経済的弱者にしわ寄せがいきます。特に途上国の女性は就学や就労の機会を奪われ、その国の消費、次世代教育、技術革新などにおける発展は妨げられます。このことがさらに格差を助長し、貧困にあえぐ人々が衣・食・住といった生活における最低限のニーズを満たすことができなくなると、イスラム国のような過激な思想を持つ組織が出現し、平和が脅かされるようになります。こうした状況により経済格差はさらに拡がり、生きることで精一杯の人々は環境汚染や資源利用に配慮する余裕がなくなり、また戦争やテロ行為により環境の破壊が進み、地球の持続可能性を脅かします。これはやや極端な例ですが、新型コロナは格差拡大の悪循環を引き起こす可能性があり、適切な対応がなされなければ、やがては地球環境の破壊につながりかねないのです。

こうした負の連鎖を回避するために、コロナ危機後の社会を、まさにSDGsが目指す「誰ひとり取り残さない」ものにしていかなければなりません。歴史を振り返ると、社会的な危機（クライシス）は時として不可逆な価値観の変容を引き起こしてきました。たとえばリーマンショックに端を発した2008年の世界金融危機では、人々は「より多く」から「よりよく」、リスクの少ない安定性のある生活を求めるようになりました。2011年の東日本大震災は人々の社会貢献意欲を高め、多くの人がワークライフバランスの重要性を意識しました。コロナ危機を経験した私たちの社会はどのように変容していくのでしょうか。

ポスト・コロナ社会において期待される「自律的な行動」

新型コロナという未知のウイルスは、グローバル化し国境が曖昧になった世界を自由に行き来することでパンデミックを引き起こし、世界中の人々に社会における様々なつながりや相互の依存関係を意識させるきっかけを与えました。自分を、他者を、地域社会を、経済を、ひいては国をウイルスの脅威から守るために、国民一人ひとりが自律的に行動することが求められるようになりました。言い換えると、人々は社会における自分の存在というものを、これほどまでに意識したことはなかったのではないでしょうか。

ポスト・コロナ社会が引き起こす変化

日本人は和を重んじる、といった表現があります。協調性を大切にする、といえばポジティブに聞こえますが、これは、一つの組織や集団における意思決定の際に、少数派に対し多数派の意見に従うように強く求めることでもあり、同調圧力と呼ばれる社会的なプレッシャーをつくり出しています。子どもの頃から人と同じように行動することを求められ、個性を生かすよりも集団の中でうまく立ち回ることを家庭でも教育の現場でも教わってきた日本人は、集団としては非常に強い力を発揮しますが、欧米諸国と比較するととりわけ個々人の力が弱いように感じます。コロナ禍においては、この協調性や同調圧力は非常に効果的に働きました。コロナウイルスの感染拡大が顕在化するや否や、ほぼすべての日本人が、法制上の要請はなくともマスクをつけ、外出を自粛するよう互いに働きかけるようになったからです。

一方で、コロナ後の社会について考えてみましょう。コロナの影響によりデジタル変革は想定以上の速さで進み、ビジネスにおいては市場の変化スピードはさらに加速していくでしょう。また、世界の国々の相互依存関係はさらに深まり、国と国との境目はますます薄くなり、社会は複雑性を増していくでしょう。コロナのような感染症が再び世界を襲うかもしれません。

こうした不確実で曖昧な社会の中で、日本人はどのように生き抜いていけばよいでしょうか。その答えは、一人ひとりが社会における自身の立ち位置を理解し、そのうえで自分の取るべき行動を考えることができる「自律的な」人間に変容していくことだと考えます。

SDGsが描く未来を目指して

米ハーバード大学教育学大学院教授で発達心理学者のロバート・キーガン（Robert Kegan）によると、人間の知性は年齢を重ねるごとに発達し、三つの段階を踏みながら成長し続けるそうです。[15] ここでいう知性とは、どのくらい知能が高いか、ということではなく、自分自身をしっかりと顧みる能力、そして自分を取り巻く世界を理解する能力のことです。

一つめは「環境順応型知性」と呼ばれ、周囲の期待によって自己の役割を定義し行動を決める段階のことで、米国における成人の58％程度がこの段階にあるとされています。二つめは「自己主導型知性」で、この段階にある人は人口の35％程度を占め、自己を取り巻く環境を理解しつつ、自分なりの価値基準を持って考え自律的に行動することができます。そして最も成熟した知性とされるのが「自己変容型知性」で、人口のわずか1％程度がこの段階にあるとされています。自己の価値基準を持ちながらも、あらゆるシステムや秩序は不完全であることを理解し、複数の価値観や視点を受け入れ、周囲の環境や状況に応じて自己を変容しながら行動することができます。

新型コロナウイルスとの闘いは長期にわたることが予測されており、私たちの社会はコロナ前の状態に戻ることはないといわれています。ポスト・コロナ時代に向けた国際的な経済社会システムの変化において、何よりも協調性を重んじる日本人は、世界から取り残されるかもしれません。しかし、自己変容型知性を持つ人々を増やすことによって、これまでは虐げられていた多様な価値観が認められるようになり、それによってイノベーション創出の可能性を格段に高めることができます。またそれは個性を尊重することにもつながり、「自

図1-18── キーガンの成人発達理論

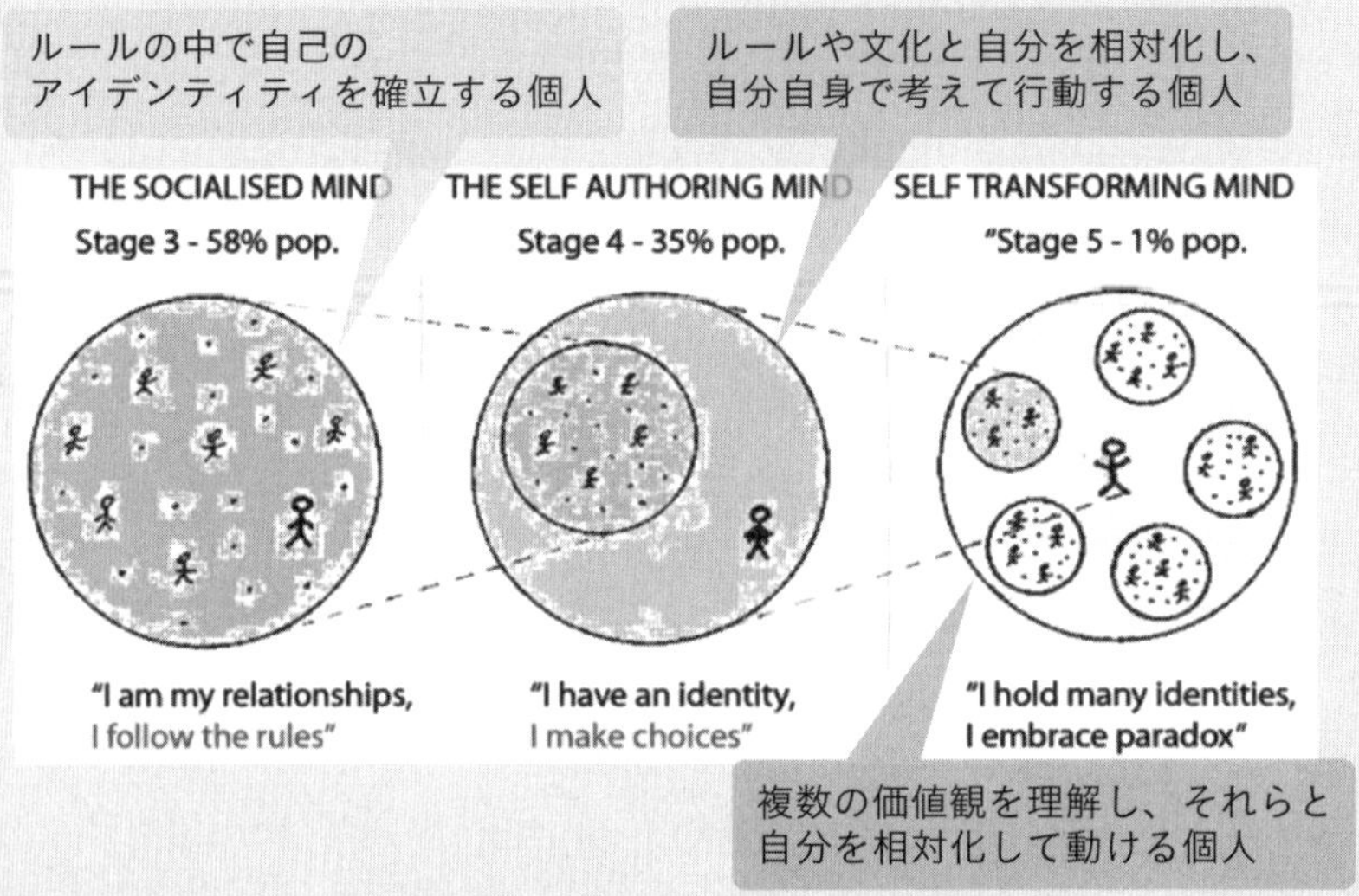
ルールの中で自己の
アイデンティティを確立する個人
ルールや文化と自分を相対化し、
自分自身で考えて行動する個人
THE SOCIALISED MIND
Stage 3 - 58% pop.
THE SELF AUTHORING MIND
Stage 4 - 35% pop.
SELF TRANSFORMING MIND
"Stage 5 - 1% pop.
"I am my relationships,
I follow the rules"
"I have an identity,
I make choices"
"I hold many identities,
I embrace paradox"
複数の価値観を理解し、それらと
自分を相対化して動ける個人

出所：Constructive Development Theory, Robert Kegan, "In Over Our Heads"より転載し、一部加筆して作成

分らしく」生きられる社会の形成を可能にするのではないでしょうか。互いに配慮し和を大切にしながらも、自己の持つ価値基準を常に柔軟に変容させながら行動できる人が増えることによって、日本は今まで以上に誰もが暮らしやすく、強靭で持続的な社会に変わっていく可能性もあります。

ウィズ・コロナ期において、私たちの多くが、相互の依存関係や、社会における自己の存在や行動が社会に対して及ぼす影響を初めて意識しました。私たちはこの経験を教訓として生かし、一人ひとりが自律的な行動を取ることを通じて、人々や環境に優しい社会をつくり出せるでしょうか。SDGsの目指す、「世代を超えて、すべての人が、自分らしく、よく生きられる社会」を実現できるでしょうか。それはまさに今を、そしてこれからを生きる私たち一人ひとりの行動にかかっているといっても過言ではありません。

1 United Nations Department of Economic and Social Affairs "Report of the World Commission on Environment and Development: Our Common Future"（１９８７年）
https://sustainabledevelopment.un.org/content/documents/5987our-common-future.pdf

2 いずれも基準年である１９９０年と比較しての成果。United Nations "The Millennium Development Goals Report 2015"
https://www.undp.org/content/dam/undp/library/MDG/english/UNDP_MDG_Report_2015.pdf

3 Report of the Secretary General "In larger freedom: towards development, security and human rights for all"
https://undocs.org/A/59/2005

4 外務省仮訳「我々の世界を変革する：持続可能な開発のための２０３０アジェンダ」
https://www.mofa.go.jp/mofaj/files/000101402.pdf

5 **ＬＧＢＴＱ**　レズビアン（Lesbian）、ゲイ（Gay）、バイセクシュアル（Bisexual）、トランスジェンダー（Transgender）、クィアまたはクエスチョニング（Questioning）の頭文字をとって作られた性的少数（セクシュアルマイノリティ）の人たちの総称。

6 外務省「世界保健機関憲章」
https://www.mofa.go.jp/mofaj/files/000026609.pdf

7 Google re:Work「『効果的なチームとは何か』を知る」
https://rework.withgoogle.com/jp/guides/understanding-team-effectiveness/steps/introduction/

8 United Nations Conference on Trade and Development "World Investment Report 2014 Investing in the SDGs: An Action Plan"
https://unctad.org/en/PublicationsLibrary/wir2014_en.pdf

9 United Nations Global Compact "See Who's Involved"
https://www.unglobalcompact.org/what-is-gc/participants

10 ＧＲＩ、国連グローバル・コンパクト、ＷＢＣＳＤ「SDG Compass　ＳＤＧｓの企業行動指針　―ＳＤＧｓを企業はどう活用するか―」
https://sdgcompass.org/wp-content/uploads/2016/04/SDG_Compass_Japanese.pdf

11 ヤマト運輸株式会社「見守り・買い物支援」
http://www.kuronekoyamato.co.jp/ytc/government/case/watch.html

12 **ＣＳＶ**　Creating Shared Valueの頭文字をとった言葉で、企業の経済利益活動を通じて社会的な価値の創出が行われること。米国の経済学者マイケル・E・ポーターらが提唱し、日本語では「共通価値の創造」と訳されている。

13 **KPI**　Key Performance Indicatorの略で、組織の最終目標を達成するために設定される重要な業績評価指標のこと。

14 AFP通信社が各国当局の発表に基づき日本時間8月22日午後8時にまとめた統計。
https://www.afpbb.com/articles/-/3300584

15 日経ビジネス「いくら言っても、人や組織が変わらない理由 ロバート・キーガン米ハーバード大学教授に聞く」(2019年8月8日)
https://business.nikkei.com/atcl/seminar/19/00059/080100139/

SDGsを活用することで、企業は利益を挙げつつ
国際社会共通の善を実現できる。

第2章

今なぜSDGsに取り組むべきなのか

企業や組織がＳＤＧｓに取り組む「大義」と「小義」

人類の理想を語るＳＤＧｓになぜ企業が取り組む必要があるのでしょうか。本章では、企業や組織がＳＤＧｓに取り組む意義について、企業の存在意義としての「大義」と企業の生存戦略としての「小義」という視点から考えてみます。

企業の存在意義はＳＤＧｓに重なる

みなさんは企業の**存在意義**と聞いてどのようなことを思い浮かべるでしょうか。利益の最大化でしょうか。それとも社会の公器としての役割を果たすことでしょうか。当然、双方の両立であり、それは企業がＳＤＧｓに取り組む意義でもあるといえます。本書では、企業の存在意義としての「大義」を、次のように定義します。

大義

企業は利益の創出と社会善を同時に実現すべきである

三段論法で考えてみれば、まず、企業は利益を挙げつつ社会に善をなすべきです。そして、SDGsは現在の国際社会で共通の善と理想を表現しようとしています。ゆえに、**企業がSDGsを活用して利益を挙げることは、その存在意義と目的に適う**といえるでしょう。

日本において、SDGsが親和性を持って受け入れられている背景には、近江商人の信条である①売り手よし、②買い手よし、③世間よし、の「三方よし」にも通じる考え方が根づいていることが挙げられます。実際に、長い歴史を持つ日本企業の中には、顧客を含めた地域社会全体への貢献を創業の理念とした企業もあり、今でも「**三方よし**」といえる経営が体現されています。

しかし、VUCA《ブーカ》（第3章のコラムで詳述）といわれる今の時代において、「三方よし」の経営だけで十分といえるでしょうか。現代では、商品やサービスを作るためにはより大きな仕組みが必要になっており、製造過程や廃棄後の自然環境への影響も考えなくてはなりません。さらに、現役世代のニーズを満たすだけでなく、将来の世代に何を残すかというところまで、考えて行動しなくてはならないフェーズに入ってきました。

ここでは、「三方よし」にさらに三つの「よし」を加えた「**六方よし**」の経営を提案します。す

図2-1―― 六方よし経営

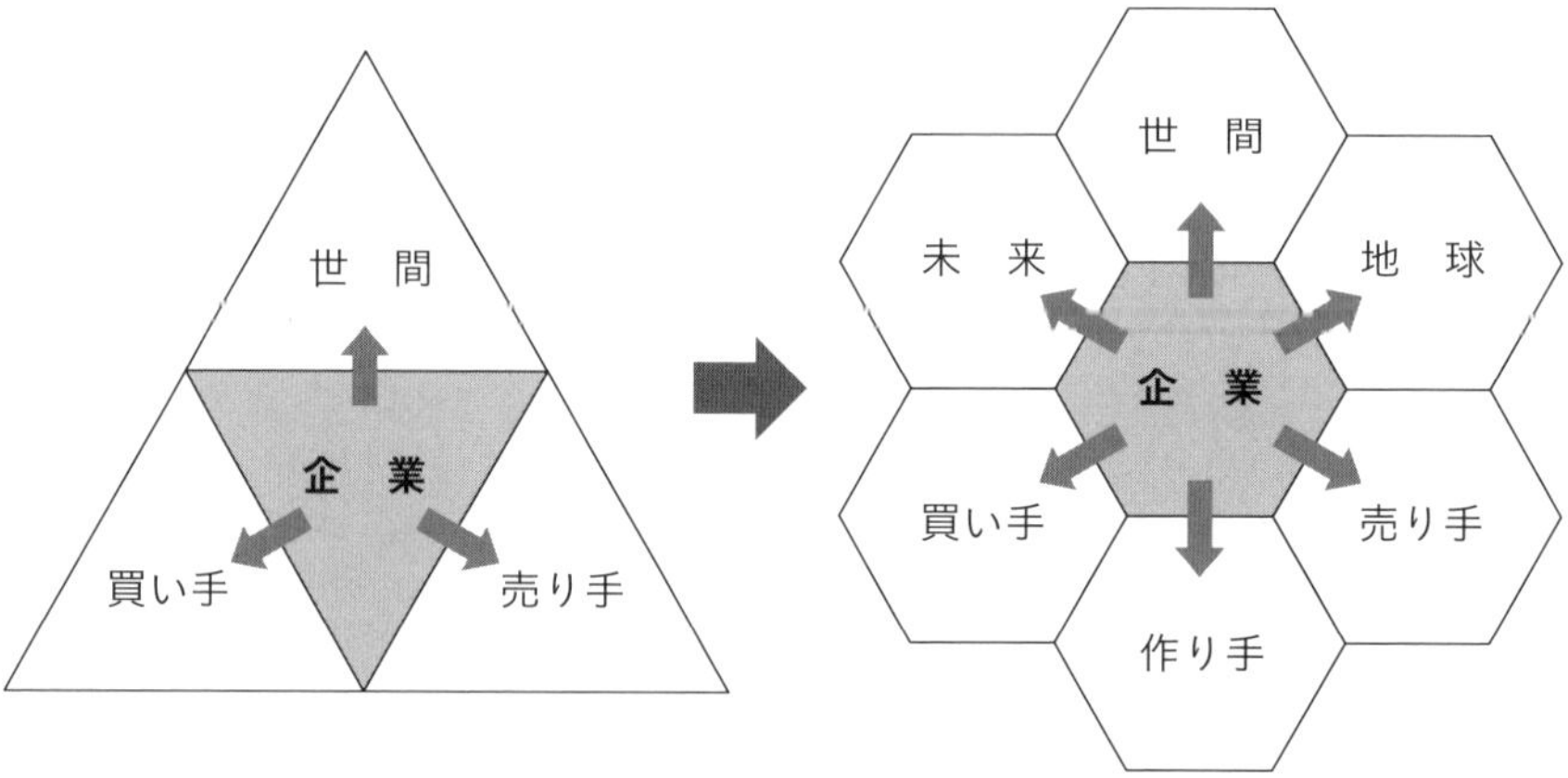

なわち、④サプライチェーン上の「作り手」が守られ、真価を発揮すること、⑤私たちの活動の舞台である「地球」が健康な状態にあること、そして⑥私たちの次の世代、それに続く将来の世代に負の遺産を遺さないような行動を私たちが取ることです。売り手よし、買い手よし、世間よし、作り手よし、地球よし、未来よし。この「六方よし」こそ、SDGs時代に求められる経営であり、すべての企業がSDGsに取り組む大義であると考えます（図2－1）。

ＳＤＧｓは新市場の源泉

企業がＳＤＧｓに取り組むべき理由は、より具体的な**生存戦略**の面からも考えられます。ここからは取り組むべき理由を「小義」と題し、大きく三つの側面から事例を交えて紹介していきます。

小義1

ＳＤＧｓは世界の変化を先取りしたイノベーションと新市場の源泉である

ＳＤＧｓが示しているのは、２０３０年に向けて世界が進む方向性であり、**今後10年間のトレンドを表している**といえるでしょう。１６９のターゲットの中には既存の技術では達成不可能なものもありますが、新たなイノベーションが生み出されることにより、新市場の開拓につながると考えられます。２０１６年に世界経済フォーラム（ダボス会議）で設置されたビジネスと持続可能な開発委員会が２０１７年1月にまとめた報告書「Better Business, Better World（よりよきビジネス よりよき世界）」[1]によれば、食料と農業、都市、エネルギーと原材料、健康と福祉の四つの経済システムにおいて、約12兆ドルの市場が創出されると見込まれています。

ここでは事例を基に、ＳＤＧｓへの取り組みがどのようにビジネスチャンスにつながるのかを考えてみましょう。

SDGsのターゲット12・3には、「2030年までに小売・消費レベルにおける世界全体の一人当たりの食品廃棄物を半減させ、収穫後損失などの生産・サプライチェーンにおける食品の損失を減少させる」ことが掲げられています。このターゲットを達成するためにはどのような解決策が必要でしょうか。たとえば、需要と供給のギャップを減らすために、

- 食料需要と生産量をAIの活用で調整するようなサプライチェーン・システムの構築
- 消費期限を延ばすようなパッケージング技術の開発
- 飲食業界・ホテル業界などにおいて廃棄をなくすための消費システムの確立

などが考えられます。こうしたイノベーションにより、競合他社が実現できていない価値を市場に提供することができるでしょう（図2－2）。

「小義1」の事例：食品ロスから生まれた新市場

神奈川県にある**日本フードエコロジーセンター（J・FEC）**は、食品廃棄物を活用し「廃棄物処理×飼料製造」の新しいビジネスモデルを実現しているという点で優れた取り組みを行っています。国内の畜産経営者にとって、穀物価格の高騰による飼料費の増大は大きな経営課題でした。また、市場の安全・安心な畜産物というニーズに応えるためにも高品質な飼料への需要は高まっていまし

図2-2—— SDGsのターゲット達成に必要なイノベーションの例

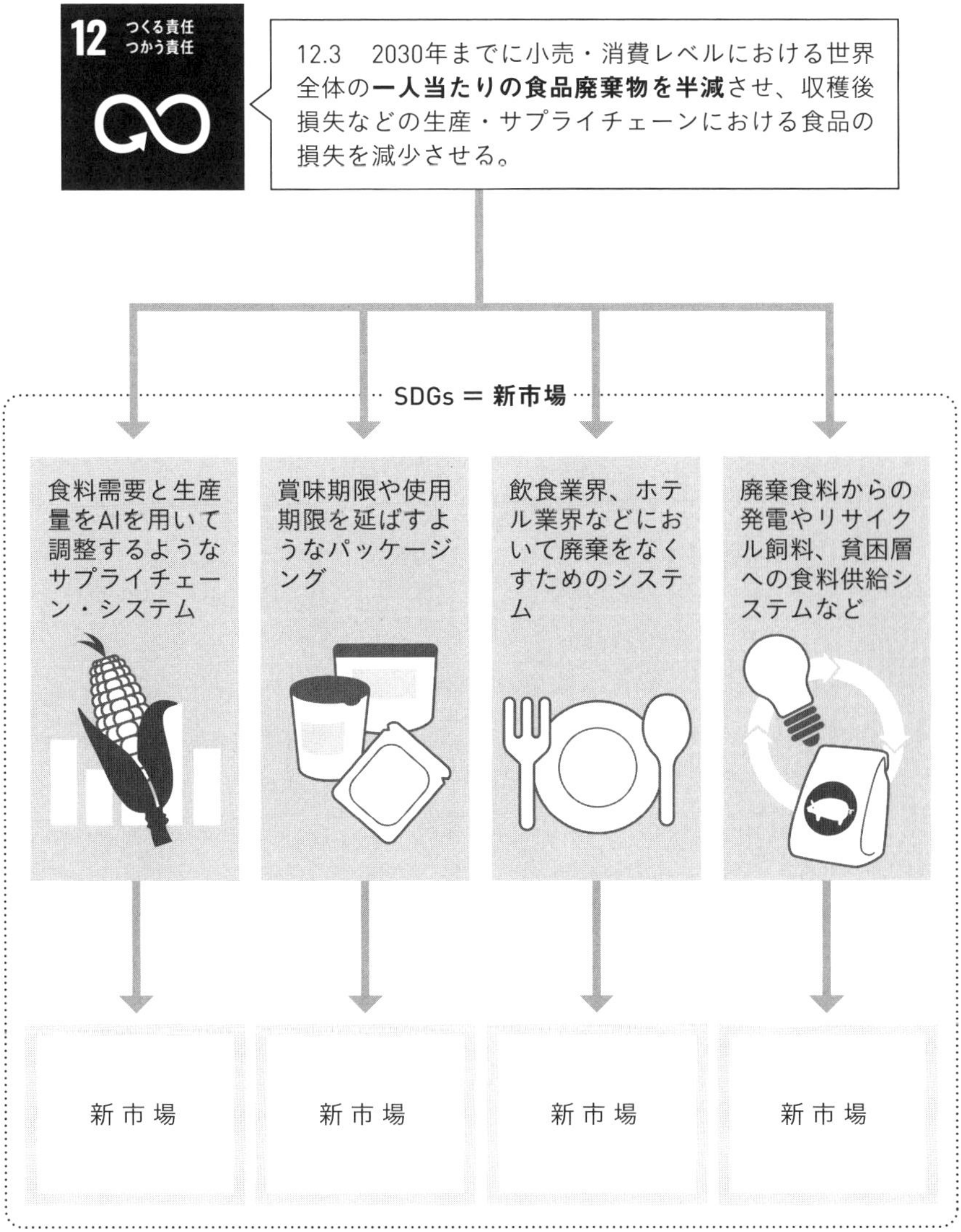
12 つくる責任 つかう責任
12.3　2030年までに小売・消費レベルにおける世界全体の**一人当たりの食品廃棄物を半減**させ、収穫後損失などの生産・サプライチェーンにおける食品の損失を減少させる。
SDGs ＝ 新市場
食料需要と生産量をAIを用いて調整するようなサプライチェーン・システム
賞味期限や使用期限を延ばすようなパッケージング
飲食業界、ホテル業界などにおいて廃棄をなくすためのシステム
廃棄食料からの発電やリサイクル飼料、貧困層への食料供給システムなど
新市場
新市場
新市場
新市場

た。一方、**食品ロス**の量は年間643万トンと推計され、廃棄処理に伴う二酸化炭素（CO_2）の排出や税金の投入、最終処分場の不足なども大きな課題となっています。

そこで、同社は「食品ロスに新たな価値を」という企業理念のもと、廃棄物処理業と飼料製造業の両面から食の課題へ取り組みはじめました。具体的には、食品廃棄物からリキッド発酵飼料（リキッド・エコフィード）を開発し、輸入飼料の代替品として良質な飼料の製造を行うことで飼料自給率の向上に貢献しています。[2] また、こうした飼料は穀物相場の変動に影響されないため、安定した畜産経営の支援にもつながっているといえるでしょう。さらに、同社は、製造した飼料で飼養された豚肉をブランド化し、養豚事業者や消費者といったステークホルダーを巻き込むことに成功しています。こうした取り組みが評価され、2018年の第2回ジャパンSDGsアワードにおいて内閣総理大臣賞を受賞しました。このように、**SDGsの達成に向けイノベーションを生み出すことで、新しい市場を開拓できる**可能性が広がります。

「Better Business, Better World」によれば、SDGsの目標と関連して2030年の市場規模が最も大きくなると予想されているのが、モビリティシステムです。自動車業界で最近よく使われるようになったCASE（Connected：つながる、Autonomous：自動運転、Shared and Services：シェアリング・サービス、Electric：電動化、の頭文字をとったもの）やMaaS（Mobility as a Service）といった言葉に代表されるように、自動車産業は100年に一度という大変革の時代を迎えています。たとえば、EVバスの世界市場は、都市人口の増加や大気汚染および自家用車利用についての法規制などの面

から、需要が急激に伸びており、2030年までに16兆円を超える規模に成長すると予測されています。(3)

この新市場で著しく成長しているのが、中国のBYDです。同社は1995年に設立された電池メーカーで、リチウムイオン電池の製造で世界第3位、携帯電話用電池では世界第1位の企業です。日本ではまだ同社のEVバスの導入事例は多くありませんが、2015年に京都府、2018年に沖縄県がそれぞれ導入済みで、2019年には福島県の会津バスや岩手交通も運用を始めており、国内でも拡大傾向にあります。SDGsが提起する社会課題が市場のトレンドを先取りしており、ビジネスチャンスを示している例といえるでしょう。

SDGsは顧客の要請に応えうるもの

SDGsは新市場の開拓につながるビジネスチャンスであると説明しました。では、既存市場におけるニーズはないのでしょうか。そこで紹介するのが「小義2」です。

小義2

顧客は環境や人権などSDGsに適った製品やサービスを求めている

環境負荷に配慮した製品を提供することやサプライチェーン上の人権の尊重に以前から取り組んでいる企業も少なくありません。しかしＳＤＧｓの登場により、こうした取り組みはこれまでよりも包括的に顧客や取引先、消費者などからも求められるようになってきました。この傾向はＢｔｏＣ／ＢｔｏＢ問わず加速していくと考えられます。

近年では、**エシカル消費**という言葉を聞く機会が増えてきました。エシカル消費は、消費者基本法においては「地域の活性化や雇用なども含む、人や社会・環境に配慮した消費行動」と定義されています。２０１８年に消費者庁が実施した消費者意識基本調査[4]によれば、日頃の消費生活で行っていることに対して「倫理的消費（エシカル消費）を行う」と回答した人の割合は10・2％に留まりました。まだ定着しているとはいい難いですが、後述するミレニアル世代やZ世代を中心に、消費に対する価値観が変容してきており、社会課題に配慮した購入行動は今後主流化していくことも予想されます。

こうした消費者の価値観の変化に敏感な企業は、既に具体的な取り組みを始めています。**日清食品**は、カップヌードルの容器について、２００８年から再生可能資源である紙を使用したＥＣＯカップを導入していましたが、さらに環境負荷を下げるために、２０１９年から環境配慮型容器「バイオマスＥＣＯカップ[5]」への切り替えをスタートさせています。同社はこの切り替えにより、原料の調達からカップの製造、輸送および廃棄（焼却）に至るプロダクトライフサイクルで排出されるCO_2量を約16％削減し、サプライチェーン全体で環境負荷を削減することに取り組んでいます。

「小義2」の事例：SDGs浸透圧力

BtoBビジネスにおいては、顧客からの要請が、より強力に浸透圧力となって働きます（図2−3）。たとえば、自動車産業は、関連産業まで含めれば就業人口は500万人以上に及ぶ日本経済の基幹産業ですが、業界最大手のトヨタ自動車がSDGsに取り組む意思を表明したことで、産業全体のサプライチェーンに影響を与える現象が起きています。

同社は、2015年に持続可能な社会の実現に貢献するための「環境チャレンジ2050」[6]を発表し、「環境へのマイナスインパクトの最小化」だけでなく、「ビジネスを通した環境へのプラスインパクトの増大」を実現するビジネスモデルへの転換に挑戦することを宣言しました。具体的には、地球環境の問題に対する六つのチャレンジとして、

- 2050年までに新車平均走行時CO_2排出量を90％削減
- ライフサイクル視点で、材料・部品・モノづくりを含めたトータルでのCO_2排出ゼロ
- グローバル規模で工場からのCO_2排出ゼロ

といった目標を打ち出しています。これにより何が起こるでしょうか。

自動車産業は、トヨタのような完成車メーカーを頂点に、部品を納品するサプライヤーが一次、二次、三次……と階層化されたピラミッド型の構造をしています。たとえば、ライフサイクルにお

図2-3──サプライチェーン上のSDGs浸透圧力

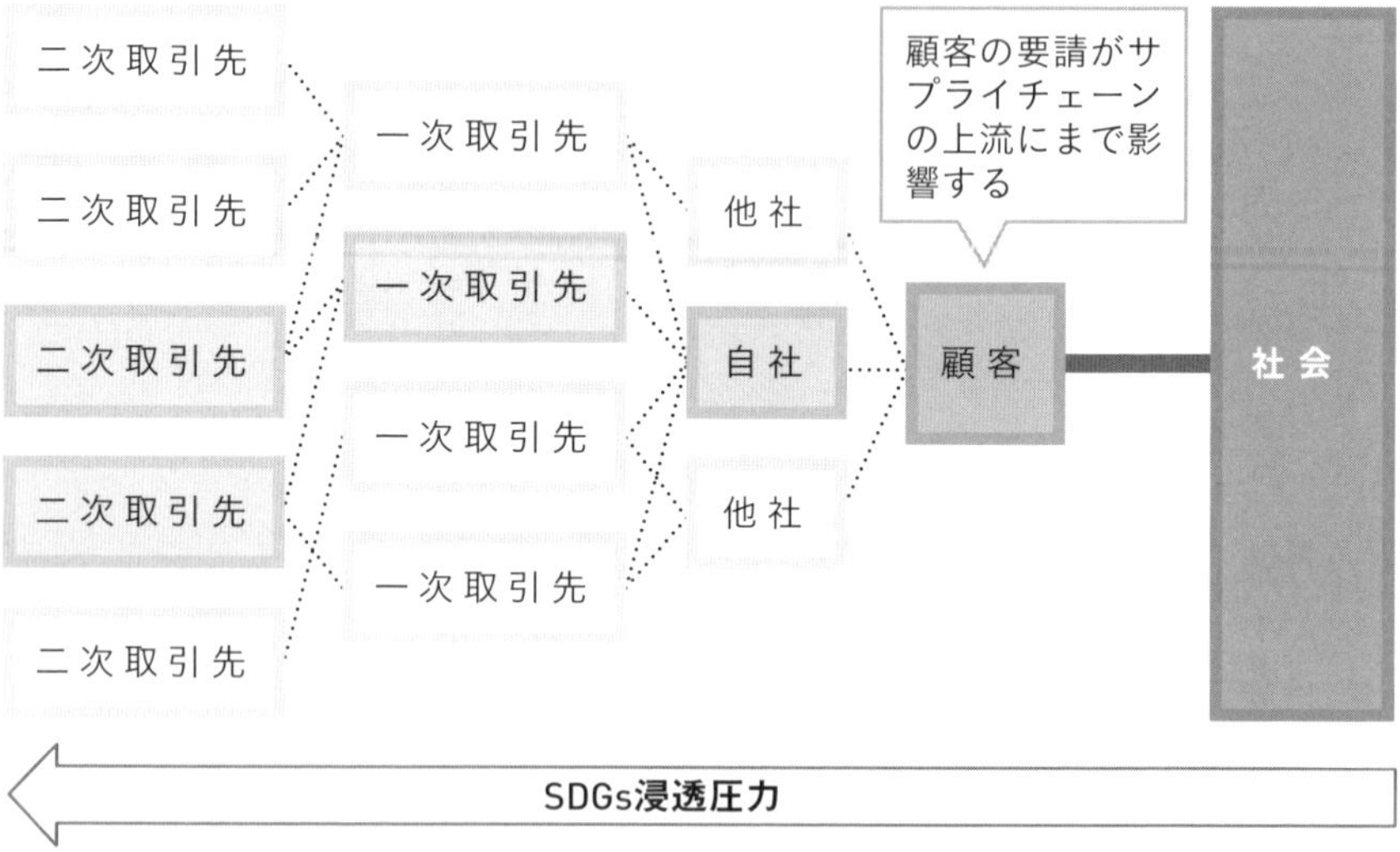

けるCO_2排出量の削減に関して、完成車メーカーがサプライヤーにも協力を求めていくことを明示すれば、その要求に応えるために、サプライヤーは自社の方針にかかわらず環境負荷を減らす努力をしていかなければなりません。このように、**サプライチェーンの頂点に立つ企業が、明確にビジョンを打ち出すことは、業界全体に大きなインパクトをもたらす**ことが考えられます。実際、トヨタ自動車を中心に東海地域全体でＳＤＧｓに対する取り組みが活発化しており、業界全体が社会・環境問題への対応、新しいモビリティの世界をつくる動きに向かいつつあるといえるでしょう。

ＳＤＧｓは人財の確保に欠かせない

これまで、ＳＤＧｓが新市場の源泉であり、顧客の要請に応えうるものであることを説明してきました。これだけでも「十分、ＳＤＧｓに取り組む価値があるよね」と思われたかもしれません。しかし、忘れてはいけないことがあります。それは人財の確保です。

小義3
優秀な人財は企業のサステナブルな組織運営に大きな関心を持っている

企業にとって重要な資本の一つが人的資本、すなわち人財です。アフターコロナの時代では人々の働き方も大きく変わってくることが予想されますが、より優秀な人財を確保することは、どの時代であっても普遍的な生存戦略です。**ミレニアル世代**がそれより上の世代よりも気候変動などの社会課題に関心を持つ傾向にあることは、既に各種調査で報告されています。また、人事に関わる仕事をしている方は既に実感していると思いますが、これから次々に社会に出てくる**Ｚ世代**と呼ばれる若者は、企業のサステナビリティに対する取り組みに強い関心を持ち、これまでの世代とは違う観点で企業を見定める人が多いと考えられます。

Z世代の価値観

Z世代の定義は様々ですが、1990年代後半から2000年代に生まれた世代を指すことが多いようです。彼らの特徴として、生まれたときからインターネットが身近であるデジタルネイティブであること、多感な子ども時代に9・11や東日本大震災を経験し、国内外の社会課題に対して強い関心を持っていることなどが挙げられます。加えて、学校教育の中でもSDGsが盛んに取り上げられるようになってきおり、私立中学校の入試問題にもSDGsに関連する問題が数多く出題されています。こうした潮流から、**Z世代はSDGsネイティブである**ともいえるでしょう。

初期のZ世代は既に社会人になっていますが、彼らは就職先に対して、自らの時間を長期的に投資するに値する企業か、という視点で見ています。日経HR編集部が発行した『未来を変える会社 2020年度』[7]では、就職活動を行う大学生向けに企業を選ぶキーワードとしてSDGsが特集され、優良企業を見定めるモノサシとしてESG、ダイバーシティ経営、健康経営が挙げられました。その指標として、ESG対応の優れた企業を測定するFTSE Blossom Japan Indexや経済産業省が選定する新・ダイバーシティ経営企業100選、ホワイト500のランキングなどが紹介されています。こうした指標で高いランクを獲得している企業は、大手就職支援サイトなどが行うランキングでも上位に位置していることが多く、Z世代の価値観を反映しているといえるでしょう。

企業もSDGsネイティブであるZ世代に注目し、彼らとの連携を考え始めています。ミドリムシを原料とした機能性食品や化粧品等を販売するユーグレナは、社会の未来を議論する際に、未来世代の当事者が不在のままでは不十分であると考え、CFO（Chief Future Officer＝最高未来責任者）を募集しました。[8] 2019年8月に新聞の全面広告にて、18歳以下であることを条件に告知が行われ、500名以上の応募があったといいます。上場企業の経営にZ世代の意見が反映されるという時代が既に到来しているのです。

このような社会の潮流やZ世代に代表される若い世代の価値観の変容に鑑みると、今や企業がSDGsに取り組まなければ優秀な人財を獲得することができなくなってきたといえるでしょう。現状でも既に、就職面接の際に面接官が「御社のSDGsに関する取り組みについて教えてください」と学生から質問をされるケースも増えているのではないでしょうか。人事担当者を含む従業員が、企業におけるSDGsの本質を理解し、自社の長期的なビジョンも踏まえて語ることができなければ、優秀な人財を獲得する機会を逸してしまう可能性があります。ビジネスを支える人財を獲得するためにも、企業規模にかかわらず、SDGsを経営に実装していくことが求められているのです。

ここまで企業がSDGsに取り組む意義について説明してきました。それでは現在の日本における企業の取り組みはどこまで進んでいるのでしょうか。ここでは、企業の認知度とSDGsへのアプローチ方法を中心に見ていきます。

企業における取り組みの現在地

企業におけるSDGsの認知度

SDGsの認知度は年々向上しています。年金積立金管理運用独立行政法人（GPIF）が2019年に東証一部上場企業2000社以上を対象に行った調査[9]では、96・7%の企業がSDGsについて「知っている」と回答しました。また全体の44・7%が「すでに取り組みを始めている」と答えています。加えて、民間企業が2017年に実施した時価総額上位100社の統合報告書やCSR情報開示におけるSDGs関連情報の調査[10]によれば、68社の企業がSDGsに関してなんらかの言及を行っています。

一方、経済産業省関東経済産業局が2018年に中小企業500社を対象に実施した調査[11]では、SDGsの認知度は15・8%に留まっており、企業規模により大きな差が出ています。中小企業こそSDGsへの取り組みを積極的に進めるべきですが、これについてはまた別の機会にご紹介したいと思います。

少なくとも大企業においては、SDGsが知識としては浸透し、対外的にも発信できるレベルで取り組んでいる企業が増えてきていることがわかります。しかし、各社の取り組みが**SDGsウォッシュ**と呼ばれる、SDGsの本質を理解しない見せかけだけのものになっていないか、具体的な中身まで見てみなければわかりません。本節では、企業がSDGsに対して取りうるアプローチについて見ていきます。

SDGsへのアプローチに見られる分類

日本企業におけるSDGsへの取り組みを観察してみると、「SDGコンパス」を参考にしているところが多いように見受けられます。第1章で紹介した通り、「SDGコンパス」は企業向けの行動指針で、企業がSDGsに取り組むステップを①SDGsの理解、②優先課題の決定、③目標の設定、④経営への組み込み、⑤報告とコミュニケーションという五つのステップに分けて説明しています。

「SDGコンパス」には有用なアイデアも多く紹介されていますが、国際社会の視点から書かれているため、経営者には理解が難しい部分もあります。第1章の繰り返しになってしまいますが、その一つがアウトサイド・イン・アプローチです。これは、インサイド・アウト・アプローチが現行の事業目標から世界的な課題への対応を考えることに対し、ＳＤＧｓのような世界的・社会的ニーズから事業目標を考えるべきであるというアプローチです。外側のニーズから企業が取り組むべき目標を設定するというアプローチ自体は理解しやすいと思います。しかし、経営者から見ると、決定的に欠けている視点があります。それは「**どうやって儲けるか**」ということです。企業の目的は利益の追求ですから、儲けを出さなければ企業自体が存続できません。

このように経営者目線でのＳＤＧｓ理解がなかなか進まない中、多くの企業がＳＤＧｓに取り組んでいるものの、従来のＣＳＲの取り組みと同じように、事業活動とは関係のない活動や単発的な取り組みに陥りがちになっているのが現状です。

そもそも「利益を出しながらＳＤＧｓに適合したビジネスを行う」といっても、事業内容が異なればアプローチが異なるのも当然です。規模の大小や事業内容にかかわらず、ＳＤＧｓに近づくための指針がもう少し細分化された形であったほうが使いやすい――そうした考えから提案するのが、表2－1の六つのアプローチです。これは様々な企業の取り組みを分析してきた中で、本書において独自に分類したものです。以下、各々の特徴やメリット・デメリットについて、事例を交えて説明していきます。

表2-1—— 企業のSDGsへのアプローチ

アプローチ	特徴
❶ マッピング	◎ 自社がどのようにSDGsに貢献しているかを分析できる ◎ 個別の分野への貢献に目標(KPI)を設定することができる △ これだけで経営戦略というには不足である
❷ マッチング	◎ 社会の課題と解決策をアイデアで結びつけることで、価値を生み出す ◎ 具体的な事業になるので、利益創出が可能 △ SDGsは結果であり、究極的にはなくても同じことが可能 △ シングルイシュー(単一セクター、単一目標)が多い
❸ 社会的インパクト投資	◎ SDGsの要請に直接応えることが可能 ◎ 測定可能な投資として運用資金を呼び込む市場が急成長しつつある × 利益を持続的に出せるビジネスモデルの組み立てが難しい
❹ 参照手段としての活用	◎ 自社のもともとの取り組みを、SDGsを鏡として評価できる △ 以前からサステナビリティに取り組んでいることが前提
❺ ESG投資対応	◎ ESG市場は拡大し、大きなビジネスチャンスである △ 投資家・企業側も何を基準に判断すべきか、十分に理解が深まっていない
❻ 経営への実装	◎ 「SDGsに貢献する」のではなく、「経営そのものがSDGsに支えられる」 ◎ ぶれない経営、社員浸透、ブランディングを同時に実現 △ 経営者と経営層の強く明確な意志が必要

1 マッピング

マッピングは、前述の「SDGコンパス」でも提唱されているプロセスですが、自社のサプライチェーンを分解し、各プロセスで事業活動とSDGsへの関わりを関連づける方法です（図2－4）。これにより自社ビジネスとSDGsへの紐づけを可視化することができ、各目標への取り組みについてKPIを設定し、具体的な施策の立案へと進めることができます。

たとえば、**伊藤園グループ**は、自社ビジネスに関して他に類を見ない徹底的なマッピングを行い、サステナビリティ上の目標を立てています。同社はISO26000に則した中核主題として、組織統治、人権、労働慣行、環境、公正な事業慣行、消費者課題、コミュニティへの参画およ

図2-4—— 製造業のサプライチェーンにおけるマッピングの例

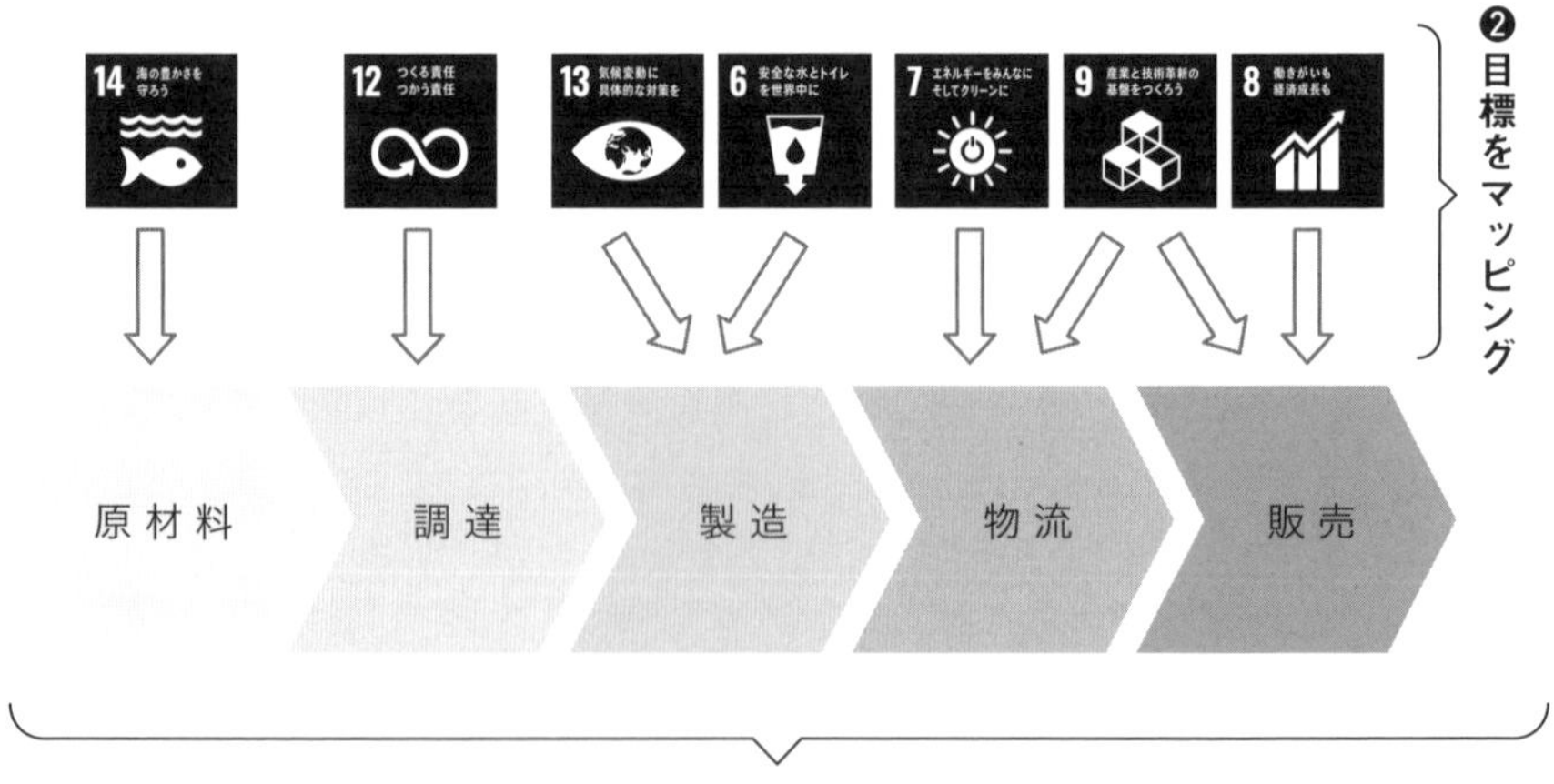

びコミュニティの発展の七つを推進テーマに設定し、製品の適切な情報開示や茶産地育成事業におけるモニタリングなど51にわたる項目についてＫＰＩを設定しています[12]。

伊藤園のように、ここまで詳細に分析をした上でＫＰＩ化できれば素晴らしいのですが、残念ながら各目標とのマッピングを終えた段階で安心してしまい、そこで思考停止しているようなケースも多くあります。ＳＤＧｓへの紐づけは重要な第一歩ではありますが、それを利益向上のための事業戦略に引き上げる論理が不在では、本質的な取り組みにはなりえません。マッピング単独では、ＳＤＧｓを中核にした経営戦略と呼ぶには物足りないでしょう。

2 マッチング

マッチングは、人口減少や空き家問題など顕在化している社会課題と解決策を掛け算することにより、新しい価値を生み出す手法です（図2－5）。具体的な事業アイデアに結びつけやすく、利益を生むビジネスを創出しやすいことが特徴です。

tabeloop《たべるーぷ》は、食品ロス削減を目指した日本初のＢtoＢ向けフードシェアプラットフォームです。売り手は、良質であるにもかかわらず余剰になり大量に廃棄せざるを得ない食材を直接サイト上に出品し、買い手が購入した売上の一部が飢餓撲滅のために寄付されるという仕組みです。

2018年には、漁業、飲食店等のストアビジネスを展開するゲイトと包括協力協定を結び、三重県において、値がつけにくい魚を中心に買いつけ、現地で加工後、自社物流便で都内へ運送し居酒屋に提供するサービスを開始しました。tabeloopはこうしたサービス連携により事業拡大を図りつつ、SDGs達成に向けて食品ロスについての広報・啓蒙活動、自然災害による規格外野菜等の購入、生産地・飲食店を活用した食育事業などに取り組んでいます。[13]

この例のように、マッチングは、社会課題と解決策の組み合わせによって新しい価値を生み出すことを可能にします。しかし、究極的にはSDGsという体系がなくても可能な手段です。また、単一セクター・単一目標といったシングルイシューに対する取り組みになりがちであるため、各目標間のリンケージを活かして正の連鎖を起こすことにつながりにくいともいえます。

図2-5―― マッチングの例

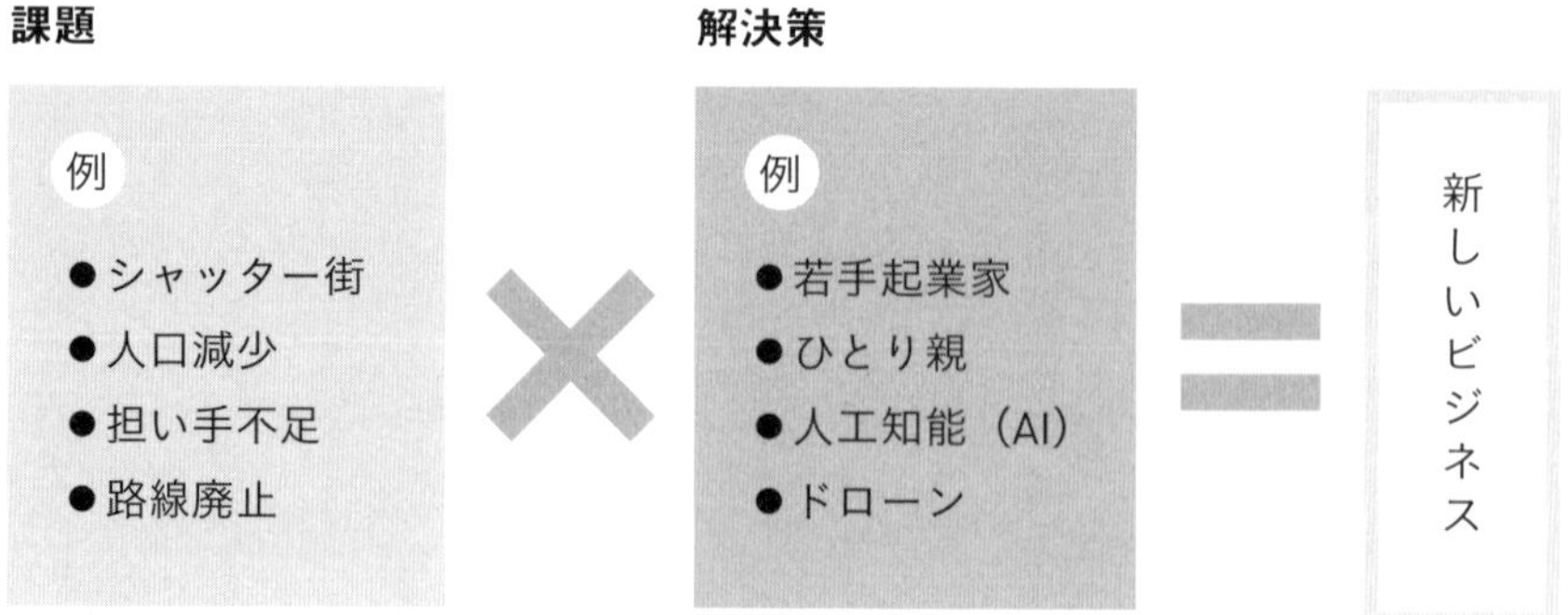

3 社会的インパクト投資

社会的インパクト投資は、財務的リターンと並行して社会的・環境的インパクトを同時に生み出すことを意図する投資の考え方です。投資を決める際に、金銭的なリターンだけでなく、社会に与えるプラスの影響も加味して判断することによって、社会と経済のバランスを図ろうというものです。この一つの形態として、自治体が一部の事業を民間に委託することにより、コストの差の一部を投資家が利益として得る**社会的インパクト債（SIB）**があります（図2－6）。

東京都八王子市や兵庫県神戸市では、保健分野においてSIBが既に導入されています。八王子市では、早期に治療を行えば高い確率で治癒が可能となる大腸がんに着目し、検診受診勧奨事業[14]を実施して約1千万円の資金を調達しました。また、神戸市では、倍増傾向にある透析患者数に対し糖尿病性腎症等の重症化予防事業[15]を実施し、資金調達額は約2400万円に上りました。

社会的インパクト投資は、SDGsの要請、特に少数者の権利や格差の解消などにダイレクトに応えることができます。測定可能な社会的インパクトを生み出すと同時に経済的リターンも得られる投資として国際社会でも注目されており、市場として急成長しつつあります。日本においても2016年に成立した休眠預金等活用法（公益活動を促進するための休眠預金等に係る資金の活用に関する法律）などの動きとも相まって、取り組みが進むことも期待されます。

図2-6—— 社会的インパクト債(SIB)の仕組み

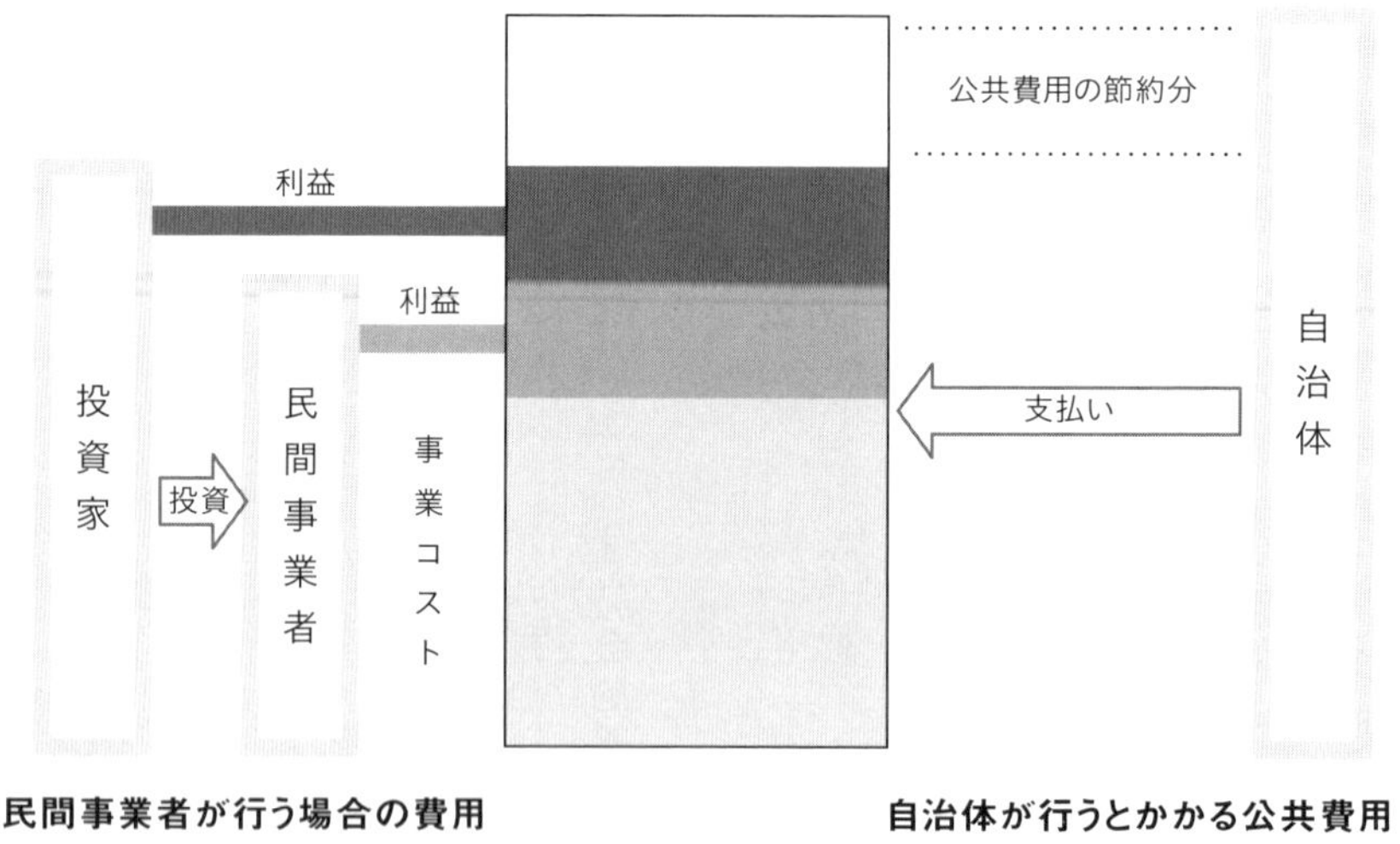

ただ、こうしたSDGsの理念や目標から直接導き出すビジネスは理想的ではありますが、マネタイズすることは簡単ではありません。利益を持続的に出せるビジネスモデルの組み立てには、アントレプレナーや専門家の知見を活用していくことが必要となるでしょう。

４　参照手段としての活用

以前からＣＳＶ経営に取り組んできた企業の中には、ＳＤＧｓを参照手段として用いているケースも確認できます。**味の素グループ**は２００５年からＣＳＲ経営を掲げていますが、創業１００周年を迎えた２００９年に、事業を通じて解決すべき「21世紀の人類社会の課題」を発表し、ＭＤＧｓの認識やステークホルダーとの対話から、自社が取り組むべき課題として「地球持続性」「食資源」「健康な生活」の三つを選定しました。ＳＤＧｓが登場する前年の２０１４年には、社会課題を解決し社会と価値を協創するＡＳＶ（Ajinomoto Shared Value）を掲げ、グループ全体で世界の課題に向き合い、行動する姿勢を明確に示しています。このように早期から社会課題にコミットしてきた同社ですが、２０１５年にＳＤＧｓと事業の関連性を明示してマテリアリティ項目を抽出・整理して以降、見直しを重ね、２０１９年のサステナビリティデータブック[16]においては、味の素グループが解決すべき社会課題として再整理した11項目を掲げています。

またオ**ムロン**は、創業者の立石一真《たていしかずま》が１９７０年に発表した未来予測理論「ＳＩＮＩＣ理論」に基づき、社会の潜在的なニーズに応える事業展開を行ってきました。未来を起点にした成長戦略として２０１７年にスタートした中期経営計画である「ＶＧ２・０」[17]では、サステナビリティ課題を中長期戦略の中に組み込み、具体的な取り組みと目標を設定した上で、事業を通じて解決していく方針を示しています。

ここに挙げた2社は、もともと社会とつながった極めて強い経営理念とその実践方法をＳＤＧｓ登場以前から確立しています。こうした企業においては、無理に事業をＳＤＧｓに合わせるのではなく、方向性を確認するための参照手段として活用するほうが理に適っています。当然ながらこうした取り組みは、従前からの継続的な取り組みと自社の確固たる方針があって成り立つアプローチであり、多くの企業にとっては、模倣するハードルは高いでしょう。

5 ＥＳＧ投資対応

ＥＳＧ投資は、環境（Environment）、社会（Social）、ガバナンス（Governance）に配慮した経営を行っている企業を重視・選別して行う投資の形態です。従来の投資が売上高や利益などを示す財務指標を重視しているのに対し、ＥＳＧ投資は、環境・社会・ガバナンスへの配慮が、中長期的な収益の増加や企業の持続的成長につながるとの視点に立ち、財務指標上では可視化されにくいリスクを排除できるという発想に基づいています。

世界のＥＳＧ投資に関する報告書「Global Sustainable Investment Review」[18]によると、２０１８年には世界のＥＳＧ投資の残高が約33・7兆ドル、日本円にして３４００兆円を超えました。これは世界全体の運用資産の3分の1以上を占める金額であり、ESG市場は倍々ゲームのように急拡大しています。ESG投資に関しては、第4章で詳しく述べます。

6 経営への実装

最後の六つめは、SDGsを経営理念と事業計画へ実装していく手法です。これは、企業の経営理念をSDGsの視点から見つめ直し、事業活動が社会に与えるインパクトを価値創造のストーリーとして具現化する営みです。ここまで取り上げた五つのアプローチと決定的に違うのは、「SDGsに貢献する」のではなく、「**経営そのものがSDGsに支えられている**」との考えに基づいているという点です。

たとえば、石川県小松市でパーティションの製造・販売を行う**コマニー**は、自社の強みを空間制御技術と捉え、事業活動とSDGsの実現を両立する「∞（メビウス）モデル」を策定しました（図2−7）。このモデルは、同社のビジネスを説明するのみならず、個々の事業計画や投資計画がメビウス上のどこにあるのかを明確にすることを求めています。経営上のすべての意思決定がこのメビウスモデルに基づいて行われており、経営判断に直接役立っているといえます。

図2-7—— コマニーのSDGsメビウスモデル

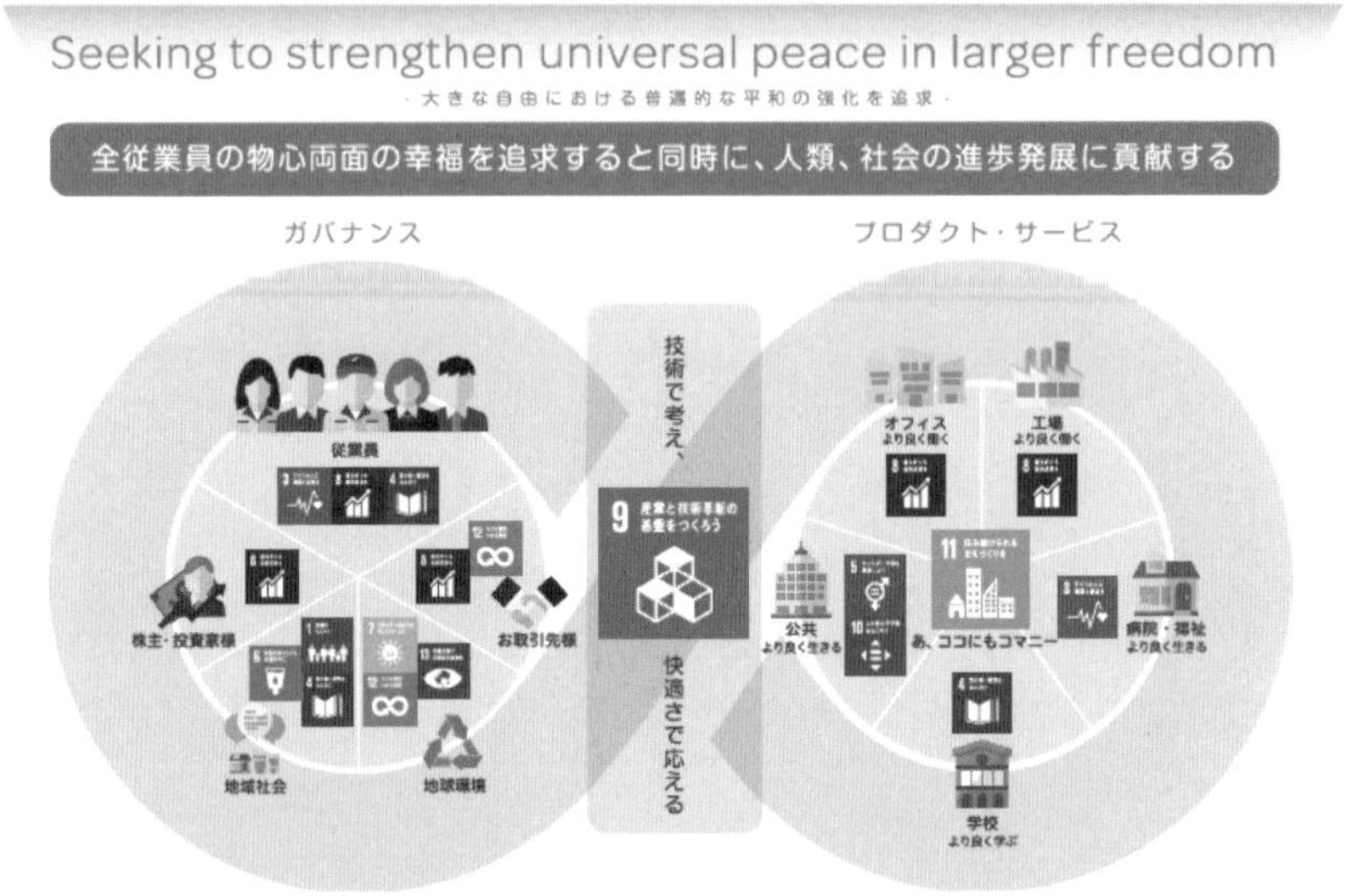

出所：株式会社コマニー「SDGsを実現する『コマニーSDGs∞（メビウス）モデル』」
（https://www.comany.co.jp/csr/philosophy/effort.html）

こうしたＳＤＧｓの経営への実装こそが、企業の取り組みにおいてあるべき姿の一つです。実現には、経営者と経営層の強く明確な意志が必要であり、時間も労力も求められますが、ぶれない経営判断や社員への浸透、ブランディングの強化などあらゆる意味で企業を強化するアプローチです。

次章では、ＳＤＧｓを経営に実装するための思考方法について解説していきます。

1 The Business and Sustainable Development Commission "Better Business, Better World"（２０１７）
http://report.businesscommission.org/report

2 日本フードエコロジーセンター ウェブサイト
https://www.japan-fec.co.jp/

3 IDTechEx Ltd. "Electric Buses 2020-2030: 2nd Edition, Forecasts, Technology Roadmap, Company Assessment"（２０２０）

4 消費者庁「消費者意識基本調査（令和元年11月調査）」
https://www.caa.go.jp/policies/policy/consumer_research/research_report/survey_002/

5 日清食品グループ ニュースリリース（２０１９年６月11日）
https://www.nissin.com/jp/news/7874

6 トヨタ自動車「トヨタ環境チャレンジ２０５０」
https://global.toyota/jp/sustainability/esg/challenge2050/

7 日経ＨＲ編集部『就活ＮＥＸＴ 未来を変える会社 ２０２０年度版』（日経ＨＲ、２０１８）

8 株式会社ユーグレナ「ＣＦＯ募集」
https://www.euglena.jp/cfo/bosyu/2019/

9 年金積立金管理運用独立行政法人「第４回 機関投資家のスチュワードシップ活動に関する上場企業向けアンケート集計結果」（２０１９）
https://www.gpif.go.jp/investment/stewardship_questionnaire_04.pdf

10 株式会社クレアン 統合報告支援グループ「ＳＤＧｓの開示状況調査結果（２０１７年）」
https://www.cre-en.jp/library/knowledge/180124/

11 経済産業省関東経済産業局「中小企業のＳＤＧｓ認知度・実態等調査結果」（２０１８年12月）
https://www.kanto.meti.go.jp/seisaku/sdgs/sdgs_ninchido_chosa.html

12 株式会社伊藤園「伊藤園グループのサステナビリティとＳＤＧｓ」
https://www.itoen.co.jp/csr/csrpolicy/

13 tabeloop「ＳＤＧｓ達成に向けた取り組み」
https://tabeloop.me/page/sdgs/

14 八王子市「八王子市における成果報酬型官民連携モデル事業の取り組み（平成29年度事業（中間）報告）」

https://www.city.hachioji.tokyo.jp/kurashi/hoken/kennsinn/p023983.html

15 一般財団法人社会的投資推進財団（SIIF）「神戸市 ソーシャル・インパクト・ボンドを活用した糖尿病性腎症等の重症化予防事業について」（2017年7月20日）
https://www.city.kobe.lg.jp/documents/20743/20170720040801-1.pdf

16 味の素株式会社「味の素グループサステナビリティデータブック2019」
https://www.ajinomoto.co.jp/company/jp/ir/library/databook.html

17 オムロン株式会社「オムロン統合レポート2019」
https://www.omron.co.jp/ir/irlib/annual.html

18 GSIA "Global Sustainable Investment Review 2018"
http://www.gsi-alliance.org

月面で船外活動中のバズ・オルドリン
（1969年7月20日／アポロ11号）。

第3章

SDGsを経営に実装するための思考法

【写真：NASA/TopFoto/アフロ】

SDGs実装に役立つ三つの思考法

第2章では、SDGsを経営に実装することで得られる付加価値について「大義」と三つの「小義」で整理し、企業における取り組みの現状を確認しました。本章では、実際にSDGsを経営に実装していくための方法論について説明します。

現状では、SDGsを経営の根幹に据えるところまでたどり着いている企業と、単純なマッピングで思考停止してしまう企業とがあり、まだ圧倒的に多いのは後者ですが、この両者では、SDGsで創出できる付加価値に大きな相違が生まれます。SDGsを経営戦略に取り込む「付加価値の差分」は、次の三つの新しい思考に宿ると考えられます。

1 **時間的逆算思考**……ムーンショット理論とバックキャスティング
2 **論理的逆算思考**……演繹的イノベーションとデザイン思考
3 **リンケージ思考**……レバレッジ・ポイント理論とSDGドミノ

図3-1――SDGsを経営に実装する三つの思考法

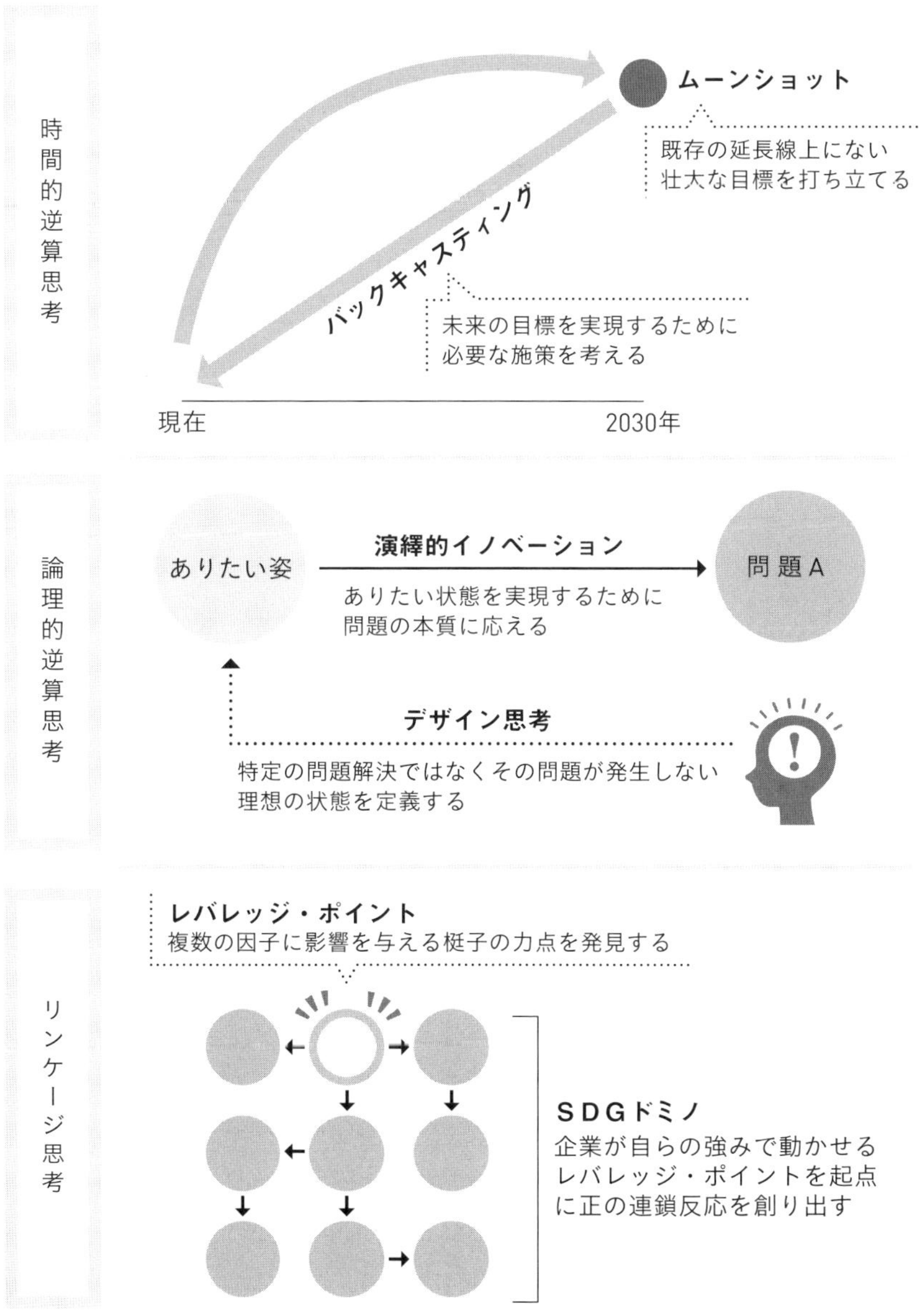
時間的逆算思考
ムーンショット
既存の延長線上にない
壮大な目標を打ち立てる
バックキャスティング
未来の目標を実現するために
必要な施策を考える
現在
2030年
論理的逆算思考
ありたい姿
演繹的イノベーション
問題A
ありたい状態を実現するために
問題の本質に応える
デザイン思考
特定の問題解決ではなくその問題が発生しない
理想の状態を定義する
リンケージ思考
レバレッジ・ポイント
複数の因子に影響を与える梃子の力点を発見する
SDGドミノ
企業が自らの強みで動かせる
レバレッジ・ポイントを起点
に正の連鎖反応を創り出す

時間的逆算思考

時間的逆算思考とは、未来のある時点での実現すべき事柄を決定し、その達成のためになすべきことを導く思考方法です（図3－2）。時間的逆算思考を行うには、まず10年以上先の長期を見据え、現在の延長線上では成し得ないビジョナリーな目標を打ち立てます。この最たる例が、ジョン・F・ケネディ元大統領が掲げた、アポロ計画という壮大な**ムーンショット**です。ケネディは1961年に「アポロ計画」を発表し、1960年代のうちに人類を月に着陸させると宣言しました。残念ながらケネディはアポロ計画発表の2年半後に暗殺されてしまいましたが、計画は続行し、宣言通り、1969年7月20日、2名の宇宙飛行士がアポロ11号で月面着陸を果たしたのです。

ムーンショットは半世紀を経て、企業経営の中で再び注目を集めるようになっています。スコット・D・アンソニーとマーク・ジョンソンは、ムーンショットにはInspire・Credible・Imaginativeという三つの要素が必要であると述べています。[1]

- **Inspire**：たとえば、企業にとって投資資本利益率を引き上げるというような財務目標は重要

図3-2── 時間的逆算思考

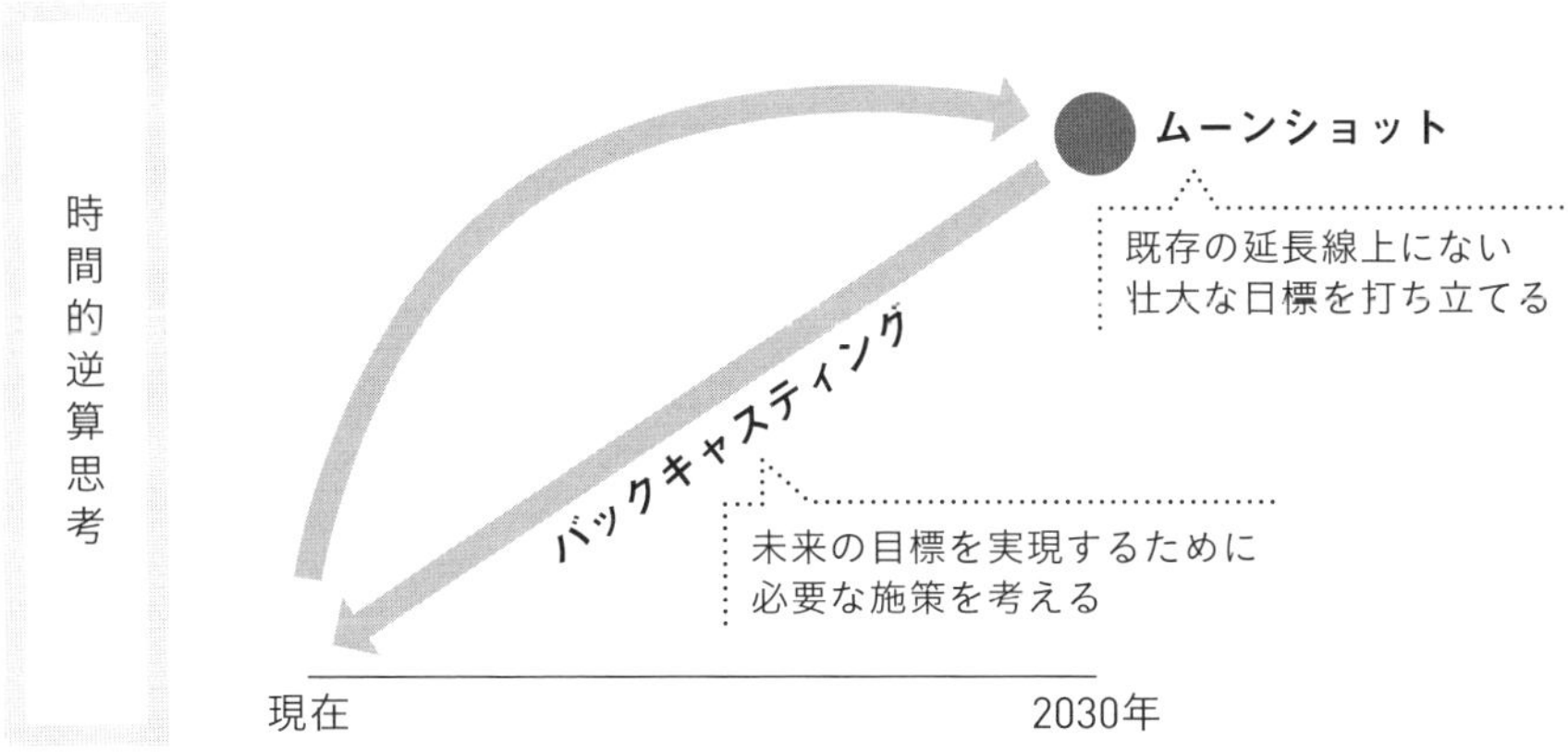
時間的逆算思考
ムーンショット
既存の延長線上にない
壮大な目標を打ち立てる
バックキャスティング
未来の目標を実現するために
必要な施策を考える
現在
2030年

ですが、人々を魅了することはできません。人々の魂を揺さぶり、強く働きかけるものでなければなりません。

- **Credible**：単に壮大な目標であればいいというわけではありません。現時点で確立されていない技術が必要だとしても十分に実現可能性があり、人々に合理性を感じさせるものでなければなりません。
- **Imaginative**：過去からの延長線上にあり現在地からの積み上げで到達できる未来ではなく、「これが実現できたらどんなに素晴らしい世界になるだろうか」と創造力を刺激する斬新なものであることが必要です。

SDGsにも多くのムーンショットが含まれています。169のターゲットから抜粋すると、表3-1に示すようなものが挙げられます。

いずれのターゲットを達成するためにも多くの課題があり、実現可能なものではないと思われるかもしれません。しかし、これらのターゲットが実現された未来を思い浮かべてみてください。きっと誰もがこうした社会の到来を渇望していることでしょう。ＳＤＧｓは全世界が目指す理想であり、人類共通のムーンショットであるということができます。企業がＳＤＧｓに取り組む上でも、こうしたムーンショットを活用することが非連続的な成長の機会となりえます。

感染症撲滅に向けたムーンショット

日本では、ムーンショットというと国家の研究開発分野での議論が中心でしたが、先んじてムーンショットを打ち出している企業のコンソーシアムもあります。たとえば、住友化学、三井化学、ＢＡＳＦ、バイエル、シンジェンタの世界農薬大手5社が参加する「ＺＥＲＯ ｂｙ 40」は、２０４０年までにマラリア撲滅を目指すイニシアチブです。２０１８年4月、英国において共同声明を発表し、ビル&メリンダ・ゲイツ財団と国際ＮＰＯのＩＶＣＣが支援しています。

競合同士がマラリア撲滅という大きなムーンショットの実現のためにパートナーシップを組み、お互いの持つ技術の共有を促進させていることは特筆すべき点でしょう。彼らは化学物質の持つ潜在的な利用可能性に注視しており、既存の撲滅ツールの改善を図っています（図3－3）。

ＺＥＲＯ ｂｙ 40に参加する住友化学は、ＳＤＧｓの前身であるＭＤＧｓが掲げられていた時代から感染症の撲滅に積極的に取り組んできた数少ない企業の一つでもあります。同社は、室内の壁

表3-1── SDGsの中のムーンショットの例

2 飢餓をゼロに	2.1	2030年までに、飢餓を撲滅し、すべての人々、特に貧困層及び幼児を含む脆弱な立場にある人々が一年中安全かつ栄養ある食料を十分得られるようにする。
3 すべての人に健康と福祉を	3.3	2030年までに、エイズ、結核、マラリア及び顧みられない熱帯病といった伝染病を根絶するとともに肝炎、水系感染症及びその他の感染症に対処する。
5 ジェンダー平等を実現しよう	5.1	あらゆる場所におけるすべての女性及び女児に対するあらゆる形態の差別を撤廃する。
6 安全な水とトイレを世界中に	6.1	2030年までに、すべての人々の、安全で安価な飲料水の普遍的かつ衡平なアクセスを達成する。
8 働きがいも経済成長も	8.5	2030年までに、若者や障害者を含むすべての男性及び女性の、完全かつ生産的な雇用及び働きがいのある人間らしい仕事、ならびに同一労働同一賃金を達成する。

図3-3── マラリア撲滅を目指すイニシアチブ「ZERO by 40」

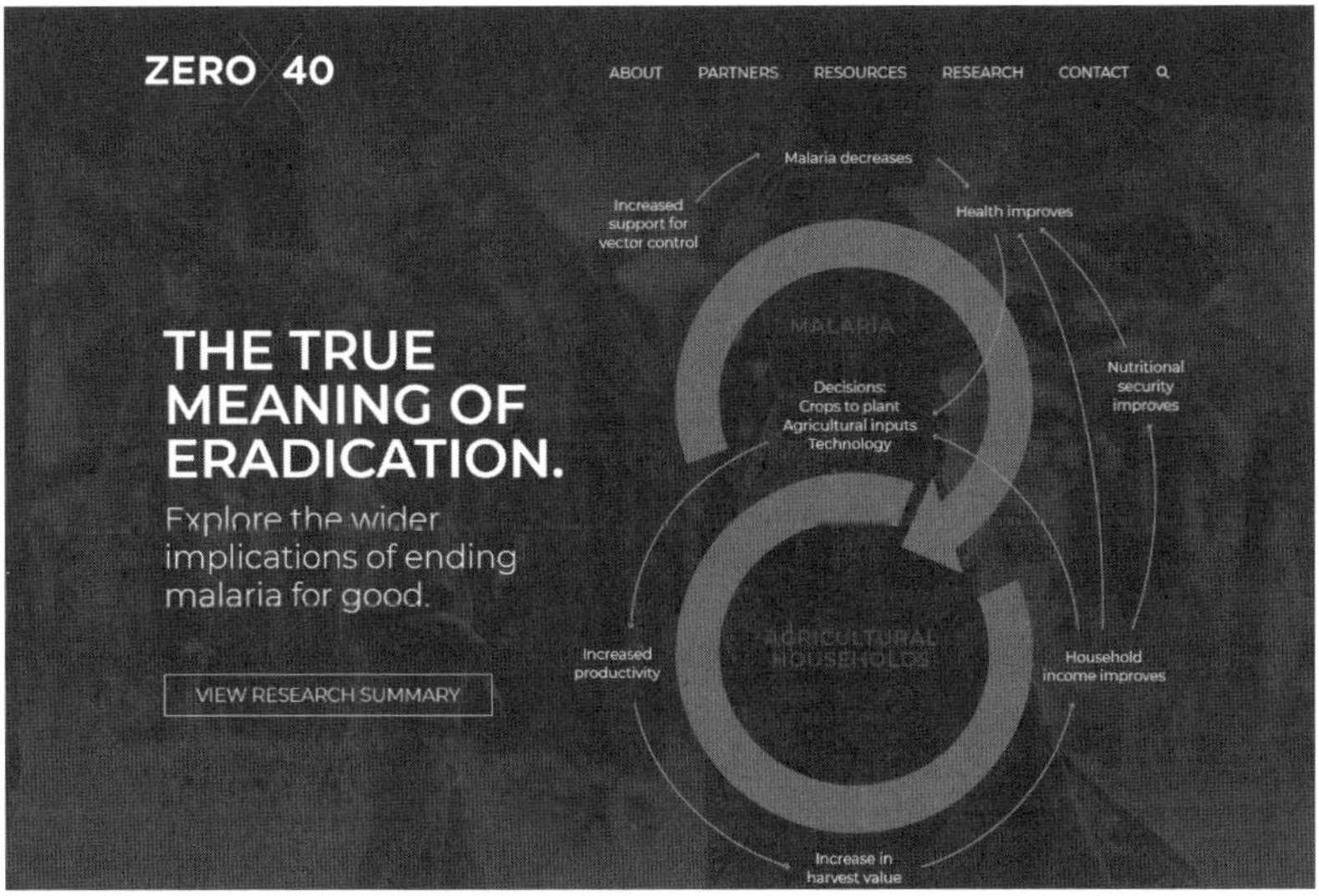

出所：ZERO by 40ウェブサイト（https://zeroby40.com/）

に散布しておくことで壁に留まった蚊に殺虫効果をもたらす「スミシールド50WG」や、長期残効型防虫蚊帳「オリセットネット」、デング熱やジカ熱対策用の幼虫駆除剤「スミラブ2MR」等の製品を開発し、事業を通じたサステナビリティの推進に取り組んできました。こうした製品群がWHOからも認証を受けることにより、同社のビジネスに好循環が生まれていることは説明するまでもないでしょう。

再生可能エネルギーに関するムーンショット

もう一つムーンショットの事例を紹介します。**RE100**（Renewable Energy 100%）は国際NGOであるThe Climate Groupにより2014年に設立された、遅くとも2050年までに「事業運営を100%再生可能エネルギーで行う」ことを目標とする企業が加盟する国際的なイニシアチブです。世界中の主要な企業が様々な業界から参加しており、加盟企業数は240社以上に上ります（2020年8月現在）。2019年の年次報告では、参加企業のうち34社が既に100%目標を達成したと報告されています。[2]

日本からはリコーや積水ハウスなど37社がRE100に参画していますが（2020年8月4日現在）、このほかにも様々な取り組みが始まっています。持続可能な脱炭素社会の実現を目指して

２００９年に設立された日本気候リーダーズ・パートナーシップ（ＪＣＬＰ）は、２０１９年６月に「再エネ１００％を目指す需要家からの提言[3]」を公表し、ＲＥ１００の参加企業20社が次のことを求める政策提言を行いました。

①再エネの社会的便益の適切な評価と、それに基づく政策立案
②日本の電源構成について、「２０３０年に再エネ比率50％」を掲げること
③他の電源に対して競争力を有する再エネを実現する環境整備

本提言は、企業の立場から政府に対して政策提言を行っているという点で画期的であり、企業がパートナーシップのもと、ルール形成を働きかけている事例といえます。

ムーンショットとバックキャスティングを組み合わせる

ここまでムーンショットの事例を紹介してきましたが、ムーンショットの達成には、現状からの積み上げによるフォアキャスティングではなく、**バックキャスティング**で考えることが求められます。フォアキャスティングは、現在の統計やデータ分析から、今後の予測を立て、必要な施策を実行していきますが、バックキャスティングは、定義した未来が実現されるための必要条件や前提となる技術を考え、未来を基準に必要なプロセスを設定していきます。すなわち、バックキャスティ

図3-4――SDGsのムーンショットとバックキャスティングを活用した計画プロセス

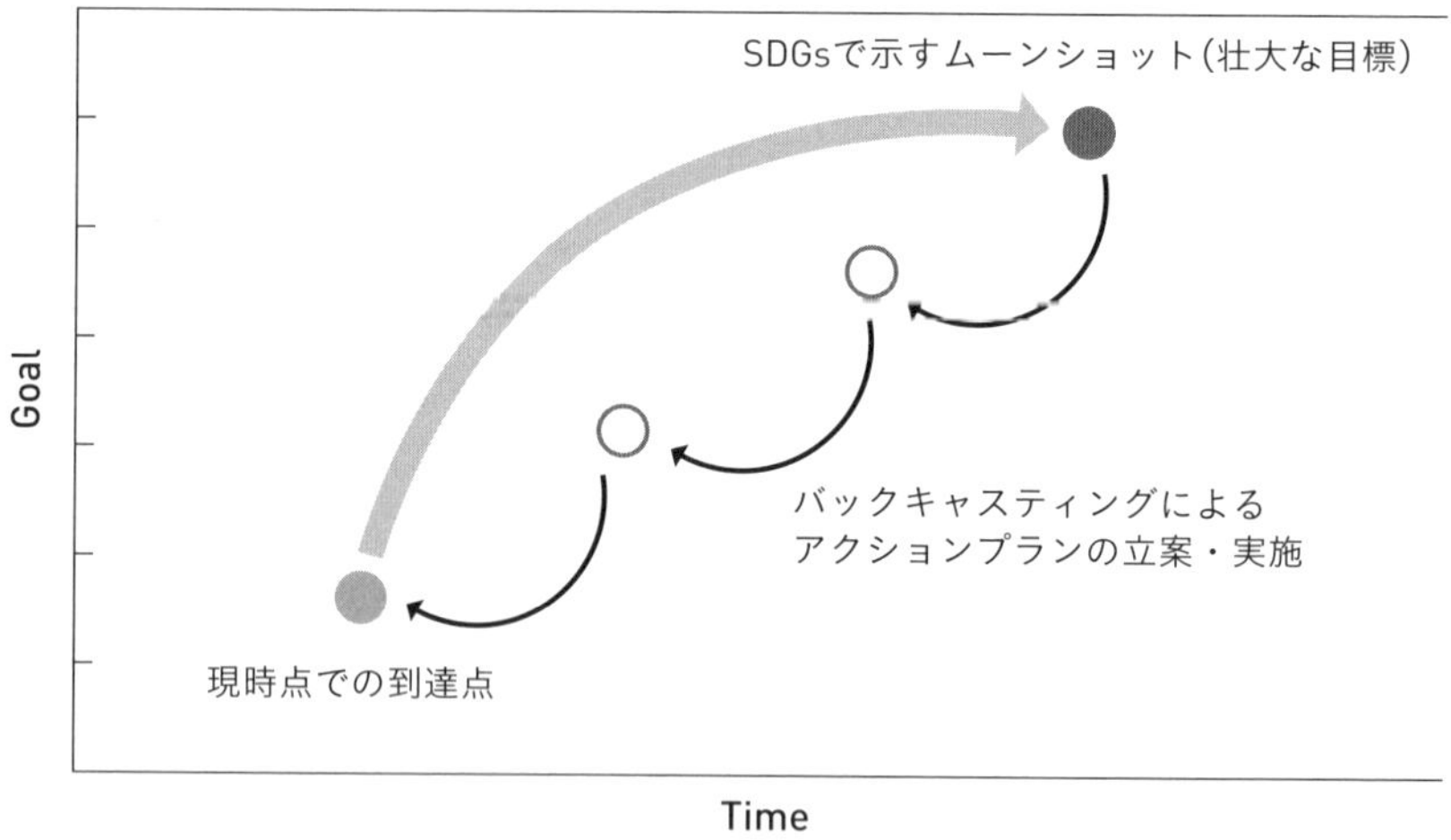

ングは、望ましい未来を定義してから、その未来を実現するために必要な方策を考え、実行していく方法といえます（図3－4）。

アポロ計画が打ち出された当時、米国は宇宙開発競争で旧ソ連に先を越されており、技術的にも当時確立されているものだけでは実現が難しいと思われていました。しかし、ケネディが到達目標を示したことにより、アポロ計画を実現させるための飛行方式や技術開発、国家予算が設定されていったのです。このように、ある意味、強引に未来を決定してしまうことで、その地点に向かって引力は働いていくのかもしれません。

ムーンショットは半世紀の時を経て企業経営の中に取り入れられ始めています。元ヤフーのバイスプレジデントでシンギュラリティ大学の創業者であるサリム・イスマイルらは、グーグルやTEDなど飛躍型企業の特徴の一つとして、野心的な変革目標[4]（Massive Transformative Purpose；MTP）を掲げていることを指摘しました。

ＭＴＰは地球規模での変化や業界を一新するような目標であり、単なるミッションステートメントとは異なるものです。人々を鼓舞し、惹きつける「変革」を志した目標であり、この点でムーンショットと同様の性質を持つと考えられます。

そしてバックキャスティングも、漸進的な成長が期待できない経済情勢の中、ビジネスの分野でも当たり前の考え方として定着しつつあります。多くの企業にとってグーグルが掲げる「世界中の情報を整理する」というようなムーンショットを独自に考え出すことは容易ではないかもしれません。しかし、ＳＤＧｓに包含される多くのムーンショットとそれを実現するためのバックキャスティングを参考にすれば、自社が取り組むべき課題の輪郭は自ずと見えてくるでしょう。

論理的逆算思考

イノベーションは対症療法ではない

論理的逆算思考は、顕在化している問題に対し、本来のあるべき姿から演繹的に解決方法を考え、イノベーションを導き出す思考方法です（図3－5）。

昨今、**イノベーション**という言葉を聞かない日はありません。イノベーションの定義は古く、1911年に経済学者シュンペーターによって定義された概念です。シュンペーターはイノベーションを、既存の方法とは異なる手段で新結合を生み出すことと定義し、イノベーションのタイプを新製品の開発や新しい生産方法の導入、新しい市場の開拓やリソースの獲得、組織改革などに分類しました。日本では技術革新という訳が定着していますが、本来の定義を踏まえれば新技術の開発のみに留まらないことは明白です。

図3-5―― 論理的逆算思考

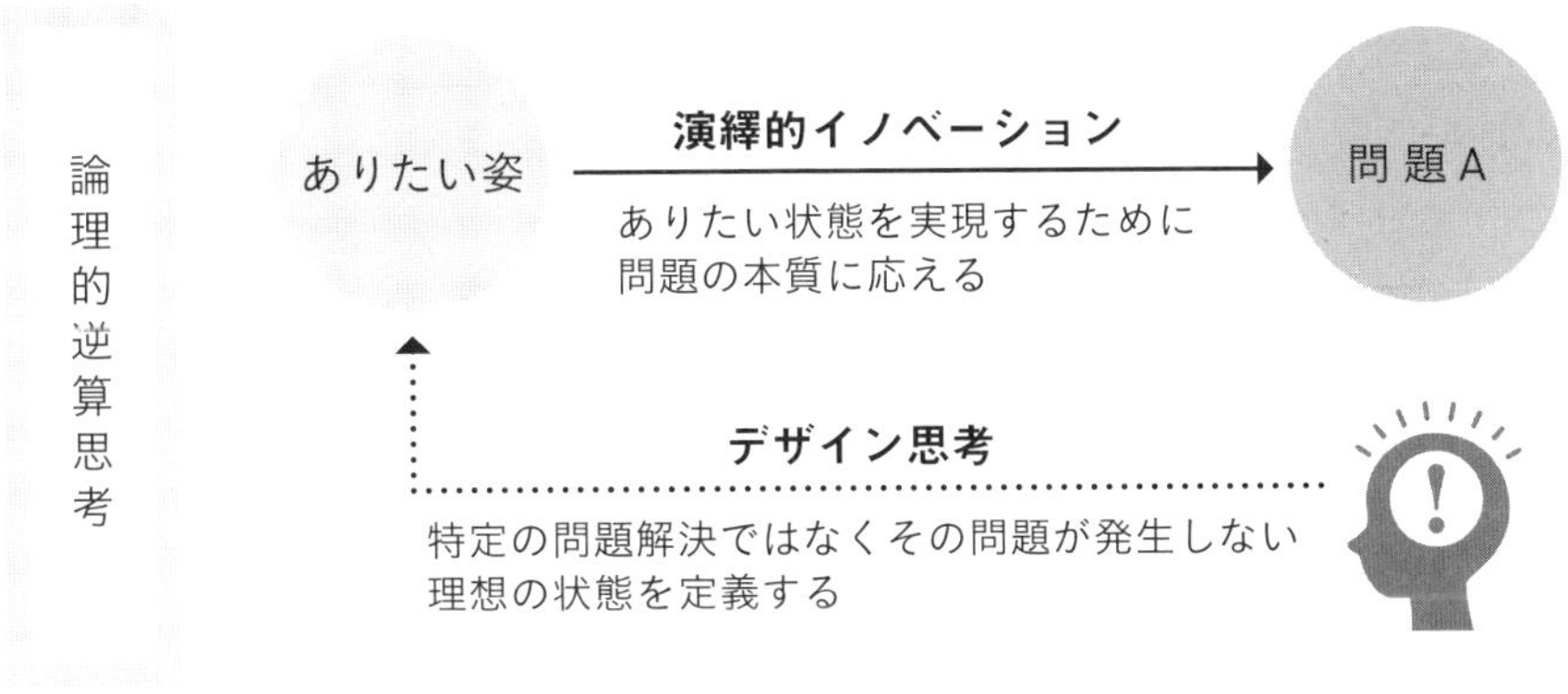

しかし、現在、巷に溢れているイノベーションの多くは、顕在化している課題に対して単なる「対症療法」になってしまっているのではないでしょうか。たとえば、開発途上国を中心に、水道が普及していない地域において子どもが水を転がして運べるタンクが活用されています。

世界中で安全な飲み水が手に入らない人々は8億4400万人いるといわれており、このうち2億6300万人は、往復で30分以上かけて水を汲みに行かなくてはならないといわれています[5]。こうした水汲みは、開発途上国の農村部において子どもたちの重要な仕事となっています。頭に大きなポリタンクを載せ、何キロもの道のりを歩く子どもの写真を目にしたことがある人も多いのではないでしょうか。彼らは水汲みのために学校に通うことができず、教育を受ける機会を喪失しています。

問題の本質を捉える「演繹的イノベーション」

子どもが水を転がして運べるタンクは、一度に多くの水を運ぶことができ、往復回数も少なくて済むというメリットがあります。また、重いタンクを頭に載せる必要もなく、首や腰を痛めることも少ないでしょう。このタンク自体は素晴らしい発明であり、これを否定する気持ちは全くありません。しかし、このタンクによって子どもたちが水汲みから完全に解放されるわけではないことを忘れてはいけません。水道施設が整備されない限り、水源が遠いところにあることに変わりはないのです。水汲みという目の前の問題が解決することにより、衛生的な水にアクセスできる上水道設備の普及という本来あるべき姿の実現を遅らせることにはならないか、目の前の解決策に飛びつく前に、問題の本質を捉えることが重要です。

このような対症療法的なイノベーションを、本書では**帰納的イノベーション**と定義します。しかしイノベーションとは、人間が本来ありたいと思う姿から逆算して起こすべきではないでしょうか。帰納的イノベーションに対して本書で重要だとお伝えしたいのは、問題の根本原因に応える**演繹的イノベーション**です。

砂漠の空気から水を生み出す

図3-6── 空気中の湿度から飲料水を抽出

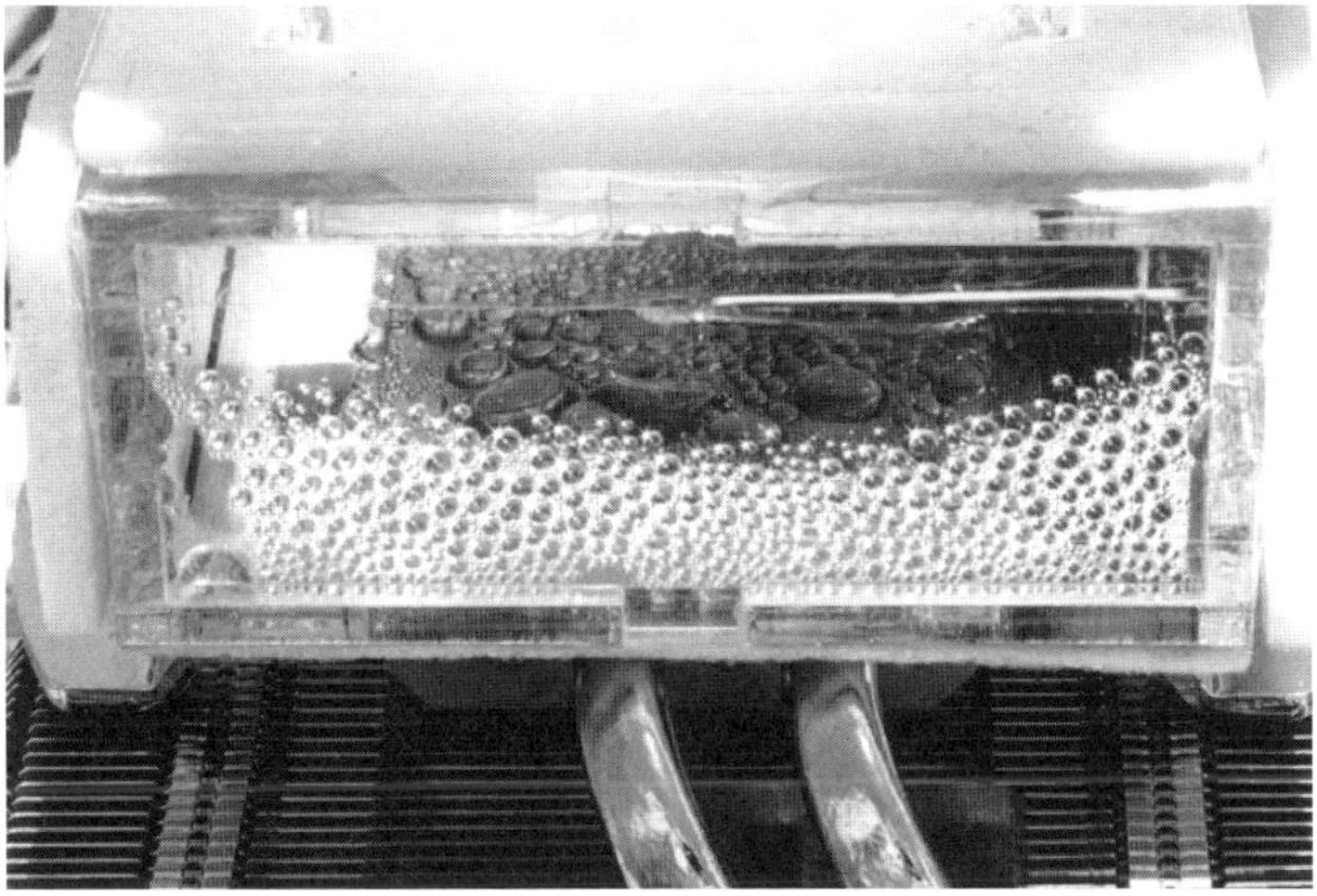

出所：マサチューセッツ工科大学
“In field tests, device harvests water from desert air”
（http://news.mit.edu/2018/field-tests-device-harvests-water-desert-air-0322）

水へのアクセスに関連する事例として、マサチューセッツ工科大学は、特殊な有機金属物を使用して空気中の水分をキャッチする研究に基づき、空気中の湿度から飲料水を抽出する技術を開発しました（図3－6）。実験では、乾燥した砂漠の空気からも水を生成することに成功しています。[6] また、日本において既に製品化に成功している事例もあります。愛知県にある有限会社テルが開発した「泉せせらぎ」[7]は、空気中の湿度から飲料水を生成することを可能とした商品で、乾燥した空気中でも使用可能であり、一日あたり4～5Lの水を生成することができるそうです。

　どちらの事例にも共通していることは、「どこにいても衛生的で安全な水を手に入れたい」という人類の理想から、その実現のために必要な技術の開発に取り組み、結晶化していることです。このように、ありたい姿から論理的に逆算して起こすものが演繹的イノベーションであり、ＳＤＧｓの達成に必要不可欠な思考方法です。

演繹的イノベーションの源泉「デザイン思考」

演繹的イノベーションを生み出す考え方として、**デザイン思考**が挙げられます。近年、ビジネスの分野でも注目を集めているので、聞いたことがある方も多いでしょう。デザイン思考をビジネスに適用したのは、世界有数のデザインファームであるＩＤＥＯを設立したデイビッド・ケリーといわれています。[8] ＩＤＥＯを知らなくても、同社が手掛けたアップルのマウスのデザインは広く知られているはずです。スタンフォード大学d.schoolでは、デザイン思考のプロセスとして、共感（Empathize）、定義（Define）、創造（Ideate）、プロトタイプ（Prototype）、テスト（Test）の五つを示しています。この五つのプロセスは、一般的には次のように認知されています。

①ユーザー視点での観察によって顧客の問題を発見する
②体験価値を再定義し、ユーザーの満たされていないニーズを特定する
③ブレインストーミングを重ねて創造的なアイデアを出す

④アイデアを実際に確認するためのプロトタイプを作成する
⑤フィードバックを得て修正を重ねていく

デザイン思考はこうしたアプローチの部分にばかりフォーカスされていますが、その本質は、手法ではなく思考の方向性にあります。

デザイン思考は、元来、建築家と都市計画者が用いる思考の違いに着想を得て誕生したもので、1987年には建築家のピーター・ロウが執筆した『Design Thinking（デザインの思考過程）』において初めて登場しています。この後、デザイン思考は体系化されていきますが、デザイン思考の理論を読み解いていくと、特定の問題解決を主眼とするのではなく、所与の問題が改善された状態、あるいはその問題が発生しなかったとして本来あるべき、望ましい状態を具現化することを起点に据えていると考えられます。

先述した水汲みの問題についても、デザイン思考的に観察してみれば、水汲みを楽にする道具ではなく、そもそも水汲みをしなくて済む状態をつくり出そうという発想が生まれるわけです。実は、こうした開発途上国の社会課題を解決するために、デザインの視点を用いる考え方は、既に1970年代には発表されていました[9]。すなわちデザイン思考の本質は、特定のサービスやプロダクトを生み出すための手法ではなく、広く社会課題にも適用できる思考方法であるといえるでしょう。

帰納的イノベーションは現状の問題から課題を特定し、論理を積み上げて解決策を講じるシステム思考によって導き出されますが、演繹的イノベーションは、デザイン思考のベースである人間の本質や本来ありたい姿から論理的に逆算することによって生み出されます。

目指すべきはシステム思考とデザイン思考の融合

ここまで演繹的イノベーションについて紹介してきましたが、帰納的イノベーションが役に立たないというつもりでは全くありません。ＳＤＧｓに示されるような複雑・複合的な問題に対しては単純に「ＡかＢか」ではなく「**AもBも**」という発想で臨まなければならないからです。たとえば、ＳＤＧｓのターゲット３・６には「２０２０年までに、世界の道路交通事故による死傷者を半減させる」という目標があります。既に２０２０年を迎えており、現実的にこの目標の達成は難しかったかもしれませんが、考え方の事例として取り上げたいと思います。

この達成には図３－７に示すようにシステム思考とデザイン思考を融合させて取り組む必要があります。具体的には、システム思考を用いて交通事故数を減らす方法を考えます。ＣＡＳＥに代表されるようなＡＩによる自動運転やカーシェアリングの普及による車の総数の削減などが考えられますが、これらは車に乗り続ける社会を前提としており、こうした帰納的イノベーションだけでは目標達成は困難でしょう。

図3-7 —— システム思考とデザイン思考の融合

それに対し、デザイン思考を用いて考えてみれば、**そもそも人が車に乗らなくても済む社会にすればいいのではないか**という発想が生まれてきます。そのためには、リモートワークの普及やVR・AR技術の進化による働き方の変化、ドローンによる新しい物流システムの構築といった演繹的イノベーションも必要です。

今日、経営者の多くが企業の持続的成長にはイノベーションが必要だと強く語っています。しかし、現実には帰納的イノベーションでさえも生み出すことがなかなかできていないのが実状です。未来の当たり前にしたいことの中に自社の存在意義を見出すことができれば、演繹的イノベーションのヒントが見つかるでしょう。

リンケージ思考

SDGsの目標とターゲットは相互に連関している

SDGsが提示する三つめの付加価値は、様々な**目標が相互に連関し（リンケージ）結びついている**ことです。SDGsといえば多くの人が17の目標を示したアイコンを想起するでしょう。スウェーデン出身のクリエイティブディレクター、ヤーコブ・トロールベックがデザインしたアイコンは、それ自体とても魅力的なもので、SDGsが世界中のあらゆる世代の人々に認知されることに大きな役割を果たしています。ただ、このアイコンが選定された際、NGOなどから痛烈な批判が寄せられたことはあまり知られていないのではないでしょうか。

それは、17の目標をそれぞれにアイコン化したことにより、各目標が独立・分断しているかのようなイメージを与えてしまっているというものです。この指摘は確かにその通りであり、SDGs

図3-8—— リンケージ思考

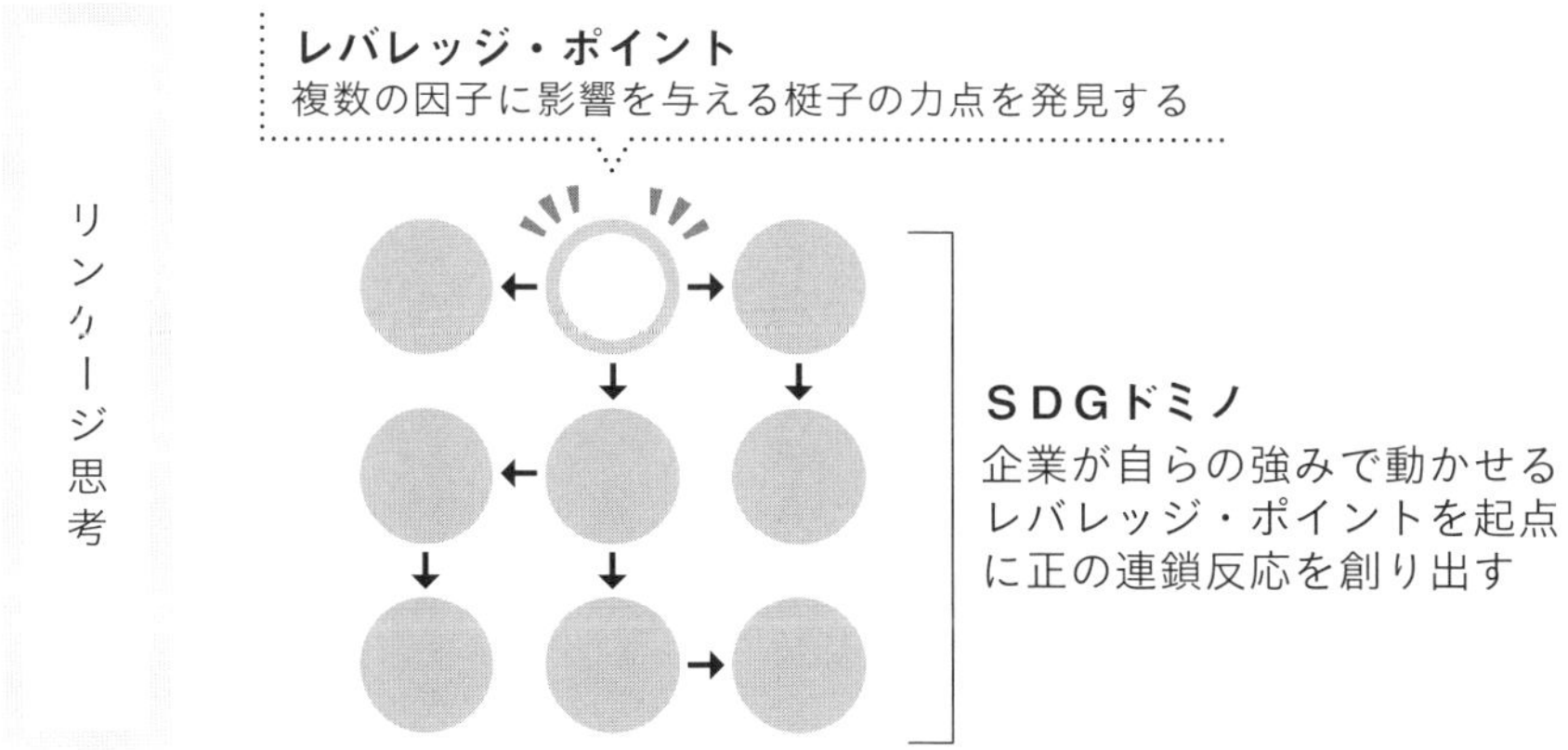
リンケージ思考
レバレッジ・ポイント
複数の因子に影響を与える梃子の力点を発見する
SDGドミノ
企業が自らの強みで動かせるレバレッジ・ポイントを起点に正の連鎖反応を創り出す

の17の目標、169のターゲットは決してバラバラに存在するものではなく、どこか一つを実現しようとすると、他の目標達成を阻害する要因が生まれてしまうケースも考えられます。一方で、二つ以上のターゲットに同時に取り組むことで相乗効果が生まれ、目標達成にプラスの影響が生まれることも大いにあり得ます。このように17の目標、169のターゲットはそれぞれに解決するべき一次方程式のリストではなく、連立方程式のようなものであるといえるでしょう。

SDGsには、目標を実現するための**レバレッジ・ポイント**（梃子の力点）が存在します。前述の通り、SDGsの目標及びターゲットは相互に連関しているわけですが、連関している以上、複数の要素に影響を及ぼしうる支点があると考えられます。このことを理解する事例として、国連世界食糧計画（WFP）が取り組んだ学校給食プログラムの例を紹介します。

学校給食が貧困のレバレッジ・ポイントになった例

ＳＤＧｓが採択されるよりずっと以前からの話ですが、ＷＦＰは開発途上国の村全体の状況を改善するために、学校に給食を提供するプログラムを実施してきました。なぜ村全体の状況改善に学校給食が関係するのかと思われるかもしれませんが、図３―９に示すように、小学校で給食を提供することにより、

- 子どもたちが（給食を食べるために）物理的に学校に行く（①）
- 学校に行けば教育を受ける機会が得られる（②）
- 給食によって栄養状態が改善する（③）
- よりよい職業に就く機会が創出される（④）
- 給食の材料は近隣の農家から買うため地域経済が活性化する（④⑤）
- 多くの側面で格差が縮小される可能性が増える（⑤）
- 最終的には貧困層の減少につながる（⑥）

というように、様々な状況の改善につながります。これこそがレバレッジ・ポイントなのです。

同様のレバレッジ・ポイントは都市計画にも存在しています。これもＳＤＧｓが登場する以前の例ですが、韓国のソウル市を流れる清渓川《チョンゲチョン》の復元事業(10)はあらゆる意味で都市を活性化させました。

図3-9—— WFPによる学校給食支援におけるレバレッジ・ポイント

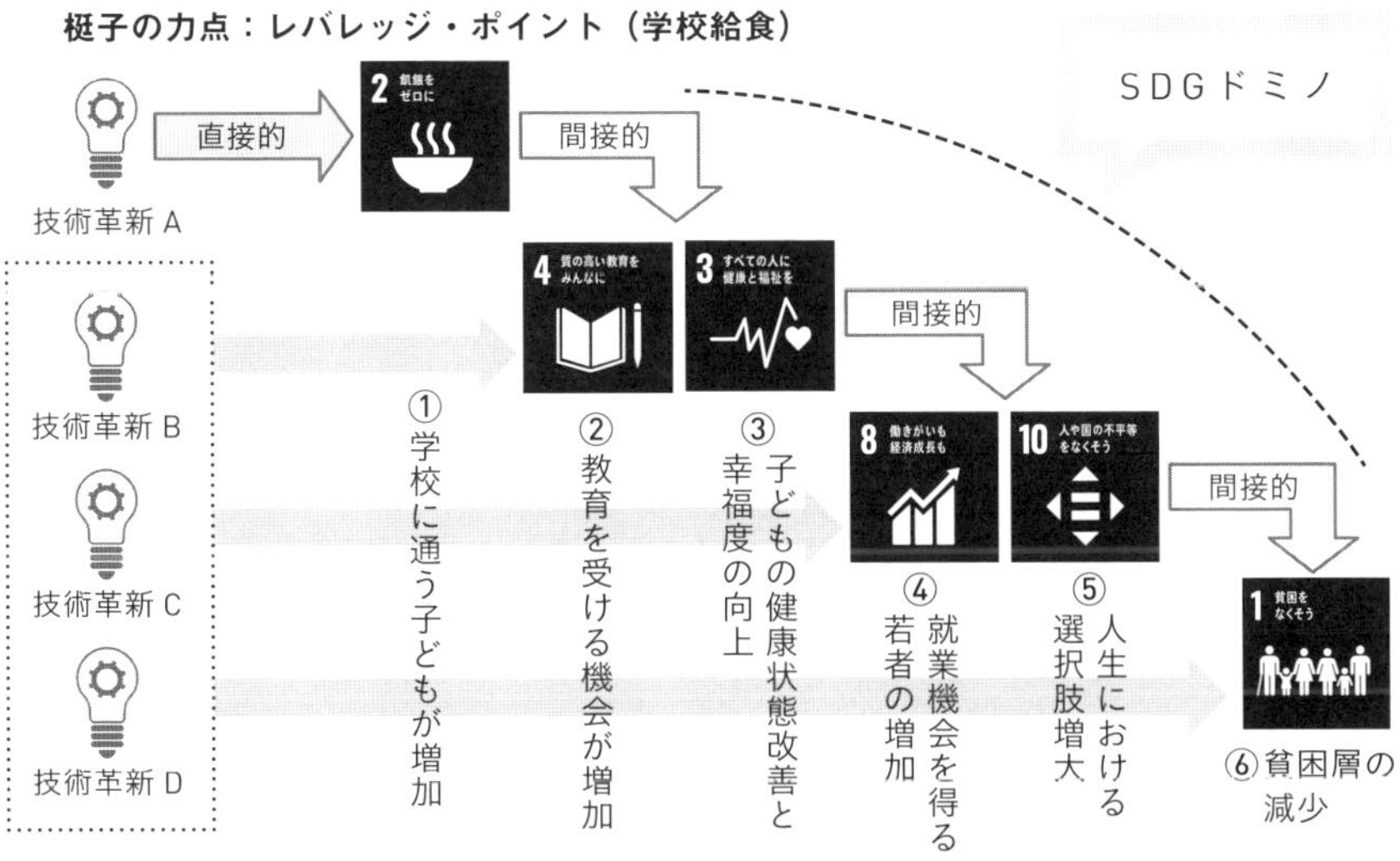

清渓川では、1967年より朝鮮戦争による避難民スラムの撤去が行われ、車社会の到来を見越して河川には蓋がされ、その上に高架道路が建設されました。しかし、2000年代には老朽化が進み、騒音や大気汚染、渋滞の激化など様々な社会課題を引き起こしていました。当時の李明博《イミョンバク》ソウル市長は、2002年の市長選挙時に、ソウルを環境に優しい都市とすることを宣言し、清渓川復元事業を公約としました。復元事業を通じて、交通混雑が解消され、大気汚染と騒音が激減しただけでなく、南大門周辺整備と併せて清渓川周辺の環境拠点化が進みました。結果として、市民の憩いの場が生まれ、江北地区と江南地区の格差の解消にもつながりました。復元事業によって生み出された膨大な経済効果は、23兆ウォンに上るとの試算もあります。

清渓川流域の再開発は、①環境の劇的改善、②地域住民への交流の場の提供、③観光客誘致の原動力という形で、経済のみならず、後のＳＤＧｓが目指すような持続的発展の基礎を形作りました。こうして考えてみると、ビジネスにＳＤＧｓを採り入れる上で、目標間の相互連関（リンケージ）とレバレッジ・ポイントの観点ほど大切なものはありません。

「ＳＤＧドミノ」の力点を探そう

ＳＤＧパートナーズでは、目標間のリンケージに着目し、ある目標を起点に他の目標が「ドミノ倒し」のように動いていくことを**ＳＤＧドミノ**と名づけました。企業・組織が自らの強みで変化を起こせるレバレッジ・ポイントを見つけ出し、そこから起きる連鎖により、一層大きな社会的インパクトを創出することは、企業がＳＤＧｓに取り組む上でも非常に有効であると考えています。

ＳＤＧドミノを自社の価値創造モデルに本格的に組み込む企業も出てきています。リクルートホールディングスは、２０１８年以来、その価値創造モデルにおいて、自社の事業活動が創出する価値が生み出す社会的な結果（アウトカム）の中心に、特に取り組むべき六つの目標で構成されるＳＤＧドミノを据えています（図３－10）。自社の取り組むべき社会課題を「情報の非対称性の解消」と定義し、目標10（人や国の不平等をなくそう）をより大きな社会的インパクトを創出できるレバレッジ・ポイントと位置づけ、その達成に寄与することが他のＳＤＧの目標に連鎖的に貢献するという

図3-10── リクルートグループのSDGsドミノ※

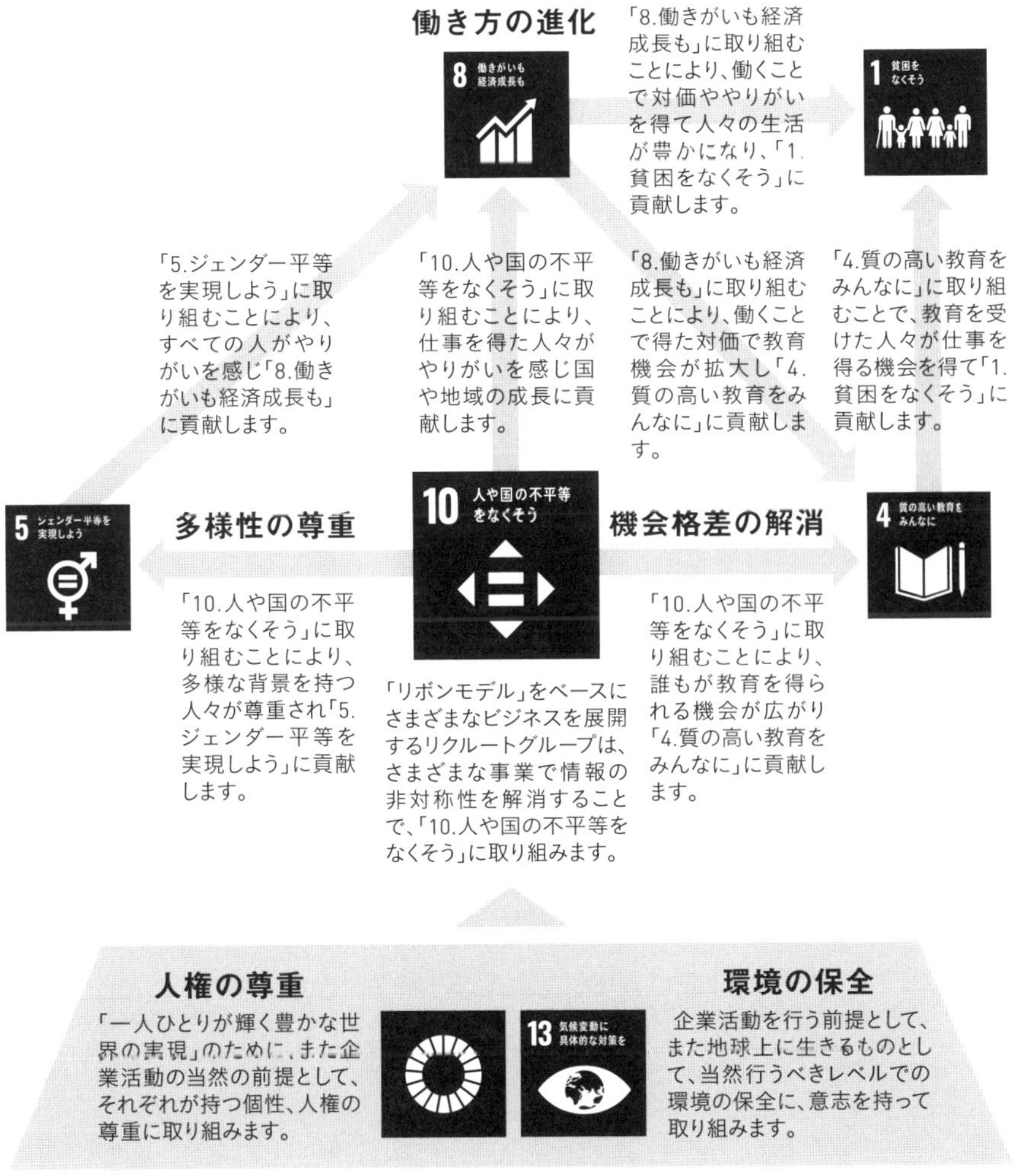
働き方の進化
8 働きがいも経済成長も
「8.働きがいも経済成長も」に取り組むことにより、働くことで対価ややりがいを得て人々の生活が豊かになり、「1.貧困をなくそう」に貢献します。
1 貧困をなくそう
「5.ジェンダー平等を実現しよう」に取り組むことにより、すべての人がやりがいを感じ「8.働きがいも経済成長も」に貢献します。

「10.人や国の不平等をなくそう」に取り組むことにより、仕事を得た人々がやりがいを感じ国や地域の成長に貢献します。

「8.働きがいも経済成長も」に取り組むことにより、働くことで得た対価で教育機会が拡大し「4.質の高い教育をみんなに」に貢献します。

「4.質の高い教育をみんなに」に取り組むことで、教育を受けた人々が仕事を得る機会を得て「1.貧困をなくそう」に貢献します。
5 ジェンダー平等を実現しよう
多様性の尊重
10 人や国の不平等をなくそう
機会格差の解消
4 質の高い教育をみんなに
「10.人や国の不平等をなくそう」に取り組むことにより、多様な背景を持つ人々が尊重され「5.ジェンダー平等を実現しよう」に貢献します。

「リボンモデル」をベースにさまざまなビジネスを展開するリクルートグループは、さまざまな事業で情報の非対称性を解消することで、「10.人や国の不平等をなくそう」に取り組みます。

「10.人や国の不平等をなくそう」に取り組むことにより、誰もが教育を得られる機会が広がり「4.質の高い教育をみんなに」に貢献します。

人権の尊重
「一人ひとりが輝く豊かな世界の実現」のために、また企業活動の当然の前提として、それぞれが持つ個性、人権の尊重に取り組みます。
13 気候変動に具体的な対策を
環境の保全
企業活動を行う前提として、また地球上に生きるものとして、当然行うべきレベルでの環境の保全に、意志を持って取り組みます。

※本書では「SDGドミノ」と表記
出所：リクルートホールディングス「SDGsドミノとリボンモデル」より転載
(https://recruit-holdings.co.jp/who/reports/2019/ar19-sdgsdomino.html)

構図です。このＳＤＧドミノの連鎖反応により、社会に対するインパクトを最大化し、同社の基本理念である「一人ひとりが輝く豊かな世界の実現」につなげていくという意思が示されています。

企業の存在意義と長期ビジョン

第2章では、企業がSDGsに取り組む意義について説明しました。大義として、企業は継続的に利益を出し、その過程で社会に善をなすべきであるということ、そして小義として、SDGsに取り組むことは新市場とイノベーションの源泉であること、顧客からも求められていること、優秀な人財の獲得のためでもあることを述べました。こうした四つの理由が、実はSDGsを経営に実装していくプロセスそのものになっています。

まず、大義は企業としての存在意義に関わるため、経営理念に直結します。次に、環境や人権に配慮した製品やサービスを提供すること、あるいはビジネスを支える人材が求めるサステナブルな組織運営をするということはガバナンスの領域です。そして、SDGsを通じて世界の変化を先取りする新市場を開拓していくことは事業戦略といえます。

つまり、SDGsを経営に実装するプロセスは、次の四つにまとめられます。

① 経営理念とSDGsを関連づける

②ガバナンスに関して機会とリスクを分析し、明確なESG対応を行う
③複数の思考法を組み合わせ、中長期的な事業開拓を行う
④こうした取り組みを社内外に発信・浸透させていく

1 経営理念とSDGsの関連づけ

パナソニック（旧・松下電器産業）の創業者で、経営の神様と称された松下幸之助《まつしたこうのすけ》を知らない方はいないでしょう。彼は、目先の利益に拘泥しない企業の社会的使命を説き、創業時に「産業人タルノ本分ニ徹シ社会生活ノ改善ト向上ヲ図リ世界文化ノ進展ニ寄与センコトヲ期ス」という経営理念を打ち立てました[11]。今から90年も前の時代に既に、お金を稼ぎながら社会生活の改善と世界文化の進展に寄与するということ、利益と社会的インパクトの両方を追求するのだということが明言されています。

パナソニックは、彼の理念を受け継ぎ、日本にCSRの概念が到来するはるか以前の1969年から社会貢献活動の専門部署を設置し、教育、貧困、NGO支援など、分野を絞らず様々な取り組みを行ってきました。また、経営理念のみならず、社員の行動規範にも、産業報国、公明正大、和親一致、力闘向上、礼節謙譲、順応同化、そして感謝報恩の精神が貫かれています[12]。

企業の沿革や創業者の思いが現在のあり方に直結していることを考えると、高い理想や崇高な理念こそが、既存の延長線上にない価値創造を可能にするのではないでしょうか。多くの企業において、中期経営計画を策定する際には、外部環境の変化や市場の動向を捉えて自社が取り組まねばならないこと（Must）や現在の事業内容やポートフォリオから実現可能なこと（Can）から自社の戦略を検討していますが、それでは現状の延長線上にある発展しか望めません。長期的な価値創造のためには、国際社会が求めているＳＤＧｓ等のグローバルなフレームワークと並び、企業としての価値創造の根幹部分にあたる経営理念（Will）について見つめ直し、「あなたの会社はなぜこの社会に存在するのか」という命題に経営者が確固たる答えを持っている必要があります。

パーパスという新しい概念

企業のミッションやビジョン、バリューといった概念は、よくピラミッド階層で整理されています。それぞれの概念の表記や使い方は企業によって様々ですが、最上位に配置される概念として、**企業の社会的な存在意義（パーパス）**がこの10年ほどの間に登場してきました（図３－11）。世界最大級の資産運用会社であるブラックロックのＣＥＯであるラリー・フィンクは、世界中の投資先企業のＣＥＯに対して毎年書簡を送ることで知られていますが、２０１９年の書簡[13]において、企業は利益の最大化を超えた存在目的を持つ必要がある、と提起したことが話題になりました。

味の素は、コーポレートメッセージとして「Eat Well, Live Well」、すなわち「よく食べ、よく生きる」という哲学的なものを掲げています。非常に難しい概念ですが、この実現のために味の素という会社が存在するという意思、言い換えれば存在意義を簡潔に表しています。この存在意義のもと、「私たちは地球的な視野にたち、〝食〟と〝健康〟、そして、明日のよりよい生活に貢献します」というミッションおよび「先端バイオ・ファイン技術が先導する確かなグローバル・スペシャリティ食品企業グループを目指します」というビジョンがあり、「新しい価値の創造、開拓者精神社会の貢献、人を大切にする」という行動原則が設定されています（図3－12）。味の素は「食」を中心として存在意義やビジョン、行動原則に一貫性があり、非常によくできた企業理念を持っているといえるでしょう。

コア・コンピタンスを見極める

自社の存在意義を明確に定義し、経営理念を実現するためには、**コア・コンピタンス**を見極めることが非常に重要です。コア・コンピタンスとは、企業が創業当時から現在に至るまでに洗練してきた技術や経験・知識・人材といった独自の強みであり、今後の競争優位にもつながる中核的な能

図3-11―― パーパスを頂点とした概念整理

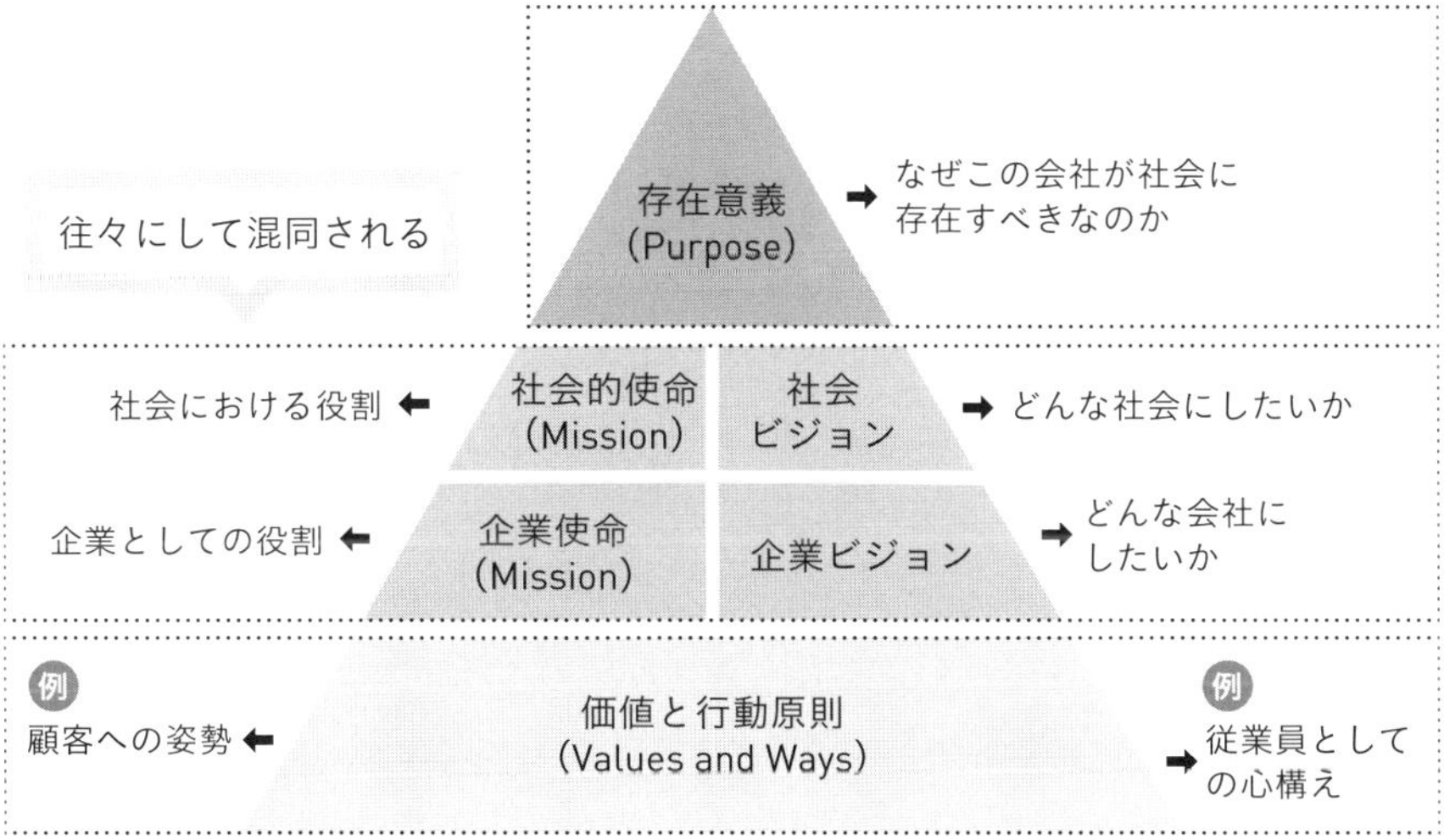

図3-12―― 味の素グループのパーパスとVMV

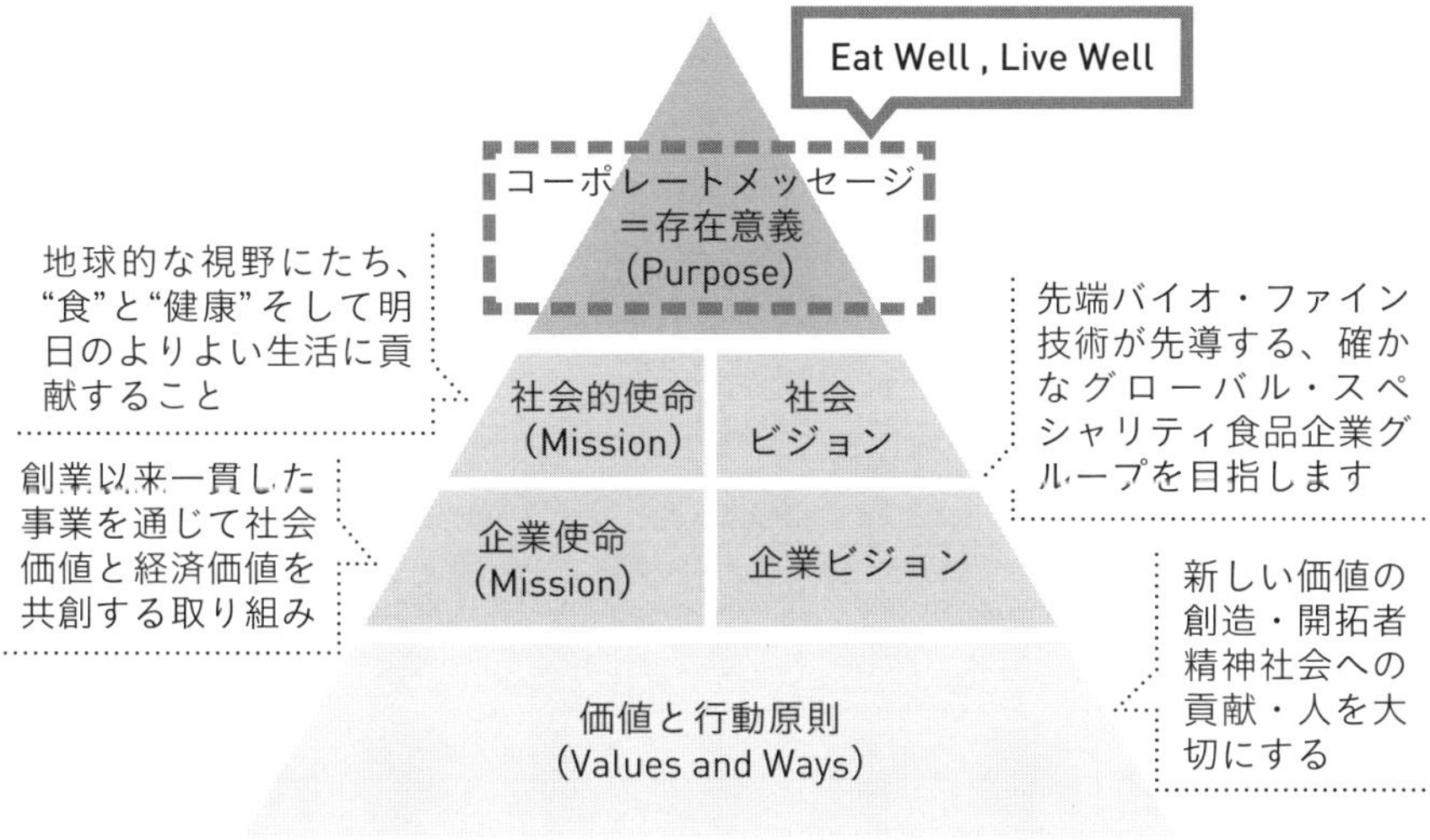

出所：味の素株式会社「味の素グループサステナビリティデータブック2019」を基に作成

図3-13―― 魚屋のコア・コンピタンス

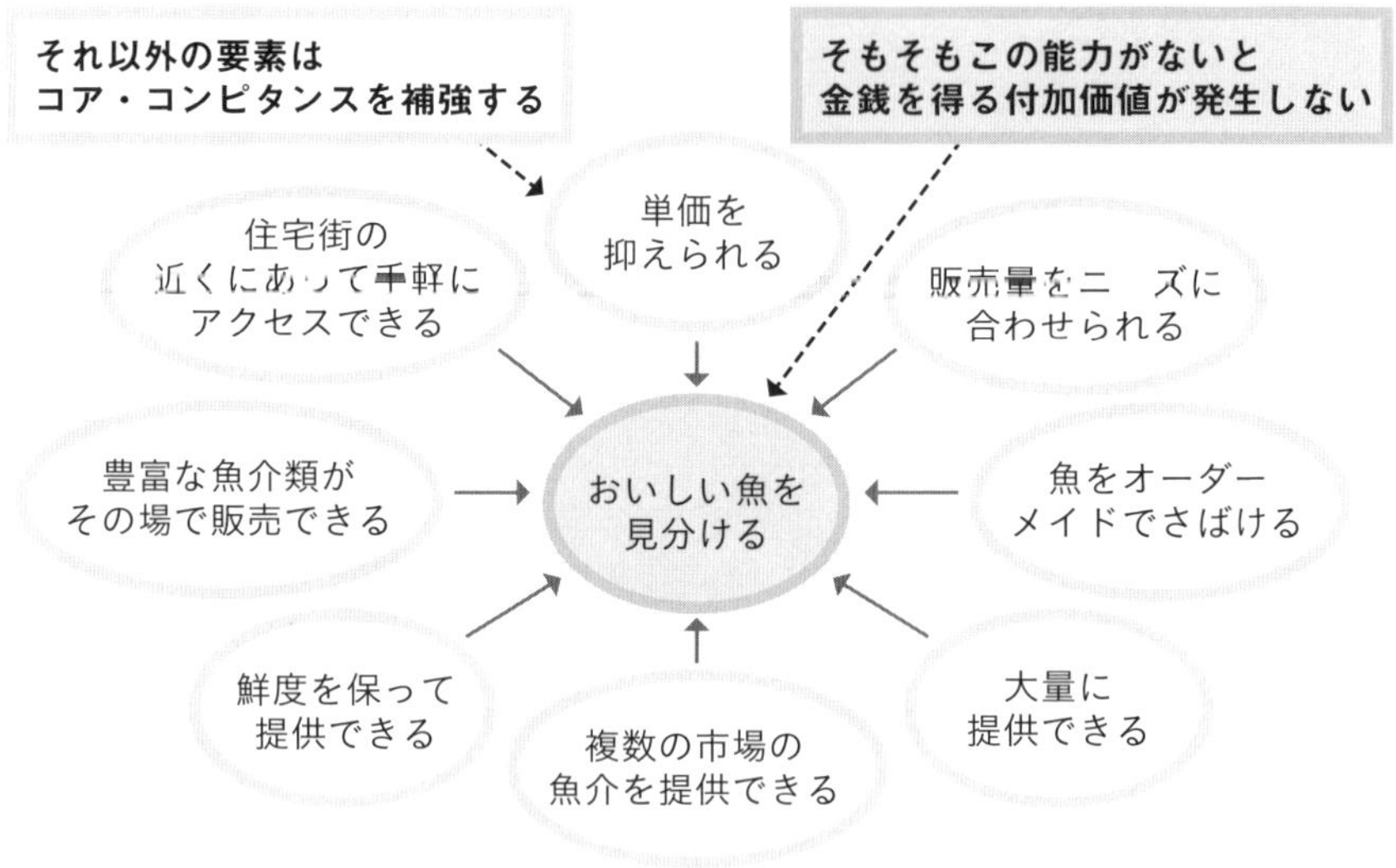

力のことです。複数の事業を行っている企業の場合でも、コア・コンピタンスはすべての事業に共通するものであり、顧客がその企業に対して対価を払う付加価値を生み出す源泉であると考えられます。一言でいえば、コア・コンピタンスは個社をその企業たらしめる能力だといえるでしょう。

例として、魚屋のコア・コンピタンスを考えてみましょう。多くの魚を売っている、全国どこへでも配送できる、あるいは腕のいい漁師を知っている、といったことは魚屋の強みにはなります。しかし、魚屋の中核的な価値を突き詰めて考えた場合には、これらの要素は強みではあるけれど、コア・コンピタンスまでとはいい切れません。

では、どういった要素が魚屋にとってのコア・コンピタンスとなり得るか？　その一例は、おいしい魚を見分けられることです。その他にも、安く仕入れて単価を抑えられる、鮮度を保つ技術など様々なことが考えられますが、これらはすべてコア・コンピタンスを補強する能力（サポーティング・コンピタンス）といえます。もちろんこれは一例で、それぞれの魚屋にはそれぞれのコア・コンピタンスがあって然るべきですが、企業が利益を出している以上、事業活動の中心には顧客が対価を支払うだけの付加価値を生み出している何かがあるはずです。これが何かを突き詰めて考えていくことが、企業の存在意義を確かにしていく上で欠かすことのできないプロセスです。

コア・コンピタンスの明確な定義がSDGsへの取り組みを加速

明確にコア・コンピタンスを定義している企業の代表例が、SDGドミノの事例でも取り上げたリクルートホールディングスです。同社は「機会を求める人と、機会を提供する人をつなぐ」能力であると定義しています。リクルートのビジネスモデルは「リボンモデル」といわれるように、クライアントとカスタマーを集め、動かし、結ぶ、というようにそれぞれをつなげることで価値を生み出しています。同社は人材派遣や求人広告、販売促進など複数の事業を行っていますが、基本的な提供価値は同一です。

たとえば、リクナビは仕事を求める人と企業を結んでいますし、SUUMOは部屋を借りたい人と貸したい人を結んでいます。機会を求めている人と機会を提供している人をいかに上手く結ぶかということが、グループの利益の源泉になっているわけです。この「**結ぶ**」という能力が突出していることが、究極的には同社を支えているといってよいでしょう。リクルートは、「結ぶ」というコア・コンピタンスをＳＤＧｓへの取り組みにおいても最大限に発揮させようとしています。

2 機会とリスクの分析・明確なＥＳＧ対応

次のプロセスは、機会とリスクを分析し、それに応じたＥＳＧ対応を行うことです。企業というものは程度の大小を問わず、その活動によって社会に対するプラスとマイナスの両方のインパクトを与えています。

たとえば、食品会社の場合、提供する製品を通じて顧客に「美味しい」と思ってもらうことはもちろん、その食品を食べて健康になる、あるいは同じ食卓を囲むことで家族の団欒を演出するといったプラスのアウトカムとインパクトを与えることができます。また、サプライチェーンにおいては多くの雇用を生み出すことから、インプットにおいてもプラスの影響をもたらします。しかし、その一方で食品の包装・パッケージという多くのゴミも生み出してしまっています。加えて、このパッケージが廃棄され、適切に処理されなかった場合には地球環境に多大な影響を与えます。さらに、サプライチェーンにおいて児童労働や人権問題、環境への負荷を無視した生産体制があるとすれば、社会的に大きなマイナスの影響を与えているということになります。

残念ながら、多くの経営者がＳＤＧｓに取り組むにあたり、自社のビジネスが社会に与えるマイナスの影響を見過ごしてしまいがちです。ガバナンスや環境問題など、マイナスの影響を最小化する取り組みは成果が見えづらいため、どうしてもプラスの側面を打ち出していくことに傾注してしまいますが、これは絶対に無視してはいけません。リスクを無視した取り組みは、ともするとＳＤＧｓウォッシュとなってしまいます。どれだけプラスの側面を打ち出していようとも、マイナス面を軽視した取り組みは、いったん問題が露呈すれば、見せかけだけの偽善的な取り組みしかしていない企業としてのレッテルを貼られてしまいます。企業が目指すべきは、プラスの影響を最大化し、かつマイナスの影響を最小化することです。

そのために行うべきことは、自社のサプライチェーンを分解し、各プロセスでどのような影響を社会に与えているのかを明確化すること、そして自社にとってのマテリアリティを特定した上で、施策に落とし込むことです。そもそもマテリアリティとは、「財務に重要な影響を及ぼす要因」という会計領域上の概念ですが、正式な定義は存在しておらず[14]、ＳＡＳＢ（Sustainability Accounting Standards Board）やＩＩＲＣ（International Integrated Reporting Council）といった機関がそれぞれに定義しています。本書では、マテリアリティを、**企業が持続的に価値を創造・向上するために、優先的な対応を必要とする課題であると**定義します。

ここではマテリアリティを特定するためのプロセスは割愛しますが、「誰にとってどのようにマ

表3-2 ── SASBとIIRCによるマテリアリティ定義の比較

SASBのマテリアリティ定義	IIRCのマテリアリティ定義
✓ マテリアリティは投資家の投資判断を著しく左右する情報である	✓ マテリアリティは合理的な投資判断のために投資家が用いる情報である
✓ 重要なサステナビリティ情報もマテリアリティに含まれるようになった ※米国証券取引所の上場企業は、マテリアリティの報告が義務付けられている	✓ マテリアリティには財務・非財務双方の価値が含まれており、IIRCでは思考と情報の統合性を求めている ※参考：IIRCの指導原則 戦略的視点と将来志向／情報の結合性／ステークホルダーとの関係性／重要性(マテリアリティ)／簡潔性／信頼性と完全性／首尾一貫性と比較可能性
✓ SASBは業種ごとの重点課題を下記5つの視点で予め指定している ❶環境　❷社会資本　❸人的資本 ❹ビジネスとイノベーション ❺リーダーシップとガバナンス	✓ IIRCではマテリアリティを個社の「組織の短、中、長期の価値創造能力に実質的な影響を与える事象」としている

出所：SASBウェブサイト、IIRCガイドライン（2013年）を基に作成

テリアル（重要）な課題を、何のために選定するのか」については、企業が主体となって、目的意識の下に戦略的に決定することが重要です。

企業はマテリアリティを特定した上で、機会を最大化し、リスクを最小化するための行動計画を徹底的に考えて実行します。施策の推進には、ＫＰＩを設定し、具体的な施策に落とし込んだ上で課題に取り組み、実際に効果を測定し、評価するプロセスが必要になります。長期的な取り組みになりますが、実際に行ってみると、ジェンダー平等に関する従業員の意識や非財務面に関する営業担当者の関心など、やがて目に見える変化として現れてきます。そうした意味では、ＥＳＧへの対応は、取り組みがいがあるともいえます。

3 複数の思考法を組み合わせた事業開拓

三つめは、複数の思考法を組み合わせて新市場を開拓していくことです。そのヒントとして、今から30年後の２０５０年、私たちはどのような生活をしているか考えてみましょう。

たとえば、高度な自動翻訳技術の確立により、言語の違いによる壁はほぼ消滅することが予想されます。また、仮想通貨の普及により、あらゆる取引の形態が変化します。国家間に跨る言語と通貨という二つの壁が消滅することにより、新しい共同体が形成される可能性があります。

また、自動運転技術と高度なコミュニケーション手段の実用に伴い、距離という概念が消失することも大いにあり得るでしょう。移動がコストではなくなり、時間の消費の仕方が変化することで、土地や居住空間の価値が変動します。さらに、科学技術の進展によって、医療は疾病を克服し、寿命の伸長へと向かうでしょう。あらゆる病が発症前に予防され、健康寿命が延び、これからの世代は人生１００年時代を迎えます。こうした予測は、既に起こりつつある現実の一部といえますが、今からは予想しえない未来が到来するかもしれません。

重要なことは、私たちが、ＳＤＧｓが達成された10年後をどのように描くか、あるいは30年後にどのような社会を実現したいか考えてみることです。この先の時代に人々はどのような生活をしていて、その中で自社がどのような役割を担っているのか想像してみること、まずは不可能だと思う

図3-14―― システム思考とデザイン思考で生み出すイノベーション

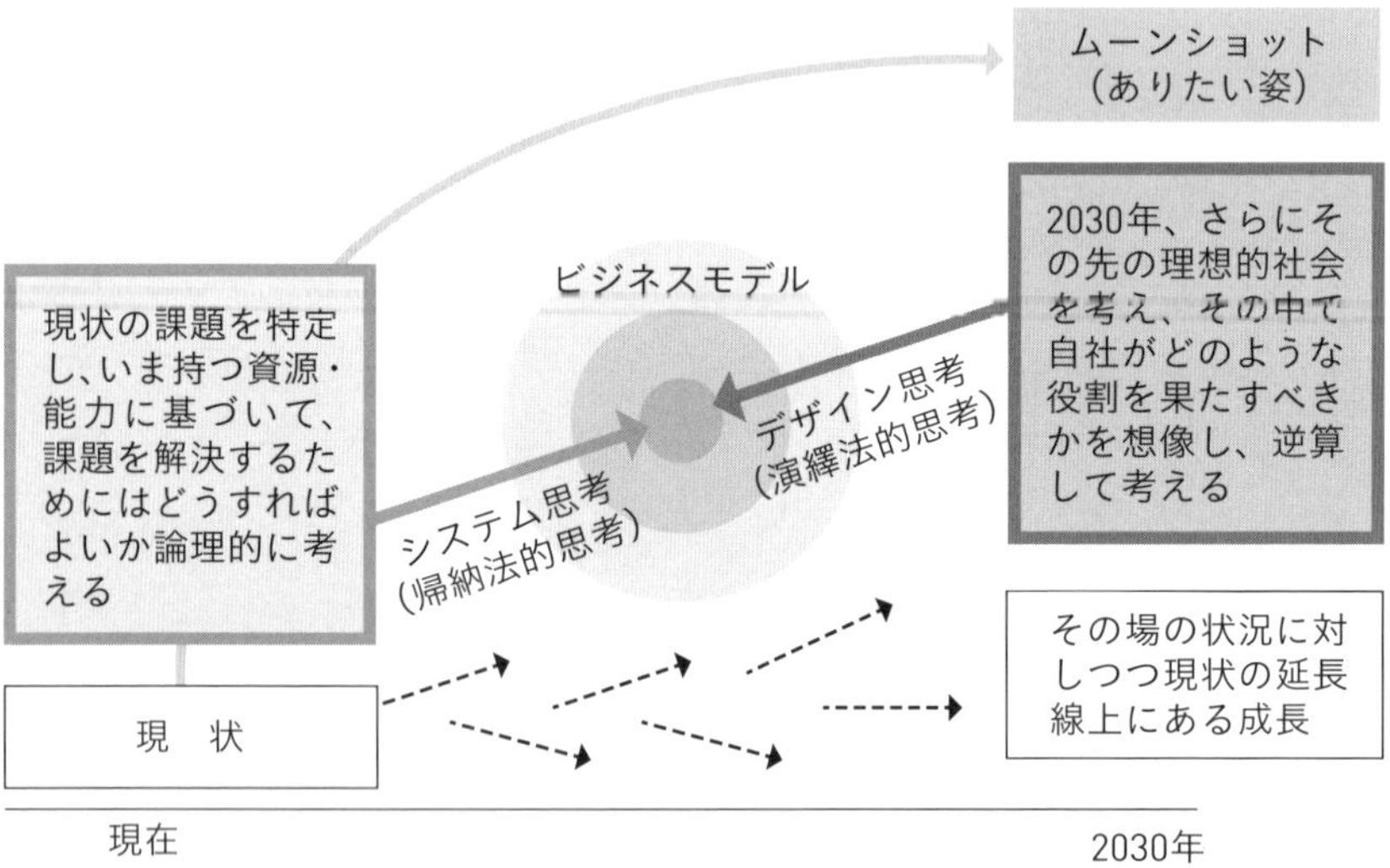
ムーンショット（ありたい姿）
2030年、さらにその先の理想的社会を考え、その中で自社がどのような役割を果たすべきかを想像し、逆算して考える
ビジネスモデル
現状の課題を特定し、いま持つ資源・能力に基づいて、課題を解決するためにはどうすればよいか論理的に考える
デザイン思考（演繹法的思考）
システム思考（帰納法的思考）
その場の状況に対しつつ現状の延長線上にある成長
現　状
現在
2030年

ことをすべていったん置いて、あらゆることが技術的に可能と仮定した場合に、自社が社会に対してどんな価値を提供したいのか、思考の枠を取り払ってムーンショットを夢想してみることで、新しいアイデアが生まれてくるはずです。その中で、本書114ページでも説明した通り、現在の技術的な可能性から積み上げていく帰納的なシステム思考と、未来のありたい姿から逆算して考える演繹的なデザイン思考の組み合わせによって、次の世代を支えるイノベーションが生み出されてくるのではないでしょうか（図3―14）。

さて、今こうした思考を基に、多くの企業が、自社が提供している製品やサービスがどのような社会的インパクトを創造しているかを測定することに取り組んでいます。これにより、当初に想定していたインパクトが実際に生み出されているのかを評価することができますが、さらにこのエビデンスを土台として、もう一度製品やサービスのあり方を考えることができれば、いわゆる**インパクト・マネジメント（IM）**という領域に入ってきます。

従来のマーケティングとは、モノが売れるための仕組みを作ることが中心で、顧客に自社の製品・サービスを知ってもらい、実際に買ってもらうまでのプロセスを描く方法論でした。これに対して、インパクト・マネジメントは、社会的なインパクト評価という結果から遡って最適な事業を考えるという方法論であり、バックキャスト・マーケティングという新しいマーケティングの形を生み出す可能性を秘めています。

4 社内外コミュニケーション

SDGsに関する取り組みについて発信し、ステークホルダーとコミュニケーションを行うことも重要です。コミュニケーションは、社内発信と社外発信の両面がありますが、重要なのは、情報発信を通じて社内におけるSDGsへの取り組みについて認知を高め、社員のモチベーション向上に寄与し、最終的には業績の改善につながるという構造を作り出すことです。もちろん、環境や人権、ガバナンスの課題に対して本質的な取り組みがなされていることが大前提です。

社内発信においては、経営のトップがコミットしていること、そして何度でも繰り返し伝えるということが最重要です。トップがＳＤＧｓに対して、自分の言葉で自分ごととして語るレベルまで腹落ちしていなければ、社員にはなかなか浸透していきません。次の段階は、対話の場の創出です。企業の経営陣と社員が一堂に会するタウンホールミーティングや社内ＳＮＳなど、経営陣と社員が双方向で議論する機会を設定するとよいでしょう。さらに、参加の段階として社内表彰の制度を設ける、人事評価に反映させるといった施策も考えられます。意欲的な若手層に対し、自律的な活動を促すことも有効です。

このような発信、対話、参加、行動というプロセスを経て、社員一人ひとりが自ら考え、動き、責任を持つようになります。これこそが自分ごと化するということです。自分ごと化のプロセスは短期的に成果が出るものではありません。単発的に実施するのではなく、通年で計画を立て、戦略的なコミュニケーションプログラムとして運用していくべきです。

社外発信に関しては、ウェブサイトや統合報告書を含む対外的なレポート、対談など様々な手法がありますが、自社目線のメッセージに偏らないよう留意する必要があります。外部者からの発信は非常に効果的です。たとえば、自社に関連のあるインフルエンサーからインターネットやＳＮＳを通じて発信をしてもらう方法や、先進的な取り組みを行う企業の経営者と自社の経営層との対談を行い、他社からも対談の内容を発信してもらう方法も考えられます。

こうした対外的なコミュニケーションは、一義的には顧客や投資家などのステークホルダーに向けて実施されるものですが、社外における自社の認知度を向上させることを通じて社内の認知度向

図3-15── 社内コミュニケーションによるモチベーション向上

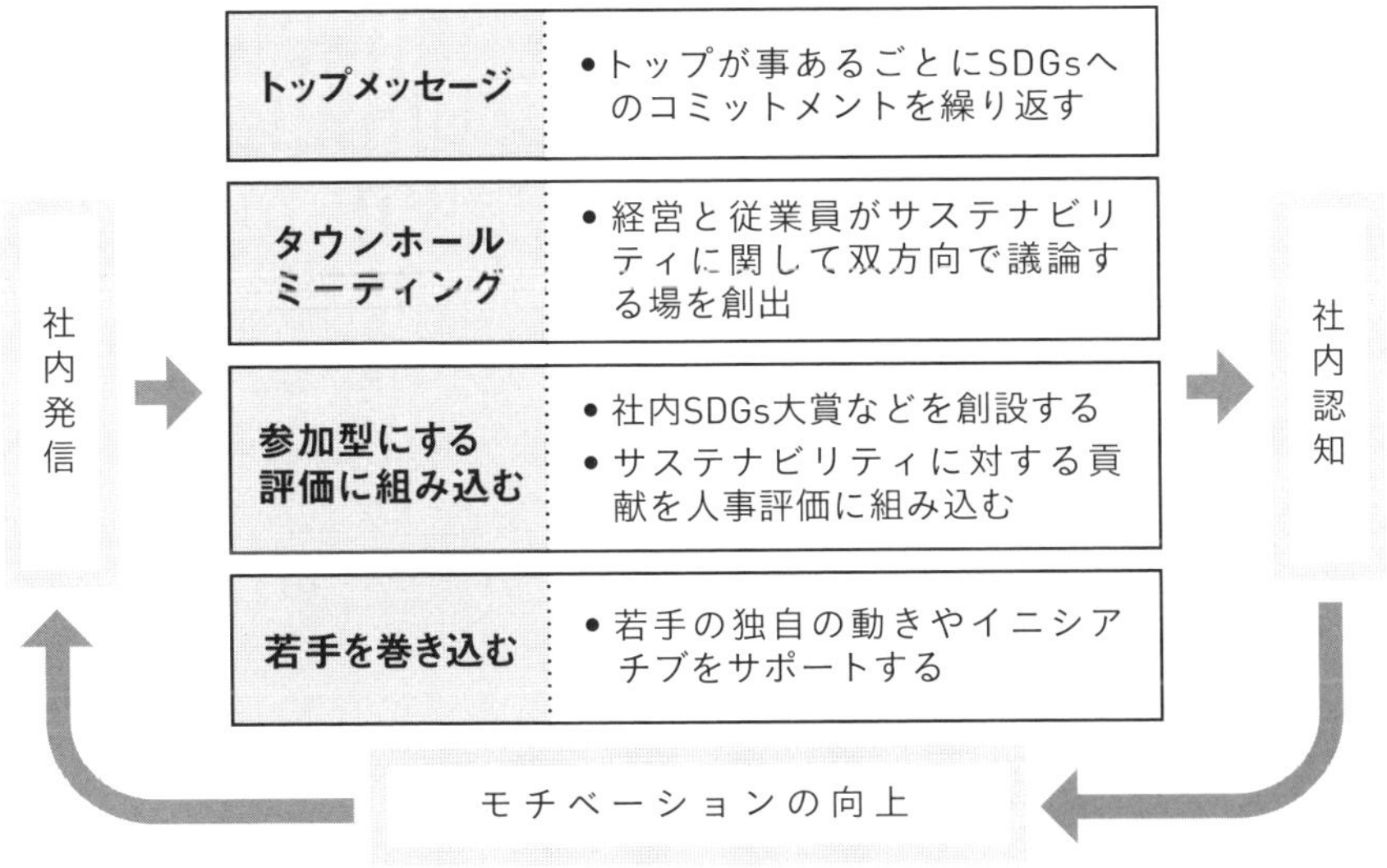

図3-16── 社外コミュニケーションによるブーメラン効果

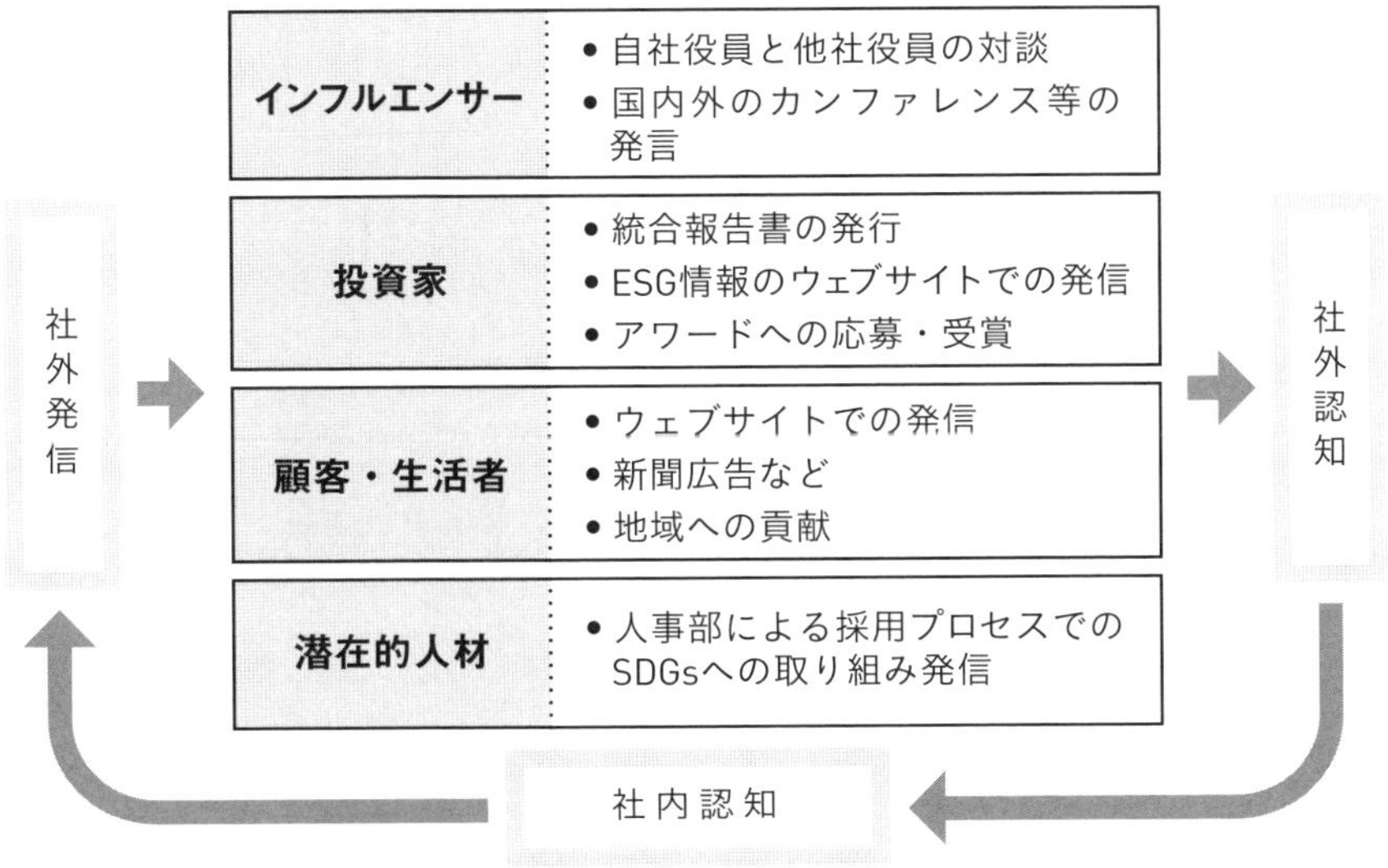

上に還ってくるという「ブーメラン効果」も期待できます。たとえば、統合報告書が国際的に高い評価を得たり、自社の取り組みが顧客から熱烈に支持を受けたりすることにより、社員が自社の取り組みに対して関心を持ち、自信を深めていくような循環を生み出すことができます。そういう意味では、社内発信と社外発信を効果的に組み合わせ、コミュニケーション戦略として打ち出していくことが望ましいといえます。

column

VUCA時代の到来

私たちが今生きている時代は「ＶＵＣＡ《ブーカ》」と呼ばれることがあります。もともとは１９９０年代の米国で冷戦終結後の複雑化した国際情勢を表す軍事用語として使われはじめましたが、２０１０年代以降、社会やビジネスにおいて将来の予測が困難になっている状況を表す言葉として使われるようになりました。ＶＵＣＡ時代には以下の四つの特性があります。

1 Volatility（変動性）

市場における変化の質や量、スピードなどが予測不能であることを示します。ＩＴ技術の著しい進歩により商品やサービスは常に変化し続け、消費者の志向や興味の対象もすぐに新しいものに移るため、古いビジネスはあっという間に衰退します。今や経済は世界規模となっており、変化の予測は今後ますます難しくなっていくでしょう。

2 Uncertainty（不確実性）

近年は未曾有の自然災害の発生件数が増えるなど、データによる予測が難しい状況が発生しています。また、世界のある国で発生した市民のデモ活動が、海の向こうの遠く離れた国の景気を左右し、市民の日常生活に影響を及ぼすなど、すべての事象が互いに影響し合う状況が発生し、社会における将来の不確実性が増しています。

3 Complexity（複雑性）

技術の目覚ましい進歩や地球温暖化による影響、人口動態における変化など、様々な事象が複雑に絡み合い、将来を予測し計画を立てることが難しい状況を作り出しています。ビジネスにおいては企業の活動が世界規模になり、複数の国や地域、企業が関わることにより複雑性はますます高まり、予測や分析が難しくなっています。

4 Ambiguity（曖昧性）

物事の因果関係やカギとなる情報がわからない状態を示します。たとえば、価値観の多様化です。人々の情報源がテレビや新聞だった時代、流行はテレビＣＭなどのマスメディアが作りだす広告により形づくられてきました。ところがインターネットやソーシャルメディアの普及により個人が情報を発信するようになり、人々の価値観は急速に変化した結果、過去の事例を参考にしたビジネスの手法は通用しなくなりました。

このようにＶＵＣＡ時代は変化のスピードが著しく早く、予測できない事態が次々と発生します。状況は刻一刻と変化するため、ビジネスにおいても素早い決断と臨機応変な対応が求められており、実績の積み上げの延長線上や成功事例の踏襲では成功は望めません。企業には、存在意義（パーパス）を明確化し、自社の目指す「ありたい姿」に向かって挑戦し続ける姿勢が求められています。

1 Scott D. Anthony and Mark Johnson “What a Good Moonshot Is Really For” （Harvard Business Review　２０１３年５月14日）
https://hbr.org/2013/05/what-a-good-moonshot-is-really-2
2 ＲＥ１００ウェブサイト
https://www.there100.org/companies
3 ＪＣＬＰ「再エネ１００％を目指す需要家からの提言」（２０１９年６月17日）
https://japan-clp.jp/cms/wp-content/uploads/2019/06/JCLP_release_190617.pdf
4 サリム・イスマイル他『シンギュラリティ大学が教える飛躍する方法』（日経ＢＰ、２０１５）
5 WHO/UNICEF JMP「Progress on Drinking Water, Sanitation and Hygiene」（２０１７）
https://www.who.int/water_sanitation_health/publications/jmp-2017/en/
6 Massachusetts Institute of Technology “In field tests, device harvests water from desert air”（２０１８年３月22日）
http://news.mit.edu/2018/field-tests-device-harvests-water-desert-air-0322
7 有限会社テル「泉せせらぎ」ウェブサイト
https://izumi-water.jp/
8 Metropolis, Tim Brown “The Making of a Design Thinker”（２００９年10月１日）
https://www.metropolismag.com/ideas/the-making-of-a-design-thinker/
9 Victor Paparek “Design for the Real World: Human Ecology and Social Change” （1973, Bantam Books）
10 自治体国際化協会（ＣＬＡＩＲ）「清渓川復元事業～50年ぶりに復元された清渓川～」
http://www.clair.or.jp/j/forum/c_report/pdf/306.pdf
11 パナソニック ウェブサイト「ブランドスローガン・経営理念」
https://www.panasonic.com/jp/corporate/management/philosophy.html
12 パナソニック ウェブサイト「行動基準：第１章 私たちの基本理念」
https://www.panasonic.com/jp/corporate/management/code-of-conduct/chapter-1.html
13 BlackRock「Letter to CEO 2019：企業理念と収益」
https://www.blackrock.com/jp/individual/ja/about-us/ceo-letter
14 ロバート・Ｇ・エクレス、マイケル・Ｐ・クルス『統合報告書の実際』（日本経済新聞出版社、２０１５）

日本におけるESG元年は、
GPIFがPRIに署名した2015年。

第4章

ESGの潮流

【出所：PRIウェブサイト（https://www.unpri.org/）】

ＥＳＧとは何か

現在、ＳＤＧｓと同じくらい人口に膾炙《かいしゃ》しているのが、ESGです。経済紙の紙面でＥＳＧの文字を目にしない日はないといっても過言ではないほど、日本でも関心が高まってきています。ＥＳＧはそれだけで一冊の本でも足りないくらい深く厚いテーマですが、本章ではおもにＳＤＧｓとの関わりという観点から、ＥＳＧの現状や意義について考察します。

ＥＳＧとは、Environment（環境）、Social（社会）、Governance（企業統治／ガバナンス）を考慮した投資活動または経営・事業活動を行うことです。もともとは投資から始まった概念であるため、一般に「ＥＳＧ投資」といわれますが、最近では企業経営の側においてもＥＳＧに配慮する傾向が出てきたため、本章では投資家だけではなく企業側の行動も重視するという意味で、投資に限らないものを「ＥＳＧ」ということにします。

ＥＳＧ投資自体はずいぶん前から行われていましたが、日本経済においてＥＳＧに注目が集まったのは、ほかならぬＳＤＧｓへの関心の高まりが背景にあります。

第1章では、ビジネスにおいてSDGsが重要視される理由として、機会創出、リスク最小化、経済活動の土台形成、という三つの要素があると述べました。ESGは特に二つめのリスク最小化に関係し、環境・気候変動の問題や、格差・人権などの社会課題に取り組み、ガバナンスを強化することで、長期的に企業価値を向上させるという考え方です。ただ、これは第3章で述べた「SDGドミノ」やパートナーシップの効果を通じて経済・社会全体の持続可能性にもつながりますし、ESGへの取り組みはビジネス機会を生む可能性も大いにあります。

すなわち、SDGsに取り組む理由は、そのままESGに取り組む理由にもなりうるのです。

ESGの市場規模

ESGは現在どれくらいの市場規模を持つのでしょうか。世界中からサステナブルな投資を行う機関投資家が参加する団体GSIA（Global Sustainable Investment Alliance）は、2012年以来、隔年でESG投資の統計レポート「Global Sustainable Investment Review（GSIR）」を発行していますが、最新の2018年版によると、世界のESG投資の規模は30兆6830億ドル（公表時のレートで約3400兆円）に上るとされます[1]（表4－1）。日本の国家予算がおよそ100兆円といわれるので、その34倍もの資金がESG投資に費やされていることになります。

ＥＳＧ投資市場は年々、相当な勢いで増えており、２０１８年の投資額をＳＤＧｓ採択前の２０１４年と比べると、7割近くも増加しています。詳しくは後述しますが、ＥＳＧ投資の規模として参照されることが多い責任投資原則（ＰＲＩ）の署名機関数および運用資産額の推移を見ても、発足当初の２００６年にはわずか63だった署名機関数は２０２０年で３０００を超え、運用資産額は６・５兆ドルから１０３・４兆ドルに増えました[2]（図４－１）。なお、２０２０年の運用資産額がＧＳＩＲの数字と大きく異なるのは、ＰＲＩの署名機関が必ずしもＥＳＧ投資のみ行っているわけではないためです。

日本の驚異的な伸び率

このように、グローバルで大きなＥＳＧ投資の流れが確認できますが、特に日本に注目してみると、ＥＳＧ市場の急拡大がみてとれます。もちろん欧米に比べるとまだ後進であり、規模としては数分の一に過ぎませんが、２０１４年から２０１６年にかけては、８４００億円から57兆円へ、67倍という驚異的な伸び率で増加し、２０１６年から２０１８年にかけても3倍の２３２兆円、つまり国家予算の2倍を超える規模まで増えています。

表4-1―― ESG投資額の推移

	金額(10億ドル)			伸び率		平均伸び率
	2014年	2016年	2018年	2014～2016年	2016～2018年	2014～2018年
欧州	10,775	12,040	14,075	12%	11%	6%
米国	6,572	8,723	11,995	33%	38%	16%
カナダ	729	1,086	1,699	49%	42%	21%
豪/NZ	148	516	734	248%	46%	50%
日本	7 (8,400億円)	474 (57兆円)	2,180 (232兆円)	6692%	307%	308%
合計	**18,276**	**22,890**	**30,683**	**25%**	**34%**	**68%**

出所:GSIA"Global Sustainable Investment Review 2018"を基に作成

図4-1―― PRI署名機関数と運用資産額の推移

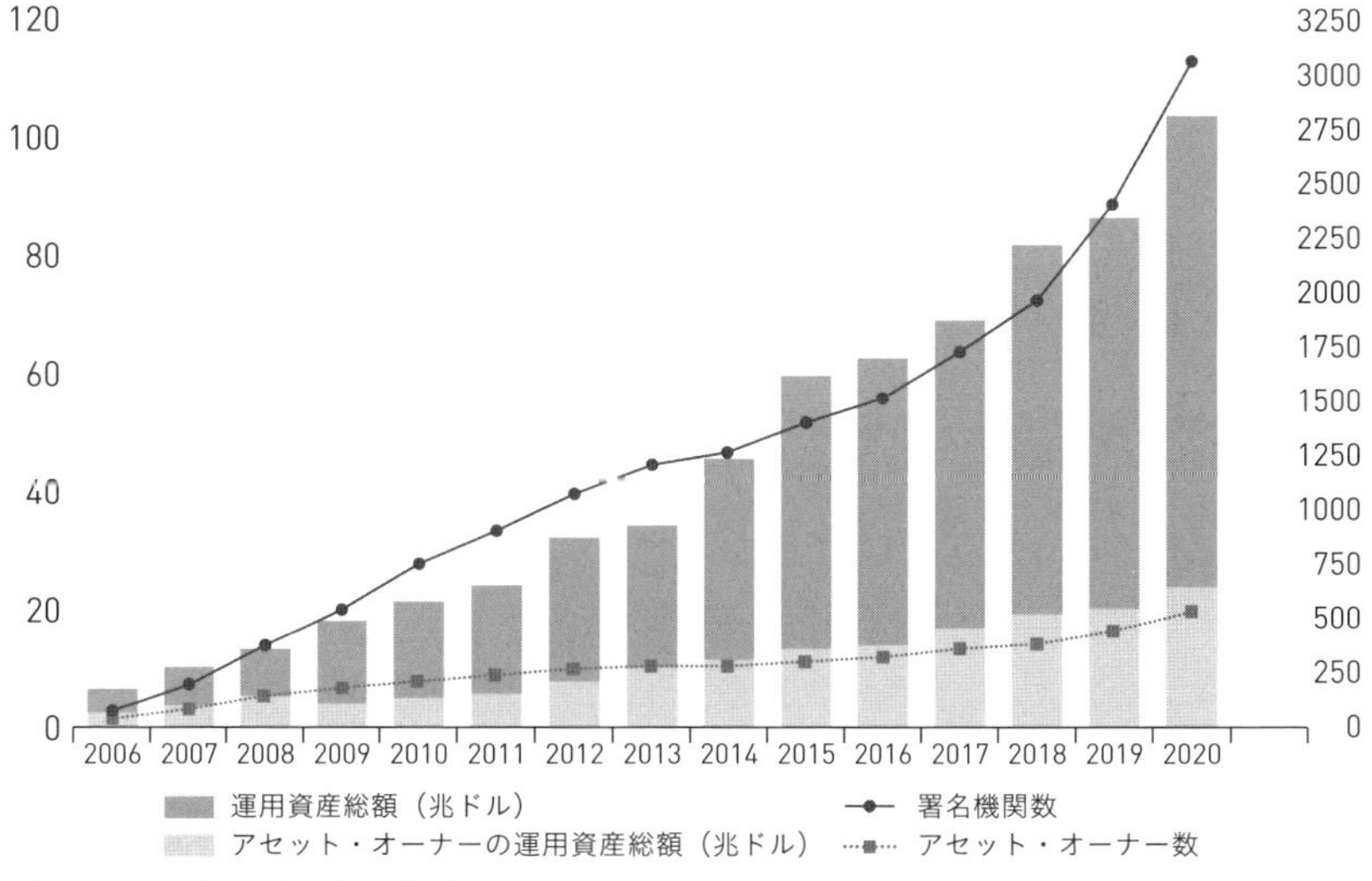

出所:PRIウェブサイトを基に作成

図4-2—— ESG投資割合の推移

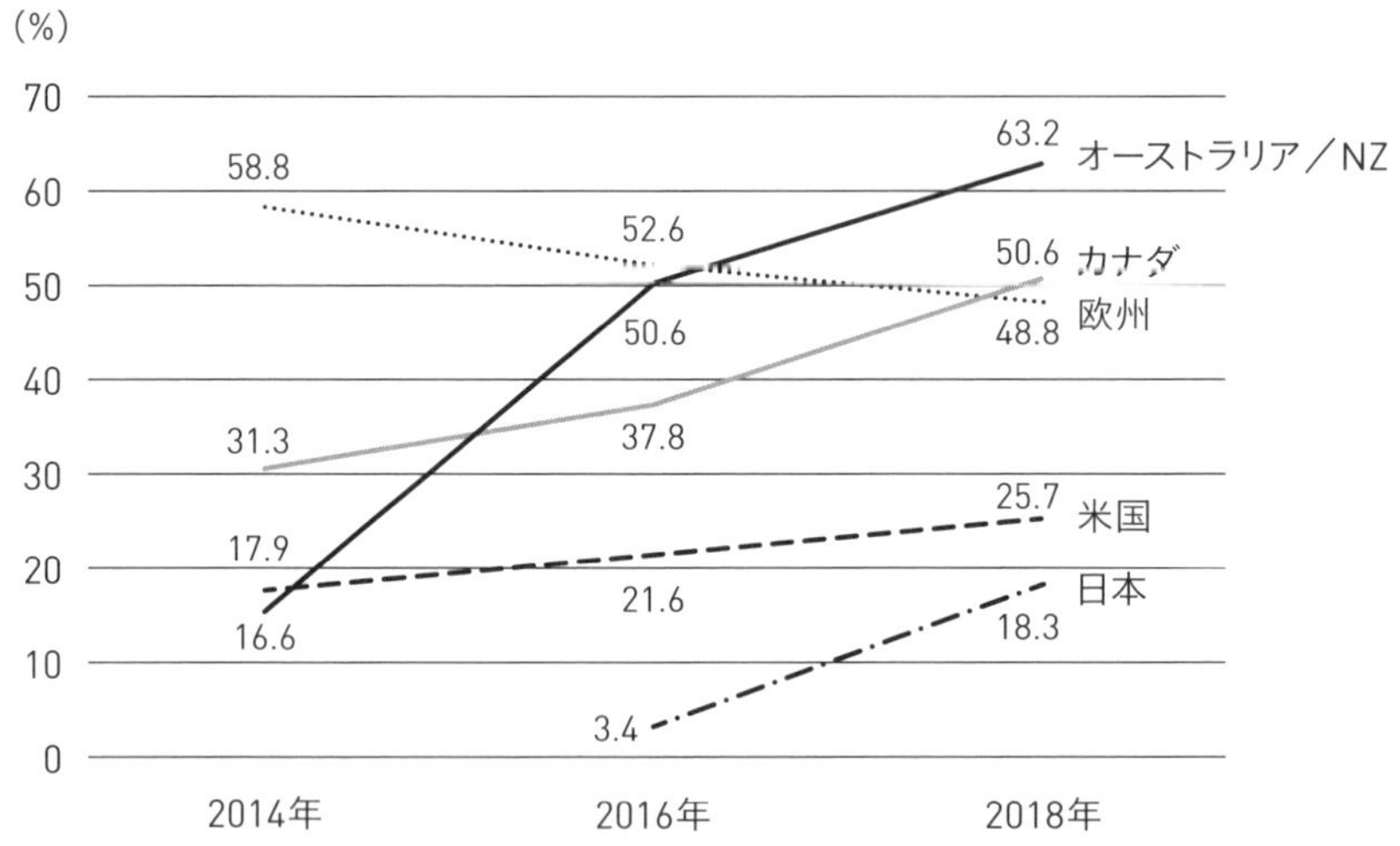

出所：GSIA"Global Sustainable Investment Review 2018"を基に作成

日本のESGに関してもう一つ注目すべきなのは、ESG投資割合の急増です（図4－2）。2016年はわずか3・4％だったのに対し、2018年には18・3％に増えています（2014年はアジア諸国で統計がまとめられていたため日本の該当データなし）。おそらく現在はさらに増えており、米国の割合に迫るかもしれません。ただ、それでも欧州やカナダ、そして2016年ごろからESG投資割合が激増したオーストラリアおよびニュージーランドに比べると割合は低く、まだまだ拡大の余地があるといえます。

ESG投資の急拡大とその背景

ESGという言葉が世界で初めて登場したのは、2004年、当時のコフィー・アナン国連事務総長の呼びかけにより開催された国連グローバル・コンパクト（UNGC）のリーダーズ・サミットにおいて公表された報告書「思いやりある者が勝利する――世界の変化への金融市場の関連づけ：分析、資産管理および証券業に環境、社会および統治問題をさらに取り入れるための金融業界による勧告」（Who Cares Wins: Connecting Financial Markets to a Changing World: Recommendations by the financial industry to better integrate environmental, social and governance issues in analysis, asset management and securities brokerage）[3]であったとされます。

UNGCが民間とともに取り組んできた内容を金融市場と結びつけるために発案されたこのサミットには、企業のCEOや市民・労働団体など数百人が参加し、世界を代表する大手投資会社20社が報告書の内容に支持を表明しました[4]。金融市場の強化とレジリエンス向上、持続可能な開発への貢献、関連するステークホルダーの認知と相互理解、金融機関の信頼性向上を目的として、

図4-3── 報告書「Who Cares Wins」で提案された内容

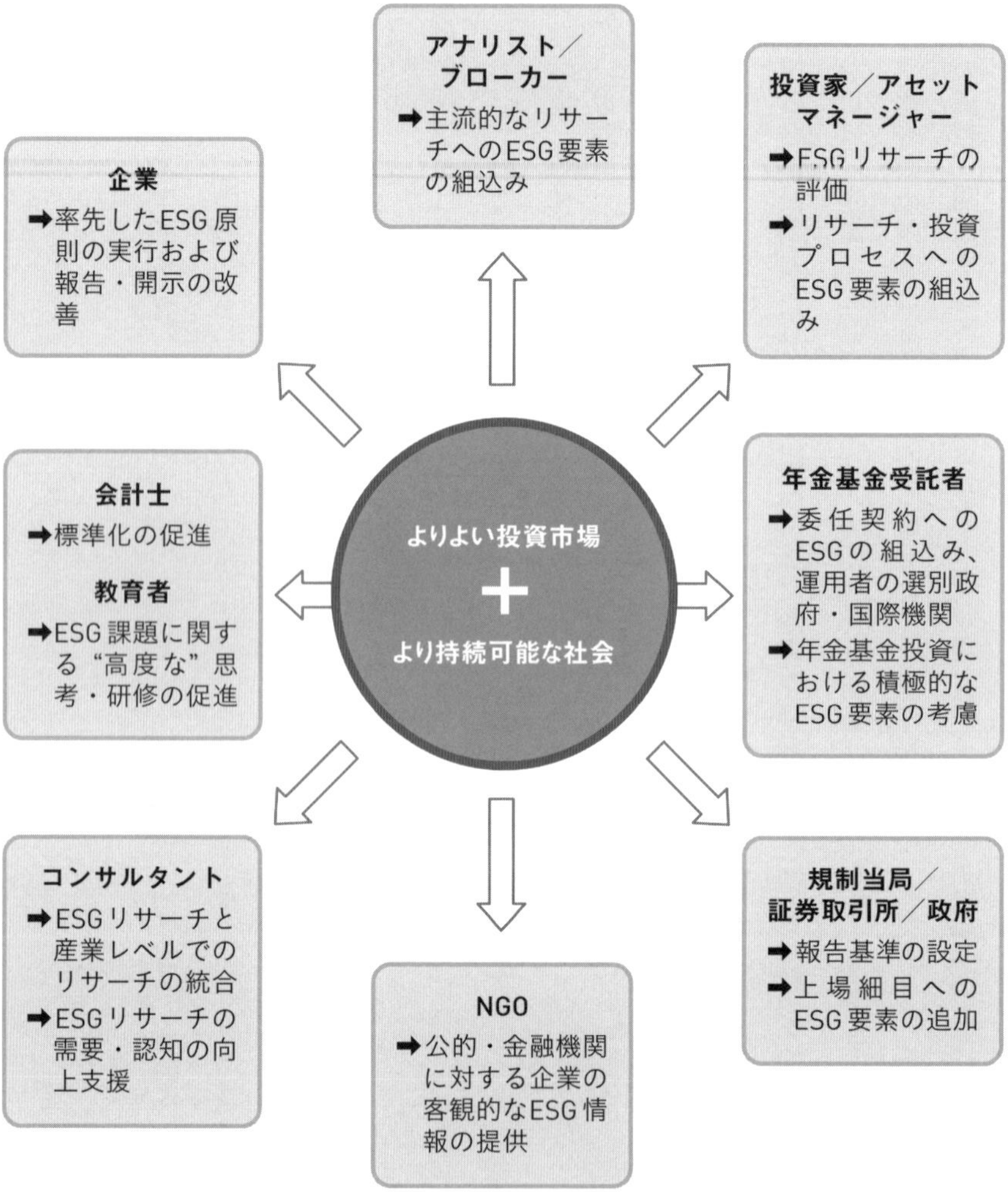

出所：国連グローバル・コンパクト「Who Cares Wins」
(https://www.unepfi.org/fileadmin/events/2004/stocks/who_cares_wins_global_compact_2004.pdf)より転載・翻訳して作成

ESGの基準を金融市場に関連づけることが必要だと述べられています。そして、これが2年後のPRI発足に発展しました。

ESGの起源〜倫理投資の時代

ESGという言葉は今世紀に入ってから誕生したとしても、ESGの基盤となる投資の思想は、今から1世紀前の1920年代に始まったとされます。その頃、米国では教会の資産を運用するにあたり、キリスト教の教義や価値観に反する酒、たばこ、ギャンブル、武器などに関わる企業を投資対象から除外するといったことが行われました。まだ**倫理投資**または**責任投資（RI）**という意味合いが強かった時代です。

1960年代に入ると、公民権運動や反戦運動の高まりを背景として、公務員年金基金や大学の基金などの機関投資家が、ベトナム戦争で使われたナパーム弾を製造する会社に製造中止を求める株主提案をしたり、マイノリティの雇用や公害対策を株主として企業に要請したりするような動きが出てきました。

1980年代にはアパルトヘイトを継続する南アフリカ共和国に進出する企業に対する不買運動が起こったり、南アからの撤退を求める株主提案が行われたりしました。現に南アで最大の黒人従業員の雇用者であったゼネラルモーターズは、ダイベストメント（投資の引き揚げ）を受け、南アから撤退しています。こうした動きが結果として、南アのアパルトヘイトを終焉させるに至りました。

SRIの発展と受託者責任に関する議論

1990年代になると、**社会的責任投資**（**SRI**）というものが意識されるようになりました。これは、二つの象徴的な動向で特徴づけられます。一つは、第1章で触れた1992年の地球サミットの影響を受け、環境に悪影響を及ぼす企業には投資しないエコファンドが欧米諸国で設立されたことです。そしてもう一つは、英国の作家・起業家であるジョン・エルキントンがトリプルボトムラインという概念を提唱した(5)のを受けて、**企業の社会的責任**（**Corporate Social Responsibility；CSR**）が重視されるようになったことです。これにより、企業のCSR評価に基づいてSRIを実践する機関投資家が出現しました。

その一方で、SRIは倫理投資の時代と同様、社会的に問題のある企業や業種には投資しないというネガティブ・スクリーニングの手法で行われていたため、投資対象を狭めることになり、それが投資パフォーマンスにマイナスの影響を与えることが懸念されました。社会的責任を投資パフォーマンスより優先することは、**受託者責任**（フィデューシャリー・デューティー）に違反するのでは、という議論が起こります。

受託者責任とは、他者の資産の運用に関わる者（受託者）が、自らの利益ではなく資産を預ける者（受益者）の利益を最大化するために行動することを保証する責任（またはそれと同等の義務）のことで、SRIにおいては、受益者が享受すべきリターンと社会的な目的をバランスよく両立させる必要がありました。そのため、それまで主流であったネガティブ・スクリーニングに代わって、CSR評価の高い企業に進んで投資する**ポジティブ・スクリーニング**という、業種を排除することなく投資ユニバースを確保すると同時に一定の投資パフォーマンスも担保するための手法が考案されました。

受託者責任に関しては、欧米でも様々な議論が行われました。その一方で、明示的にはフィデューシャリー・デューティーという法的概念がなく、善管注意義務と忠実義務とで解釈される日本においても、独自の議論が重ねられてきました。1998年に米国のSRI運用会社カルバートが、年金資金運用におけるSRIのスクリーニングが受託者責任に反しないかどうかを米国労働省に問い合わせ、「投資リターンが他の手段と遜色ない限りは受託者責任に反しない」との見解を得たこと、2000年に英国で年金法が改正され、年金受託機関のSRIへの投資方針の開示が義務づけられたことなどが、SRIの拡大を後押しすることになりました。

そして最も画期的だった動きが、英国のフレッシュフィールズ・ブルックハウス・デリンガー法律事務所が２００５年に国連環境計画・金融イニシアチブ（ＵＮＥＰ ＦＩ）[6]のために作成した報告書です。「**フレッシュフィールズ・レポート**」と呼ばれるこの報告書では、「ＥＳＧ要素と財務的パフォーマンスの関連性が認められつつあることを踏まえると、投資分析において財務的パフォーマンスに関する予測の信頼性を高めるためにＥＳＧを考慮することは、いかなる地域においても明らかに許容され、ほぼ間違いなく求められることである」と結論づけられました。[7]

責任投資原則（ＰＲＩ）の誕生

このことも追い風となって、２００４年のＵＮＧＣの報告書で提言されたＥＳＧ投資推進のための組織として、２００６年に**責任投資原則（ＰＲＩ）**が設立されます。「原則」という名前がついていますが、コフィー・アナンが設立した独立組織です。実はＰＲＩ設立には、第６章で紹介する「ビジネスと人権」の分野において非常に大きな役割を果たしたジョン・ジェラルド・ラギーが深く関与しているのですが、このことは、いまだ日本ではＥＳＧへの取り組みにおいてあまり進んでいない「社会」の側面、とりわけサプライチェーン上の人権を含む企業の責任が、重要な要素の一つであることを示唆しています。

ＰＲＩは、①六つの原則の採択と実施のための協力促進、②優れたガバナンス、誠実性、説明責任の強化、③持続可能な金融システムに対して市場のプラクティス・構造・規制により生ずる障害を取り除くこと、を通じて持続可能なグローバル金融システムの達成を目指すイニシアチブです。六つの原則とはすなわち、署名機関がその受託者責任と一致することを条件としてコミットする以下の原則です。

ＰＲＩの六つの原則

①私たちは投資分析と意思決定のプロセスにＥＳＧ課題を組み込みます。
②私たちは活動的な（株式）所有者となり、（株式の）所有方針と所有慣行にＥＳＧ課題を組み入れます。
③私たちは、投資対象の主体に対してＥＳＧ課題について適切な開示を求めます。
④私たちは、資産運用業界においてＰＲＩが受け入れられ、実行に移されるように働きかけを行います。
⑤私たちは、ＰＲＩを実行する際の効果を高めるために協働します。
⑥私たちは、本原則の実行に関する活動状況や進捗状況に関して報告します。

ＰＲＩの誕生によって、グローバル市場でＥＳＧは飛躍的に拡大していきました。設立から十数年の間に多くの機関投資家やアセット・オーナーが責任投資へのコミットメントを表明し、投資の意思決定において、今やESG要因を考慮することは、実務においても公的政策においても、積極的な義務であると当然に考えられる環境が整ってきたといえます。

ESGは受託者責任に反しない

受託者責任についてはその後も様々な議論が展開されましたが、UNGC、PRI、UNEPFIが共同で2015年9月に公表した報告書**「21世紀の受託者責任」**（Fiduciary Duty in the 21st Century）では、前述のフレッシュフィールズ・レポートを発展させる形で、受託者責任の考え方に一つの結論を出しました。(8) この報告書は、受託者責任について、改めて次のように定義しています。

定義
21世紀の受託者責任

- **忠実性**：受託者は受益者の利益のために誠実に行動し、受益者間の利益相反に対して公平なバランスを取り、利益相反を避け、自らのあるいは第三者の利得のために行動してはならない。

- **慎重性**：受託者は、相当の注意、スキル、配慮をもって行動し、「通常の慎重な者」が投資するように投資しなければならない。

時代とともに社会や金融システム、投資環境が変わる中で、21世紀の投資家に適合する形で受託者責任について捉え直した上で、次のような観点から、英米や日本を含む8カ国で実施した調査に基づいてまとめられたのが、この報告書です。

- 投資家はESGを投資プロセスや意思決定において考慮すべきか
- 投資家は投資先企業のESGパフォーマンスの向上を奨励すべきか
- 投資家に金融システムの統合性・安定性を支援する義務はあるか
- 投資家は気候変動のような広範なシステミック・リスクと機会にいかに対応すべきか

そして、「投資実務において、**環境上の問題、社会の問題および企業統治の問題など長期的に企業価値向上を牽引する要素を考慮しないことは、受託者責任に反する**ことである」という結論が出されました。1990年代のSRIの時代から、わずか四半世紀で受託者責任に関する考え方が180度転換したことになります。

日本におけるESG投資の拡大

米国では、ESG投資は2008年のリーマンショックと、2016年の大統領選挙という二つの大きな転機を経て急拡大しました。つまり、経済や金融市場の崩壊、政治不信を背景に、「環境も社会もガバナンスも、自分たちで何とかしなければ」という機運が高まったためといえます。ちなみに、二つめの転機は一部でESGにおける「トランプ・バンプ」とも呼ばれています。

それでは、日本のESG市場は何をきっかけに拡大したのでしょうか。

前述の通り、ESGという概念が誕生したのは2004年ですが、それより前から日本においてもESG的な投資は行われていました。中心となったのは特定の環境テーマに関連する銘柄のみを選定して投資するエコファンドで、日興アセットマネジメントが1999年8月に立ち上げた日興エコファンド(9)が、日本で初めて企業の環境対応度を評価した投資信託とされています。ほぼ同時期の1999年9月に安田火災グローバル投信投資顧問(現・SOMPOアセットマネジメント)が運用を開始した損保ジャパン・グリーン・オープン(愛称「ぶなの森」(10))も日本のESG投資の草分け的存在といわれます。続いて翌月に興銀第一ライフ・アセットマネジメント(現・アセットマネジメントOne)とUBSグローバル・アセットマネジメント(現・UBSアセットマネジメント)がエコファンドを設定するなど、ファンド組成が相次ぎ、2005年3月までに合計20のエコ・SRIファンドが誕生しました[11]。

ただ、この頃の日本はまだ、いわゆる社会貢献的なＣＳＲが主流の時代で、ＥＳＧ要素の考慮は投資パフォーマンスを犠牲にして成り立つものと考えられていました。したがって、その後のリーマンショックや東日本大震災で大きな影響を受けた日本企業の多くは、売上に貢献しないコストとみなされていたＣＳＲの予算を真っ先に削り、ＥＳＧの流れも一時停滞していたといえます。

それが大きく転換したのが、２０１５年の**年金積立金管理運用独立行政法人（ＧＰＩＦ）**によるＰＲＩへの署名です。世界の運用資産の大半を占めるのは個人投資家による投資資産ですが、単独でみると、巨額の運用資産を持つのはなんといっても年金基金や政府系ファンドです。その中でも年金基金は、人々の生涯に関わる資金を預かり運用するという性質上、長期的な視野に立ち、幅広い資産や有価証券に分散投資を行うことから、ユニバーサル・オーナーと呼ばれています。ＧＰＩＦも日本の年金制度を支える重大な使命を負っているため、国内外の株式・債券に分散投資しており、膨大な投資ユニバースを持っています。その運用資産額は１５０兆円を超え、世界のアセット・オーナーの中でも群を抜いています（表４－２）。

その規模の大きさから市場の**クジラ**とも呼ばれるＧＰＩＦがＰＲＩに署名したことで、日本の金融市場に激震が走りました。世界最大級の機関投資家がＥＳＧに取り組むと、世界に向けて発信したわけです。日本の株式市場の銘柄の大半を保有し、多くの運用会社を委託機関とするＧＰＩＦがＥＳＧ投資を重視するのであれば、それに倣うほかありません。日本の署名機関数は、２０１５年

表4-2── 世界のアセット・オーナー トップ10（2018年末）

順位	基金名	国	総資産額	分類
1	年金積立金管理運用独立行政法人（GPIF）	日本	$1,374,499	年金基金
2	Government Pension Fund	ノルウェー	$982,293	年金基金
3	China Investment Corporation	中国	$941,420	政府系ファンド
4	Abu Dhabi Investment Authority	アラブ首長国連邦	$696,660	政府系ファンド
5	Kuwait Investment Authority	クウェート	$592,000	政府系ファンド
6	Federal Retirement Thrift	米国	$578,755	年金基金
7	National Pension	韓国	$573,259	年金基金
8	Hong Kong Monetary Authority Investment Portfolio	香港	$509,353	政府系ファンド
9	SAMA Foreign Holdings	中国	$505,755	政府系ファンド
10	ABP	オランダ	$461,682	年金基金

出所：Willis Towers Watson "The Thinking Ahead Institute's Asset Owner 100"を基に作成

9月より以前は30だったのに対し、2020年5月末現在で83に増えています。

それ以前にも、2014年2月に金融庁が日本版スチュワードシップ・コードを自主規制として導入し、2015年6月に金融庁と東京証券取引所がコーポレートガバナンス・コードを策定するなど、機関投資家に投資先の長期的な企業価値向上を促すための責任ある投資行動や投資先との対話を求める動きはありました。また、2014年8月に経済産業省による「持続的成長への競争力とインセンティブ～企業と投資家の望ましい関係構築～」プロジェクトの最終報告書として公表された「**伊藤レポート**」では、日本企業のROE（自己資本利益率）が国際的にみても低水準である状況に鑑み、企業の持続的成長を促進するために、企業と株主の「協創」による持続的価値創造、資本効率を意識した企業価値経営への転換が必要であるという提言が行われました[12]。これらの背景とも相まって、一気にESGの機運を高めたのが、ついに動いたクジラだったのです。

なお、GPIFがPRI署名機関となったのは、2015年9月16日ですが、プレスリリースは9月28日に行われました。奇しくも安倍晋三首相が国連本部においてSDGsの採択を歓迎するステートメントを実施した翌日のことであり、このステートメントにおいてはGPIFのPRI署名への言及もされていました。あくまで推測の域を出ませんが、日本がSDGsに賛同するにあたり、ESGにも本気で取り組むことが欠かせないという意思を表明したとも考えられます。

ＥＳＧ投資の現状と課題

ＧＰＩＦがＰＲＩに署名して5年経った現在でも、まだＥＳＧの本質が広く理解されているとはいえません。ＳＤＧｓの本質の理解が進んでいないのと同様、ＥＳＧについても、なぜ取り組むべきなのか、その意義を見出せずにいる企業が多いのが実情ではないでしょうか。その理由の一つに、ＥＳＧは投資行動と密接に関わるものであるため、上場企業のみが取り組むべきものと考えられていることがあります。

ＳＤＧｓとＥＳＧの関係

ＳＤＧｓとＥＳＧの違いがよくわからない、と質問されることがあります。また、ＳＤＧｓとＥＳＧを混同して語られているのを聞くことも少なくありません。ＳＤＧｓとＥＳＧの関係につい

図4-4——GPIFが考えるESG投資とSDGsの関係

出所：GPIF「ESG投資とSDGsのつながり」（https://www.gpif.go.jp/investment/esg/#b）

て、GPIFが整理した図（図4－4）がよく参照されていますが、長らくCSRに取り組み、かつ社会的価値の創出を目指すCSVの重要性を説かれてきた日本企業にとっては、やや理解しにくいかもしれません。また、この図だけ見ると、SDGsやESGは上場している大企業のみが取り組めばよいもの、と受け取られかねません。

ESGは、お金という重要なツールを介して、企業が投資されたリソース（株式や債券などの市場を通じて投資されたものに限りません）をいかに活用して経済や社会、環境にプラスの効果をもたらすか、投資した側がそれを長期的な視点でいかに評価するか、という尺度に基づく手法のようなものです。一方、CSRやCSVは、どちらかというと企業と社会を結ぶ概念といえます。投資家は社会に直接に影響を与えるわけではありませんが、企業に対して投資活動を通じて長期的な価値向上を求めることを通じて、社会課題に向き合い解決に取り組むことを促すという意味で、間接的に影響力を持ちます。

そしてSDGsは、企業、投資家、国や自治体、国際機関、教育機関やNPO、NGO、市民社会などあらゆるステークホルダーが関わる、地球規模の社会課題から身近な消費行動、生活様式まで様々な行動を対象とする大きなフレームワークであり、目指したい姿を示す、その名の通り目標といえるでしょう（図4－5）。

非財務情報の考慮

企業価値を評価する上で、従来はもっぱら財務情報が用いられてきました。財務情報とは、いうまでもなく財務諸表で開示される情報で、

図4-5── ESG、SDGs、CSR、CSVの関係

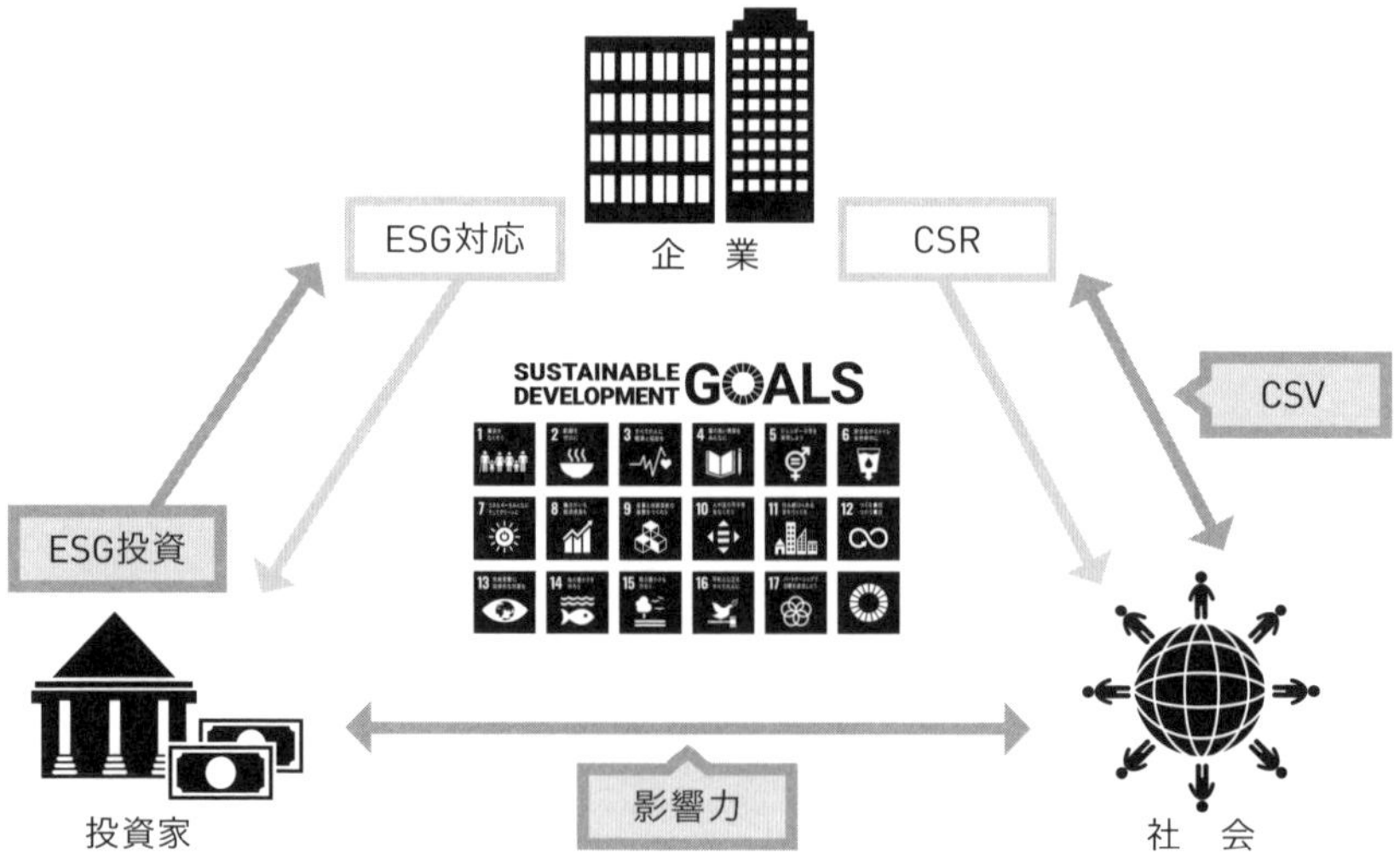

売上高や利益、開示情報からわかるROE・PBR・PER等の指標、成長率などです。しかし、これまで述べてきたようなESGへの関心の高まりを背景に、**非財務情報**も重視されるようになってきました。非財務情報には、財務諸表に数値として表れない経営戦略や経営課題、長期ビジョン、リスクと機会、環境への配慮、サプライチェーンの透明性、不正をしない経営体質の健全性（ガバナンス）等のESG要素などが含まれます。

前述の「伊藤レポート」では、「企業側は、投資家が四半期等短期の業績数値のみを追いかけ、企業が発信する非財務情報（ビジョン、イノベーション活動、CSR等）に関心がなく、投資判断に必要な長期的な情報とは何かを伝えてこないことを憂慮する。一方、投資家は、企業からの開示がルールにもとづくコンプライアンス情報開示ばかりで、長期的な企業価値を判断するために真に欲しい情報が開示されないことに不満を抱いている」と、企業と投資家の双方で非財務情報へのアプローチに改善が必要なことが指摘されました。この考えがさらに明確化された、2017年の「伊藤レポート2・0　持続的成長に向けた長期投資（ESG・無形資産投資）研究会 報告書）」は、投資判断において企業の持続可能性やリスクを評価するための重要な要素としてESGにフォーカスする内容となりました。[13] また、2020年3月に改定された日本版スチュワードシップ・コードでは、機関投資家が運用戦略に応じてESG要素を含むサステナビリティを考慮することがスチュワードシップ責任であると明示されました。

企業の財務情報は、スポーツ選手の身体にたとえるなら、いわば筋力や瞬発力、持久力といっ

図4-6—— 財務情報と非財務情報

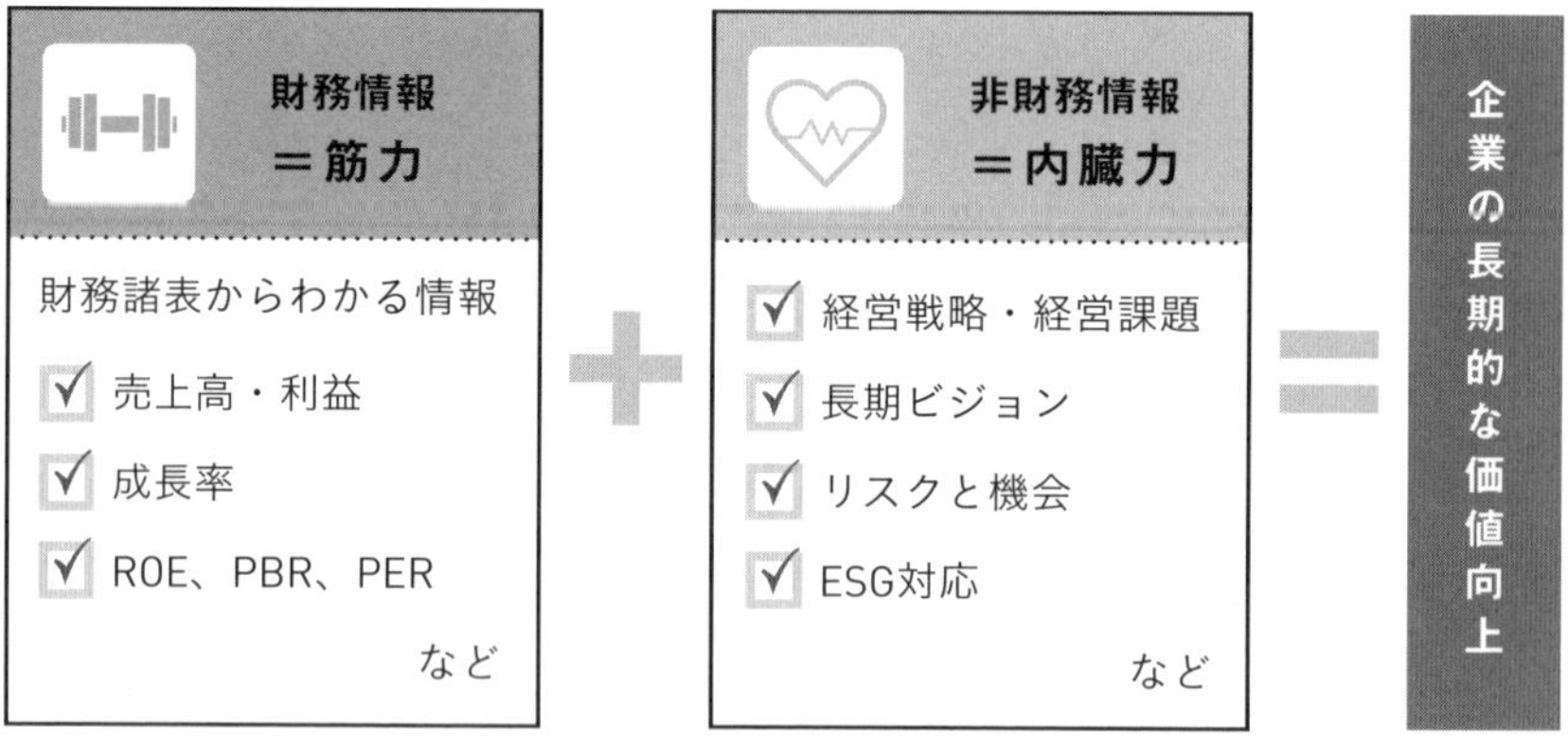

た、表面に現れる肉体的な強みです。一方、非財務情報は内臓の健康状態にたとえることができます。もしオリンピックに出場できるような素晴らしい身体能力を持っていたとしても、内臓や血管などに疾患があれば、選手として長続きしません。逆にいえば、一流の選手は食事や普段の生活にも気を遣い、内臓を健康に保つことで身体能力を向上させているのでしょう。一方、内臓だけとびきり健康であっても、オリンピックに出場できるわけではありません。強い筋力と健全な内臓が揃って初めて、優れたパフォーマンスを引き出せるのです。

企業に関しても同様で、業績がよくても環境汚染や人権侵害を引き起こすような、ガバナンスが脆弱な企業は早晩破綻するでしょうし、社会貢献ばかり重視して業績が伴わない企業は投資家をはじめとしたステークホルダーの関心を得られません。財務情報と非財務情報が両立してこそ、企業は長期的な価値を創出でき、また両者の健全性を開示することでステークホルダーの評価を得ることができるといえます（図4－6）。

ESG投資の手法

機関投資家がESG投資を行う手法にはいくつかの種類があります。GSIAは七つの手法に分類していますが（図4－7）、そのうち最も伝統的なのは、倫理投資の時代から行われていたネガティブ・スクリーニングで、問題のある企業を投資対象から外すというものです。現在も国際的にはこの手法が最も多く使われています。その後、受託者責任の議論を経て生まれたのが、ESG評価の高い業種や企業を選んで投資するポジティブ・スクリーニングですが、ESGの観点から事業を精査し、高度な分析に基づいて投資先を選定する必要があるため、現在はあまり用いられていません。

ネガティブ・スクリーニングに次いで多く用いられ、日本でも主流化してきているのが、従来のビジネスモデルや財務諸表に基づく分析にESG要因を組み込んで投資判断する**ESGインテグレーション**です。エンゲージメント・議決権行使は、株主の立場から投資先企業との対話や議決権行使を通してESGへの取り組みを促す手法で、日本ではこれが最も多く用いられています。その他に、UNGCやILO（国際労働機関）などの国際規範に基づくスクリーニング、サステナビリティをテーマとした事業に投資するサステナビリティ・テーマ投資、社会・環境問題の解決、地域開発

図4-7 ── 世界のESG投資戦略別の残高（10億ドル）

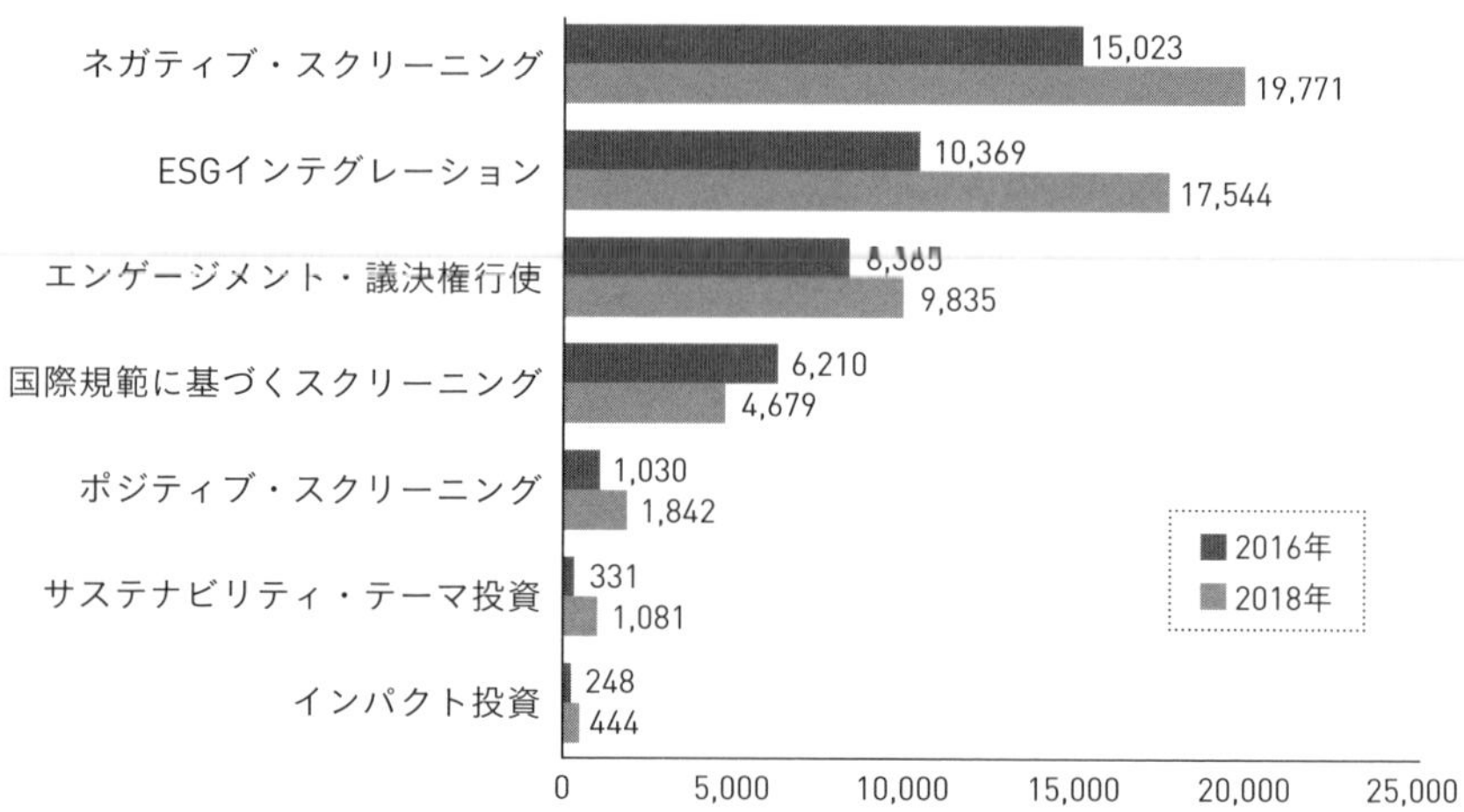

出所：GSIA"Global Sustainable Investment Review 2018"を基に作成

などを目的としたインパクト投資があります。

ＥＳＧ投資に限らず、株式や債券、そのポートフォリオで構成される投資信託などファンドの運用には、**アクティブ運用**と**パッシブ（インデックス）運用**とがあります。日経平均株価やＴＯＰＩＸに代表される指数（インデックス）をベンチマークとして、その動きに連動したリターンを得ることを目標とするパッシブ運用に対して、アクティブ運用はファンドマネージャーが投資する銘柄を選び、タイミングを見て売買し、ベンチマークを上回るリターンを目指す運用手法です。アクティブ運用は市場や銘柄の動きをうまく捉えることができれば、市場平均以上のリターンを得ることが期待できますが、市場の予測や情報収集・分析にコストがかかり、またファンドマネージャーの能力に左右される面が大きいためハイリスク・ハイリターンの運用方法といえます。一方、パッシブ運用は市場平均程度のリターンしか得られませんが、市場予測のコストがかからないため投資家の手数料も抑えられるというメリットがあります。

従来はアクティブ運用が主流でしたが、コストの安さやアクティブ運用に対する相対的な優位性、ＥＴＦ（上場投資信託）の登場などを背景に、徐々にパッシブ運用の割合が増え、現在ではパッシブ運用がアクティブ運用を上回るといわれています。なお、ＧＰＩＦの運用資産については、２００１年に前身の年金資金運用基金が年金福祉事業団から改組された当初は、パッシブ運用とアクティブ運用が半々くらいでしたが、その後はパッシブ運用の割合が高まり、２０１９年度末にはパッシブ運用が8割近くとなっています。[14]これは、アクティブ運用のパフォーマンスがパッシブ運用を下回っていたことから、より手数料が安く安定したリターンが望めるパッシブ運用に移行したためとみられます。

ＥＳＧ投資においても同様に、パッシブ運用が増えていますが、その背景には、個別銘柄のＥＳＧ対応に関する情報が十分に得られない中で、ＥＳＧ関連のインデックスの開発が進んだことがあります。パッシブ運用でのＥＳＧ投資が有効なのか否か、という議論もなされており、パッシブ投資家はアクティブ投資家に比べて個別銘柄に対する知見が乏しいためエンゲージメントの有効性が低いこと、参照するインデックスのばらつき、ダイベストメントの難しさといった課題がありますが[15]、この議論は現時点で結論が出るものではないでしょう。しかし世界のＥＳＧ投資のリーダーを標榜する米国の大手資産運用会社のブラックロックやバンガードなども、パッシブ運用を重視していることを見ても、世界の大きな潮流となっていることは間違いありません。

複雑化するＥＳＧ評価情報

ＥＳＧ投資において、投資家が参照する情報にはどのようなものがあるのでしょうか。パッシブ運用のベンチマークとしても使われるＥＳＧ（ＳＲＩ）インデックスとしては、１９９０年に開発されたMSCI KLD 400 Social Index（当時の名称はDomini Social 400 Index）が初とされます。[16]その後、１９９９年にDow Jones Sustainability Index（ＤＪＳＩ）、２００１年にFTSE4Good Indexesが登場しました。まだこの頃は、前述のようにＥＳＧという言葉が生まれていなかった時期ですが、やがてＥＳＧへの関心が急速に高まり、投資の意思決定においてＥＳＧ評価情報の需要が増えるにつれ、様々なインデックスが生み出されました。現在、ＥＳＧインデックスの数は１０００を超えるともいわれています。

ＥＳＧの評価情報は、財務情報のように数字で測ることが難しいため、評価会社によっても基準は様々で、同じ銘柄についても評価会社によって全く異なる評価となる場合も少なくありません。さらに、より伝統的な投資情報を提供してきた会社や債券格付会社もＥＳＧ評価市場に参入し、業界内のＭ＆Ａも相次いだことから、どの評価会社のインデックスを使用するかという判断はますます困難になってきています。

このような状況に鑑み、ＥＳＧ評価会社を「評価」するという動きも出てきました。その代表的なものが、英コンサルティングファームＥＲＭグループの調査会社SustainAbilityによる「Rate the Raters」です。機関投資家へのアンケートとインタビューに基づいて集計される同レポートは、「質」と「実用性」の二つの基準で評価を行っていますが、その２０２０年版[17]では、最も「実用的」なＥＳＧ評価情報は、グローバルなカバー範囲の広さと企業の持続性評価、透明性などについて機関投資家の間で定評のあるサステナリティクス（Sustainalytics）とされました。次いでＧＨＧ排出や水資源管理等の評価に定評のあるＣＤＰ、サステナリティクスと同様にカバー範囲の広さとレポートの質が高いとされるＭＳＣＩが実用的と評価されました。その他に対象となったものには、ＤＪＳＩも提供するロベコＳＡＭのCorporate Sustainability Assessment（ＣＳＡ）、議決権行使の大手助言会社で、２０２０年5月に新たにＳＤＧｓのインパクト評価のレポーティング・サービスを開始して話題になったＩＳＳ[18]、20年近くの歴史を持つ一方で、機関投資家からは「全く実用的でない」と評価されてしまったFTSE Russellなどがあります。

機関投資家によって評価情報やインデックスの利用方法・目的は異なるため、一概にどの評価情報が優れている、または劣っているとはいえませんが、評価基準が不透明で、評価手法もまちまちな数多くのＥＳＧ評価情報が乱立していることは、ＥＳＧ投資が浸透する上ではネックとなりえます。欧米の金融当局では、評価会社に対する基準や規制の導入を検討する動きも出ているようです。

図4-8 —— GPIFの採用ESG指数

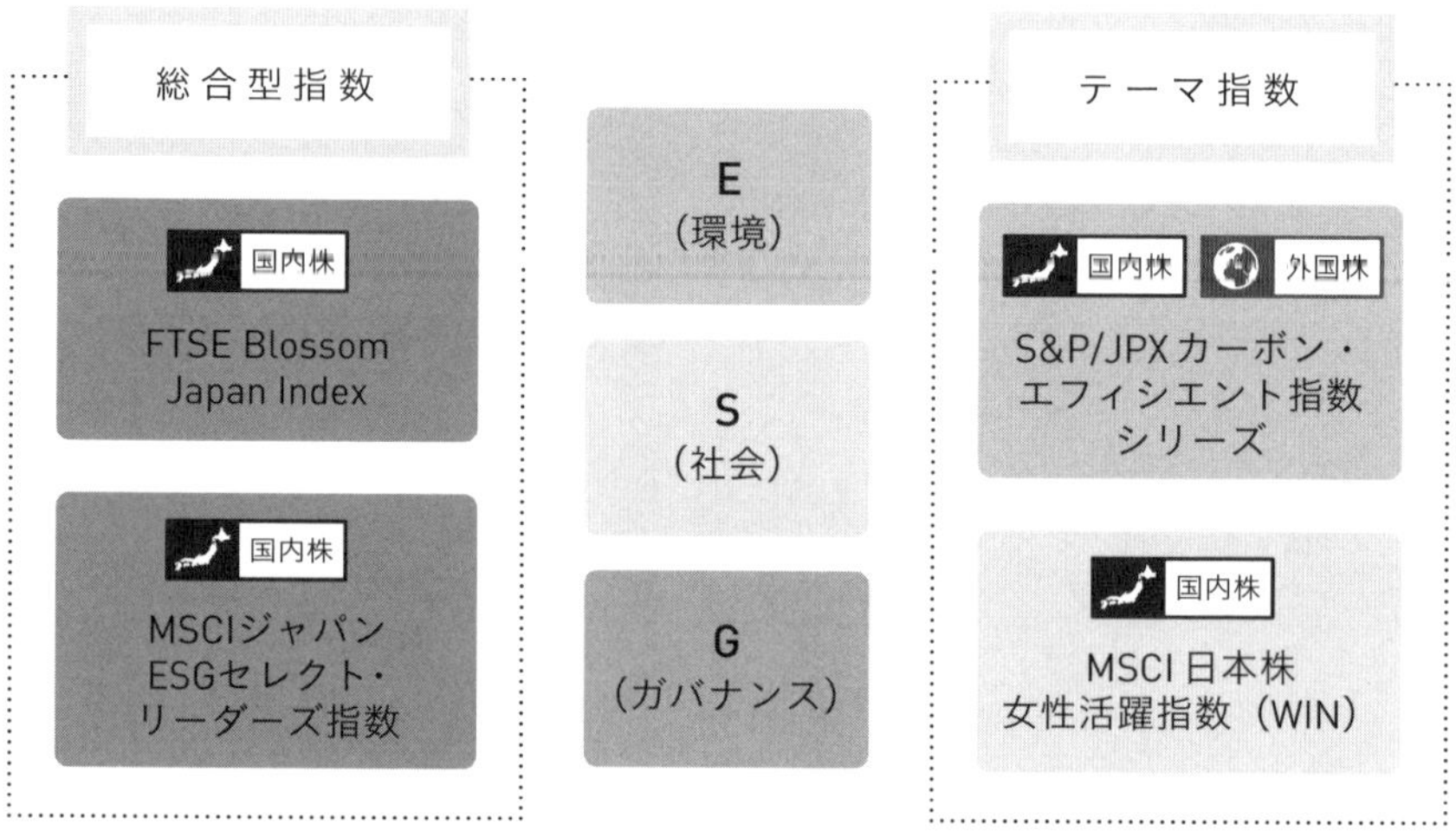

出所：GPIF「2019年度業務概況書」より転載して作成

なお、ＧＰＩＦが採用しているＥＳＧインデックスには、総合型指数としてFTSE Blossom Japan指数、ＭＳＣＩジャパンＥＳＧセレクト・リーダーズ指数があり、環境のテーマ指数としてＳ＆Ｐ／ＪＰＸカーボンエフィシエント指数、社会のテーマ指数としてＭＳＣＩ日本株女性活躍指数があり（図４−８）、これらの指数によるパッシブ運用資産残高は２０２０年度末現在で４兆円に達します[19]。

ＥＳＧ情報開示の課題

ＥＳＧ評価の基準や手法が様々に異なることの背景には、企業側のＥＳＧ情報の開示が十分に進んでいないという実態があります。その一方で、ＥＳＧ情報開示に関する基準やフレームワーク、ガイドライン等が数多く存在するため、企業の情報開示の現場で混乱が生じてしまっていることも指摘されます。企業側は、ＥＳＧ情報を適切に開示することの重要性を認識しはじめていながらも、具体的にどのような基準やガイドラインに従って、どのような情報を開示すべきかわからない、といった悩みを抱えているのです。

企業のＥＳＧ情報の開示方法として急速に活用され始めているのが、**統合報告書**です。統合報告書とは、財務・非財務情報の中から、持続的な価値向上に関する重要な情報を簡潔・明瞭にまとめた報告書を指し、おもに投資家や株主など財務資本提供者向けの情報提供を想定していますが、最近では従業員や就職希望者など、他のステークホルダーにも参照されることが増えています。ＥＳＧ要素も含む非財務情報として重要な長期ビジョンや社会的価値の明確化が求められるようになってきたことを受けて、従来の財務情報を記載した有価証券報告書やＩＲレポートだけではなく、非財務情報を統合して説明する統合報告書を発行する企業が増加しました。日本では一種のブームが起きており、２０１９年末までに統合報告書を発行した企業は５３６社と、世界最多数に上りま

図4-9 —— 統合報告書発行企業数の推移

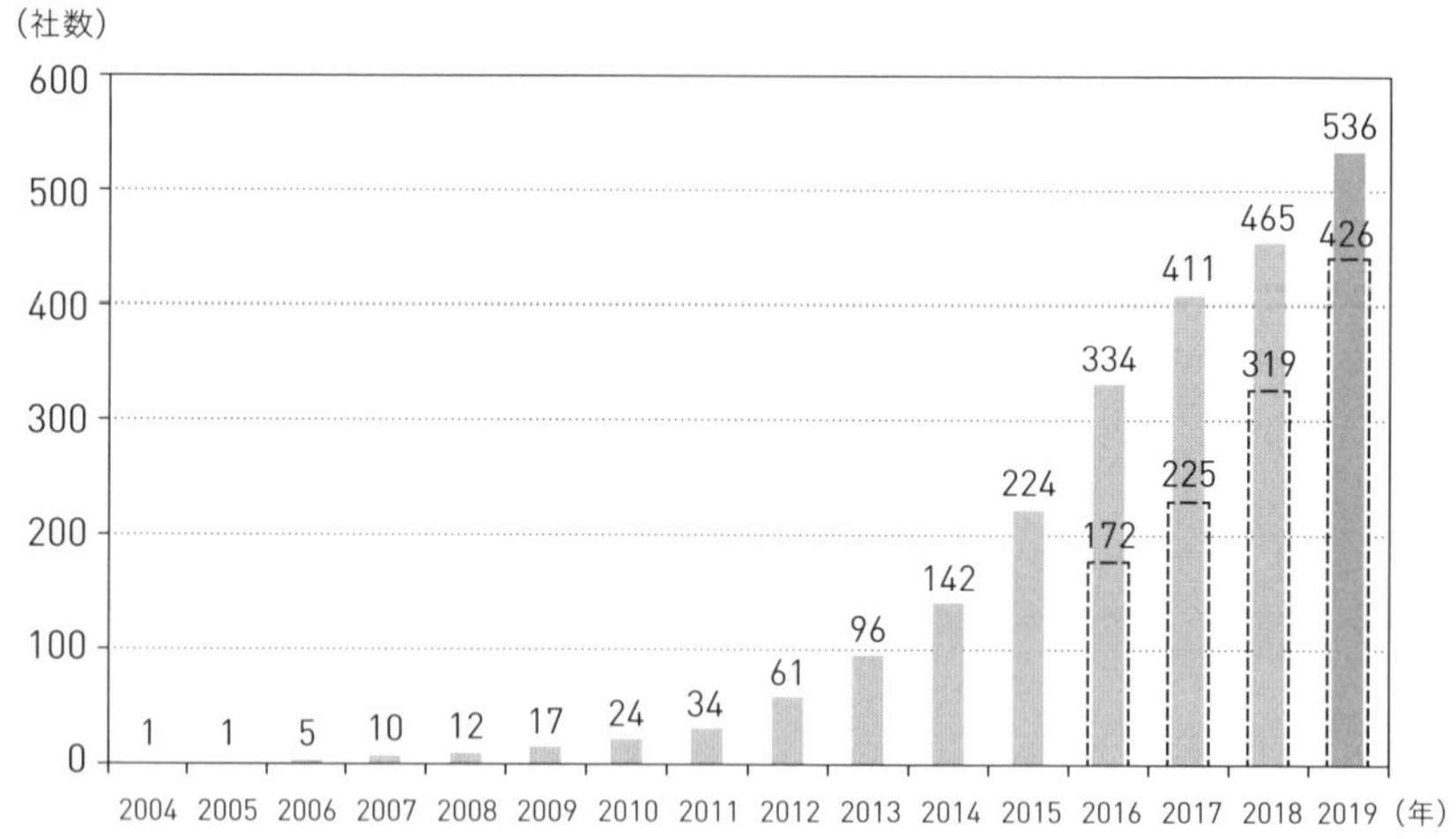

点線内は狭義の統合報告書を示す
出所：ディスクロージャー＆IR総合研究所「統合報告書発行状況調査2019 最終報告」を基に作成

した[20]（図４－９）。

ただ、多くの統合報告書は、たんに財務情報と非財務情報をホッチキス止めした、形だけの「統合」となってしまっているのが現状です。それは、ＥＳＧ対応の基盤が企業価値を長期的に向上させるという「統合思考」の欠如はもちろんのこと、統合報告書に非財務情報を盛り込む基準があまり理解されていないことにもよります。

統合報告書をはじめとする情報開示の基準には、グローバルな基準としてＩＩＲＣ（国際統合報告フレームワーク）、ＧＲＩ（Global Reporting Initiative）スタンダード、ＳＡＳＢ（米サステナビリティ会計基準審議会）スタンダード、ＴＣＦＤ（気候変動関連の財務情報の開示基準で、第5章で詳しく述べます）などがあり、日本の基準として、「伊藤レポート２・０」に先立って経済産業省が２０１７年５月に公表した価値共創ガイダンスなどがあり

表4-3―― 主要なESG情報開示基準

対象	名称	開示情報の種別	特徴
グローバル	IIRC(国際統合報告フレームワーク)	財務・ESG全般	•企業の財務情報と非財務情報を統合的に報告する統合報告書という新しい報告形態を創出 •多くの企業により参照されている
	GRI スタンダード	ESG全般	2000年に初版が公表され、世界的に最も歴史が長いESG情報開示基準等の一つ
	SASB スタンダード	ESG全般	•77の産業別に具体的な開示項目・指標を設定(ただし、どのトピックが自社にとってマテリアルかを最終的に決めるのは企業とされている) •2018年に策定・公表された新しいスタンダードとして注目されている
	TCFD 最終提言書	E(気候変動)	気候変動関連の財務情報に特化し、主要な年次報告書等で開示するよう提言した開示フレームワークとして注目されている
日本	価値協創ガイダンス	財務・ESG全般	投資家に伝えるべき情報(経営理念やビジネスモデル、戦略、ガバナンス等)を体系的・統合的に整理し、情報開示や投資家との対話の質を高めるための手引きとして経済産業省が主導して作成
	環境報告ガイドライン	E	1997年の「環境報告書作成ガイドライン~よくわかる環境報告書の作り方」の策定以来歴史が長く、日本企業の環境情報開示に影響を与えている
	有価証券報告書	財務・ESG全般	日本における代表的な規制開示。非財務情報の充実化が政策的に進められている
	コーポレート・ガバナンスに関する報告書	G	日本におけるコーポレート・ガバナンスに関する代表的な規制開示である

出所:ニッセイアセットマネジメント「ESGに関する情報開示についての調査研究 報告書(2019年3月)」を一部編集して転載

ます（表4－3）。

こうした多くの基準やガイドラインの整合性を高めるプロジェクトも進められています。既述のCDP、GRI、SASB、IIRCや、世界的なフレームワークを構築して企業の気候変動情報開示の標準化を目指すCDSB（Climate Disclosure Standards Board）などが参加する協働組織CRD（Corporate Reporting Dialogue）が、2019年より2年間実施している「Better Alignment Project」は、各フレームワークは維持したままで、ESG情報開示基準等の共通点・差異を明確化し、重複する部分の整合性を高めるためのプロジェクトです。

これと同様に、ESG情報開示が進んでいる企業の多くは、様々な基準やガイドラインの共通点に着目し、それに該当する情報を積極的に開示する傾向にあるとみられます。投資家によっても求める情報やその評価方法は異なるため、まずは共通点を重視して情報開示を進めることが効果的といえるでしょう。このことは、ESGインデックス向けの情報開示にも当てはまります。

評価会社への対応で現場は疲弊

よりテクニカルな話として、企業のESG情報開示担当者が、毎年多くのESG評価会社から送られてくる調査票への回答に四苦八苦しているという現実があることにも触れておきましょう。企業がウェブサイトや各種報告書で開示している情報のみに基づいて評価を行う評価会社もある一方で、何百という質問項目からなるアンケート用紙を企業に送り、その回答内容によって評価を行う評価会社もあります。主要な評価会社のアンケートに回答するだけでも、合計で千以上の項目を埋めなければならず、人事関連など担当部署では通常把握していない情報を関連部署から収集することが必要になってきます。大企業であってもＥＳＧ担当部署はごく少人数で運用している企業も多く、そうするとＥＳＧ評価会社の対応だけで多くの時間を割き、それだけで疲弊してしまうという現場の話も耳にします。

企業のＥＳＧ対応の本質は、ＥＳＧインデックスの構成銘柄として組み入れてもらうことでも、レーティングを上げることでもありません。しかし、ＥＳＧ評価を上げることで、中長期の投資家から投資対象として選ばれる銘柄となることが、企業のＥＳＧへの取り組みのインセンティブとなり、ひいては企業価値の向上につながるのであれば、効率的な情報開示は不可欠ともいえます。

企業に求められるＥＳＧ対応

ＥＳＧに関する様々な基準やフレームワークにおいて共通に求められる情報をウェブサイトや各種報告書で当然の事項として開示することに加えて、グローバルな社会課題に常に関心を向けておくことは、何といっても重要です。ＥＳＧインデックスが参照する項目やフレームワークの内容も、経済・社会情勢の変化に合わせて変わっていきますが、その変化にアンテナを張り、企業として責任ある対応を適時に行うことは、リスクを低減・予防し、ビジネス機会を広げ、広範なステークホルダーから評価に値する企業であると受け入れられることにつながります。

たとえば、**海洋プラスチック**の問題は、２０１９年に日本でも非常に注目されました。これは、２０１８年６月にカナダで開催されたＧ７シャルルボワ・サミットにおいて「海洋プラスチック憲章」が発表されたことがきっかけとなりましたが、海洋プラスチックはそれより3年以上前、２０１５年1月の世界経済フォーラムで徹底的に議論されていたテーマでした。以前はＥＳＧ評価の対象とならなかったプラスチック削減への取り組みが、一気に大きな関心事となりましたが、企業としてそれからようやく取り組みを始めたのでは遅いといえるでしょう。

それでは、企業がこれから社会課題を先読みして対応すべきＥＳＧ課題には、どのようなものがあるでしょうか。

２０１８〜２０１９年の時点であれば、まず**気候変動**を挙げたでしょう。しかし、気候変動問題は今や世界中で大きな関心を集めています。ＧＨＧ排出量を計測する、ＴＣＦＤやＲＥ１００など気候変動に関するイニシアチブに参加する、といった対策ができるのは一部の大手企業に限られるとしても、もはや企業が気候変動問題に関心を払わないことは、いかなる規模でもありえないといっても過言ではありません。

その他の重要なＥＳＧ課題として、本章ではビジネスと人権、ダイバーシティとジェンダー平等、そして２０２０年の世界の最も大きな関心事である**新型コロナウイルス感染症（COVID-19）**を取り上げます。つまり、既に関心が高く、取り組み内容を具体的に把握しやすい環境・気候変動（Ｅ）や、法規制の遵守という点である程度の水準で対応できているガバナンス（Ｇ）に比べて、日本では取り組みが遅れているとされる社会（Ｓ）に関する課題です。

ビジネスと人権

ビジネスと人権の詳細については第6章で述べるため、ここではごく簡単に触れるに留めますが、ESGにおいて最も注目が高まっているテーマといえます。企業が事業を行う上で、製造や販売、顧客へのサービス提供といった直接の活動だけでなく、原料の生産、調達、広告、廃棄、地域社会との関わりまでも含む長いサプライチェーンにおいて、企業が人権侵害のリスクを認識し、低減し、人権侵害が起きた場合の救済を行うという一連の人権尊重のプロセスは、これからますます求められてくる課題です。ビジネスと人権というテーマが往々にしてESGとともに語られることは、人権リスクと企業の事業活動に内在するリスクが密接に結びついているためでもあります。

ダイバーシティとジェンダー平等

ダイバーシティとジェンダー平等についても詳しくは第7章で述べますが、ESGとの関連では、企業において積極的にダイバーシティ&インクルージョン（D&I）やジェンダー平等、女性のエンパワーメントを推進することは、企業の競争力を高めることにもつながるという観点から、ますますその重要性が高まっていることに触れておきます。多くの企業で多様性の尊重の必要性を自覚しはじめており、またコーポレートガバナンス・コードやESG評価の項目にD&Iの要素は当然のように入ってきています。企業にとって、D&Iやジェンダー平等は気候変動と同じくらい重要な、死活問題ともいえる課題です。D&Iの推進は、たんにそれ自体が企業のESG評価に直結するというだけでなく、多様性が組織を強くしイノベーションが生まれやすい環境をつくるという意味で、ビジネス機会や長期的な企業価値向上にもつながる、決して避けて通れないテーマとなっています。

コロナ禍・コロナ後のESG

今最も注目されているのが、新型コロナウイルスの影響を受けた企業がいかに責任ある行動をとるか、という話題です。感染拡大により生産ラインの稼働が停止し、オフィスへの出勤が制限され、企業によっては売上に大きなダメージを受ける中、経営層がいかに従業員の労働条件や賃金確保を優先し、従業員や顧客・消費者の安心・安全に配慮し、柔軟な働き方を実現できる環境を提供できるか、またサプライヤーや取引先への負の影響をいかに回避するかといった、利益追求だけではなく社会的責任を果たす姿勢が問われています。すなわち、2020年の初めにはESGの最大の関心事であった環境（E）に代わって、**社会（S）が最も重視される局面**にあるといえます。

おそらく企業の多くは、これまで取り組んできたESG活動をいったん保留せざるを得ないほど、通常の事業活動に戻ることに多くのエネルギーを費やすことになるでしょう。一方、企業だけでなく投資家の側にも、この全世界を巻き込み、深刻な経済の停滞を招く可能性のある重大な出来事を前に、短期的なリターンの追求ではなく、長期的かつグローバルな視点での経済と市場の安定に寄与する投資行動が求められています。そのような状況で、配当の支払いや自社株買いを控えて財務の安定を維持することを一部の機関投資家が容認する動きも出ています。同時に企業側には、組織の管理体制のあり方や役員報酬の見直しも必要になってくるでしょう。これまで主流であった株主資本主義から、SDGs／ESG時代に求められるステークホルダー資本主義への流れが、今コロナを一つのきっかけとして加速することも期待されます。

他方、環境への取り組みも、もちろん疎かにしてはいけません。コロナ後の復興について語る文脈で、「グリーンリカバリー」という言葉をよく耳にするようになりました。コロナ危機で停滞した経済・社会を立て直すことだけが重視されると、これまでの環境対策を含む持続可能性への取り組みが後回しにされてしまうことに危機感を覚え、気候変動を抑制し、生態系を守ることなどに配慮しながら復旧させようというのが、グリーンリカバリーの考え方です。図らずも経済活動が縮小され、人々の国内外の移動が激減した結果、CO_2排出量や廃棄物の量は削減され、大気汚染も大幅に改善されているようです。しかしその半面、たとえばプラスチックなど資源のリサイクル活動が停滞するなど、環境対策がどうしても後回しになってしまうことに対する懸念から、環境を守りながら持続可能な経済へ移行しようという、国や地域ぐるみの対応が叫ばれ始めています。

欧州では以前から経済と環境の両立が常に問われてきましたが、欧州委員会（ＥＵ）では２０１９年末に、２０５０年までにＥＵ域内のＧＨＧ排出をゼロにすることや、資源を有効利用すると同時に、より競争力のある経済を目指すことなどを盛り込んだ「欧州グリーンディール」を最優先政策として掲げていました。[21] これをベースとして、２０２０年5月には、２０２１～２０２７年の１・１兆ユーロの多年次予算と７５００億ユーロの「次世代ＥＵ」復興基金の創設を組み合わせた、新型コロナ危機からの復興計画の草案が発表されました。その後7月半ばに、ＥＵ首脳会議においてこの計画案に対する合意がなされています。

そもそも新型コロナウイルスなど新たな感染症のパンデミックの裏には、環境破壊や生態系の破壊、地球温暖化などがあるといわれています。収束までどれくらいかかるかわからない新型コロナウイルスや、これから発生しうる新たな感染症の脅威を前に、私たちはこれまで数十億年かけて形成されてきた地球環境を、その歴史からみればほんの一瞬のうちに破壊し汚染したことの結果を、振り返り改善すべきときにきています。そのための有効な指標の一つとなるのがＥＳＧであり、生活様式や働き方だけでなく、価値観そのものが大きく変わりつつある現在、より長期的な視点での価値創造について考えてみる絶好のタイミングではないでしょうか。

ＥＳＧと企業価値

これまでＥＳＧ投資と企業のＥＳＧへの取り組みについて述べてきましたが、はたしてＥＳＧに取り組めば企業価値（特に上場企業にとっては株価）が上がるのか、ということは、企業としては最も気になる点でしょう。これについては、まだ定量的に有為な関連性は示すことができない、というのが残念ながら現状です。

ＧＰＩＦが２０２０年8月に公表した２０１９年度ＥＳＧ活動報告によると、[22] ２０１７〜２０１９年度の3年間で、選定された五つのＥＳＧ指数すべてのパフォーマンスが市場平均を上回る結果となりました（表４－４）。ただし、これは3年間という短期間の結果であり、特に長期的な価値向上に注目するＥＳＧに関しては、もう少し長いトラックレコードを見た上で検証される必要があります。

一方、日本株で運用する投資信託について、ＥＳＧ評価の高さとリターンが密接に関係していることがわかった、という調査結果も発表されています。ＱＵＩＣＫ資産運用研究所の調査[23]では、２７０本の投信を対象に、決算日時点のＥＳＧスコアを計算してグループ分けし、グループごとに過去5年、10年リターンの平均を算出したところ、Ｅ、Ｓ、Ｇの各要素別の相関性のばらつきはあるものの、全体的にＥＳＧスコアが高いほど平均リターンが改善している傾向がみられたといい

表4-4──GPIFが選定したESG5指数の収益率(2017年4月〜2020年3月)(年率換算後)

国内株式

	指数収益率			超過収益率	
	当該指数(a)	親指数(b)	TOPIX(c)	親指数(a-b)	TOPIX(a-c)
①MSCIジャパンESGセレクト・リーダーズ指数	2.24%	0.09%	-0.14%	2.15%	2.38%
②MSCI日本株女性活躍指数	1.99%	0.17%	-0.14%	1.82%	2.13%
③FTSE Blossom Japan Index	0.15%	0.08%	-0.14%	0.07%	0.29%
④S&P/JPXカーボン・エフィシェント指数	0.10%	-0.14%	-0.14%	0.24%	0.24%

外国株式

	指数収益率			超過収益率	
	当該指数(a)	親指数(b)	MSCI ACWI除く日本(c)	親指数(a-b)	MSCI ACWI除く日本(a-c)
⑤S&Pグローバル・カーボン・エフィシエント大中型株指数(除く日本)	1.28%	1.13%	0.92%	0.15%	0.36%

出所:GPIF「2019年度ESG活動報告」より転載して作成

ます。また、オックスフォード大学のスミス企業環境スクール（Smith School of Enterprise and the Environment）が2020年6月に発表した論文では、企業のESGパフォーマンスの向上が、その企業が本社を置く国の一人当たりGDPの成長に寄与することがわかった、つまりESGはマクロ経済にも影響を与えうる、という報告がなされています。(24)

こうした調査はもう少し長期の結果を待つ必要がありますが、少なくとも中長期的な事業のあり方について、自社だけではなく広範なステークホルダーの利益も含めて考えることのできる企業は、企業価値を向上させるポテンシャルを持つことは間違いありません。

すべての企業にとってのESG

本章ではおもに株式投資の観点からESGについて述べましたが、ESG債券や地域金融におけるESG融資なども、ますますその重要性を増しています。環境に配慮したプロジェクトに紐づいたグリーンボンド、その他様々なESG関連事業のファイナンスとしてのESG債、サステナビリティ債といったものが次々と発行され、市場規模も急拡大しています。また、新型コロナウイルス対策を掲げるコロナ債の世界における発行額は、2020年6月時点で13兆円規模に達するといわれています。ESG金融の地平は、企業だけでなく国や自治体、国際機関、その他様々な組織を巻

図4-10── 企業のESG対応は継続的な取り組みが重要

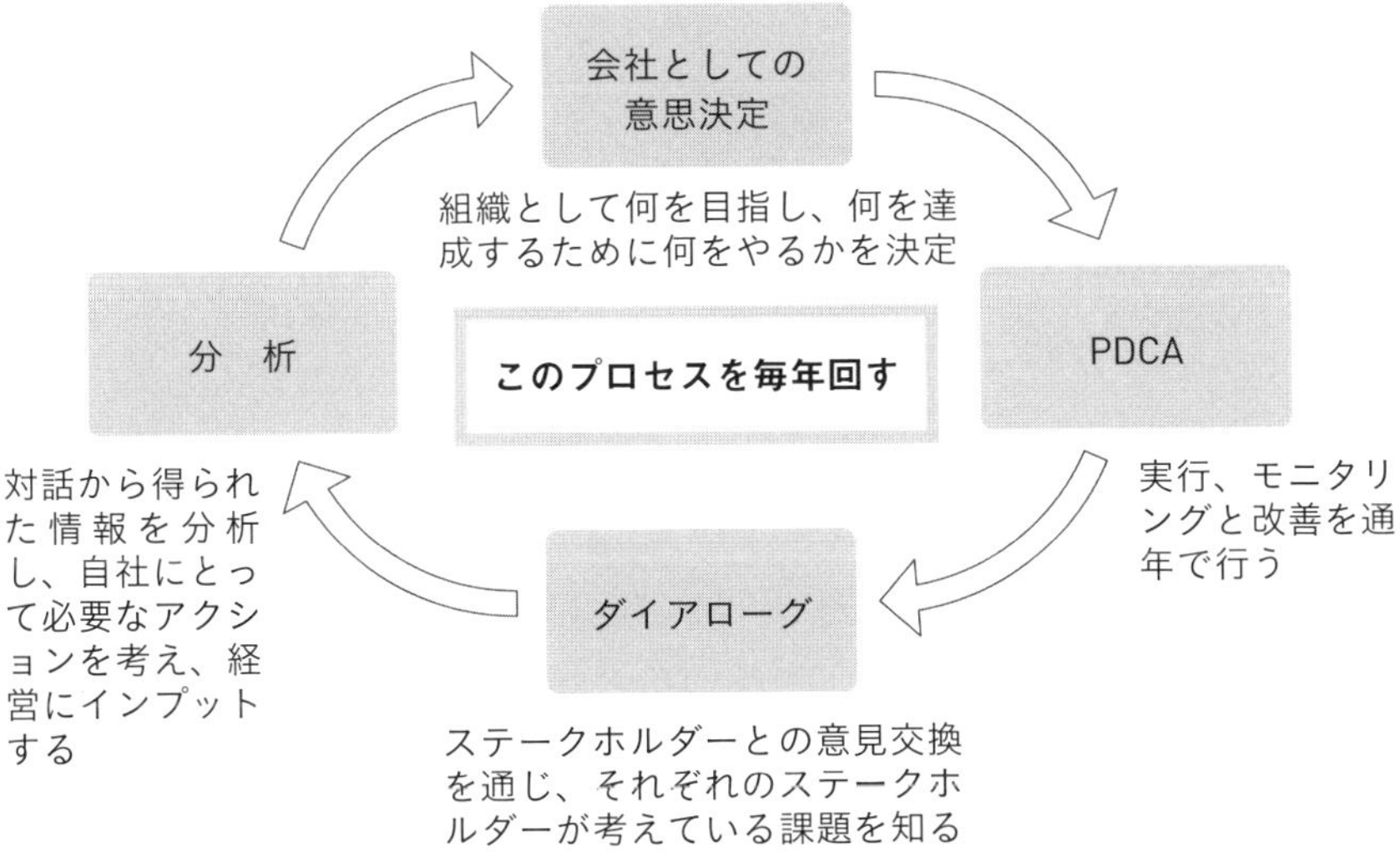
会社としての
意思決定
組織として何を目指し、何を達
成するために何をやるかを決定
PDCA
実行、モニタリングと改善を通年で行う
ダイアローグ
ステークホルダーとの意見交換を通じ、それぞれのステークホルダーが考えている課題を知る
分析
対話から得られた情報を分析し、自社にとって必要なアクションを考え、経営にインプットする
このプロセスを毎年回す

き込みながら、これからさらに広がっていくことでしょう。

ESGは上場企業や大きな組織だけの問題と考えられがちですが、企業価値は株価や債券格付のみで測られるものではなく、広くステークホルダーとの関係性に基づく評価といった観点からも参照される要素となりえます。どのような規模や業態の企業であっても、取引先や就職先として選ばれる場合に、その企業が今後数十年、百年と続いていくかという視点で見られるはずです。

ESGに配慮した経営や事業活動は、すなわち、長期のビジョンとパーパスをもって意思決定を行い、実行とモニタリングを実施し、ステークホルダーとの対話を通じて課題を知り、分析して対処しアクションを起こす、それをさらなる意思決定につなげていくという、一連のサイクルから生まれるものです。すべての企業がそのことを意識するためのヒントを与えてくれるのが、ＥＳＧ投資とＥＳＧ経営の考え方であるといえます。

1 GSIA "Trends Report 2018"
http://www.gsi-alliance.org/trends-report-2018/

2 PRI "About the PRI"
https://www.unpri.org/about-the-pri

3 The Global Compact "Who Cares Wins"
https://www.unepfi.org/fileadmin/events/2004/stocks/who_cares_wins_global_compact_2004.pdf

4 国連広報センター（UNIC）プレスリリース「国連グローバル・コンパクト　投資会社、GCサミットで社会・環境面での企業実績の考慮を支持」（2004年7月8日）
https://www.unic.or.jp/news_press/features_backgrounders/1019/

5 **トリプルボトムライン**　企業の決算書の最終行に記載される損益の最終結果を指し、従来は企業の価値は財務的なパフォーマンスのみで評価されていたが、環境と社会の要素を加えた三つの側面から評価すべきという考え。

6 **UNEP FI**　国連環境計画（UNEP）と世界の金融セクターの固有のパートナーシップで、「持続可能な発展」宣言に署名した200社以上の金融機関等と協力し、サステナビリティと財務パフォーマンスの関係性の発展・促進に努めている機関。

7 Freshfields Bruckhaus Deringer "A Legal Framework for the Integration of Environmental, Social and Governance Issues into Institutional Investment"（2005年10月）
https://www.unepfi.org/fileadmin/documents/freshfields_legal_resp_20051123.pdf

8 UNGC、PRI、UNEP FI「21世紀の受託者責任」
https://www.unepfi.org/fileadmin/documents/fiduciary_duty_21st_century_jp.pdf

9 日興アセットマネジメント「日興エコファンド」
https://www.nikkoam.com/products/detail/252263

10 SAMPOアセットマネジメント「損保ジャパン・グリーン・オープン（愛称 ぶなの森）」
https://www.sompo-am.co.jp/fund/0878/

11 環境省「社会的責任投資ファンド及び環境配慮企業の株価動向調査報告書」（2017年6月）
https://www.env.go.jp/policy/kinyu/rep_h1706.pdf

12 経済産業省「持続的成長への競争力とインセンティブ〜企業と投資家の望ましい関係構築〜」プロジェクト 最終報告書（伊藤レポート）（2014年8月）

https://www.meti.go.jp/policy/economy/keiei_innovation/kigyoukaikei/pdf/itoreport.pdf
13 伊藤レポート２・０ 持続的成長に向けた長期投資（ＥＳＧ・無形資産投資）研究会報告書（２０１７年10月26日）
https://www.meti.go.jp/press/2017/10/20171026001/20171026001-1.pdf
14 ＧＰＩＦ「２０１９年度業務概況書」
https://www.gpif.go.jp/operation/annual_report_2019_q4__jp.pdf
15 PRI Discussion Paper "How Can a Passive Investor Be a Responsible Investor?"（２０１９年８月）
https://www.unpri.org/download?ac=6729
16 iShares by BlackRock "An Evolution in ESG Indexing"
https://www.ishares.com/us/literature/whitepaper/an-evolution-in-esg-indexing.pdf
17 SustainAbility "Rate the Raters 2020: Investor Survey and Interview Results"
https://sustainability.com/wp-content/uploads/2020/03/sustainability-ratetheraters2020-report.pdf
18 ISS "ISS ESG Launches New SDG Impact Rating"（２０２０年５月５日）
https://www.issgovernance.com/iss-ESG-launches-new-sdg-impact-rating/
19 ＧＰＩＦ「２０１９年度業務概況書会見」（２０２０年７月３日）
https://www.gpif.go.jp/operation/annual_2019_kaiken_shiryou_jp.pdf
20 ディスクロージャー＆ＩＲ総合研究所「統合報告書発行状況調査２０１９ 最終報告」
https://rid.takara-printing.jp/res/report/uploads/2020/02/200226_report.pdf
21 European Commission "A European Green Deal"
https://ec.europa.eu/info/strategy/priorities-2019-2024/european-green-deal_en
22 ＧＰＩＦ「２０１９年度ＥＳＧ活動報告」
https://www.gpif.go.jp/investment/GPIF_ESGReport_FY2019_J.pdf
23 「ＥＳＧ評価と運用成績の関係は 日本株投信で検証」（日本経済新聞、２０２０年６月24日）
24 Oxford Sustainable Finance Programme, Smith School of Enterprise and the Environment, University of Oxford, Working Paper No. 20-03 "The Effect of Firm-level ESG Practices on Macroeconomic Performance"
https://www.smithschool.ox.ac.uk/publications/wpapers/workingpaper20-03.pdf

サンゴの白化現象は、温暖化による高水温が一因と
考えられている（写真は宮古島で撮影された白化現象）。

第5章

SDGsの視点から考える気候変動

【写真：古見きゅう/アフロ】

気候変動——人類史に突如生じた緊急課題

ホモ・サピエンスの特異な人口爆発

最初に面白い数字を紹介しましょう。

現在、地球上では75億人から80億人が今この瞬間に生きています。では、人類が誕生してから今日まで、地球上で暮らしてきた人々の人口を累計すると、いったいどれくらいになるのか想像がつくでしょうか。この数字に関しては諸説あるものの、Population Reference Bureauの推計によると、１０００億人超[1]といわれています。もし事実だとすると、人類史の中で１０００億分の75億、実に７％以上の人々が今を生きていることになります。

地球上で栄えた種として、人類は非常に特殊な増え方をしています。図５－１にあるように、人口が少しずつ増えはじめたのは西暦が始まってからで、18世紀の産業革命を境に爆発的に増加し、

図5-1—— 人類の人口推移

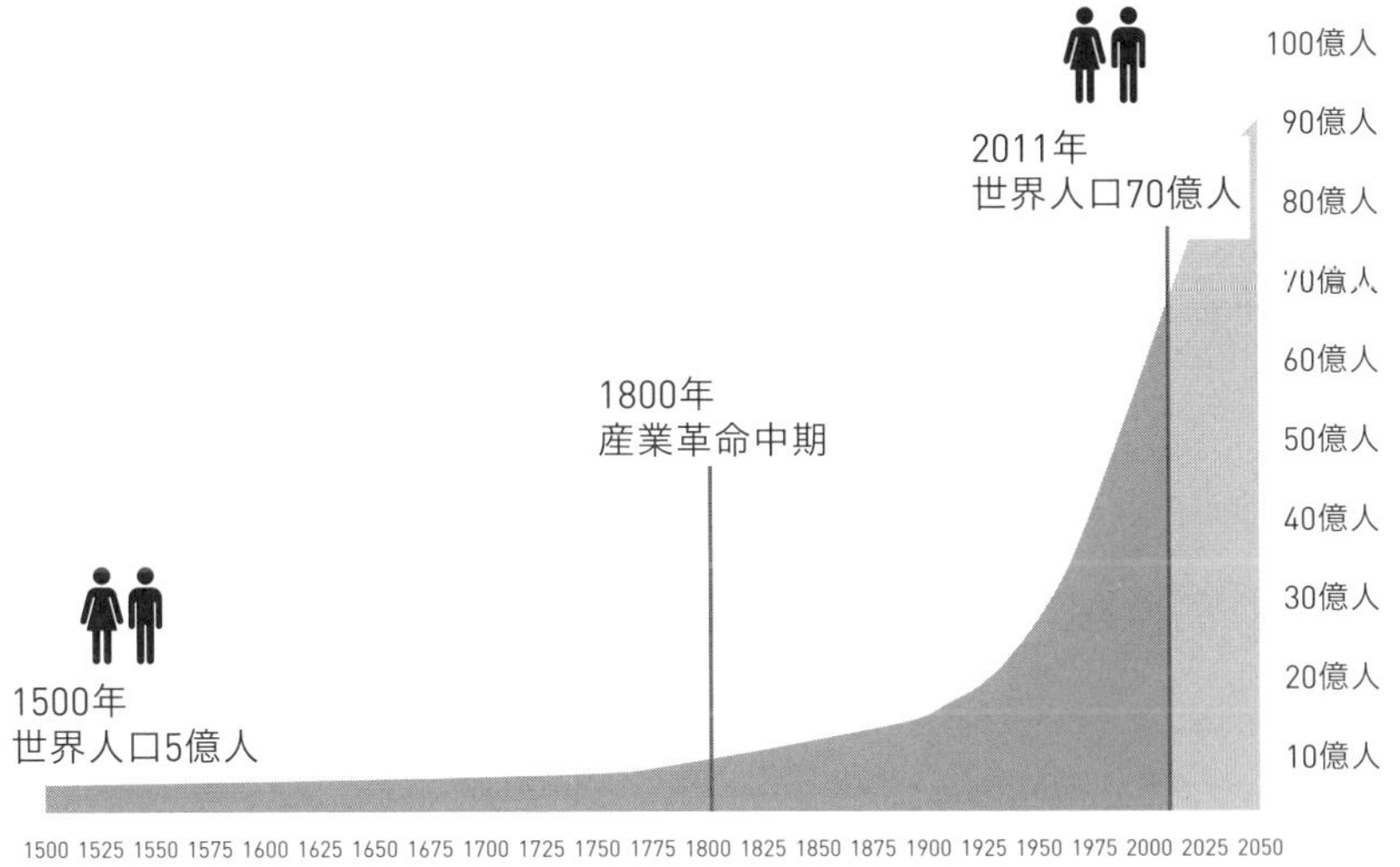

出所：Virginia Magazine"Over Seven Billion Served"
（https://uvamagazine.org/articles/over_seven_billion_served）より転載し、一部編集して作成

そして現在は75億人に達しています。[2] つまり、人類の長い歴史の最後のわずか200年ほどの間、そのうちでも特にここ**100年の間に急速な人口爆発**が起こっているというわけです。

200年前までは、地球上の環境は人類と共存し、循環を生み出し、安定していたといわれていますが、急激に増えた人類が今まさに地球にダメージを与えているのです。

少し具体的に考えてみましょう。国連気候変動に関する政府間パネル（Intergovernmental Panel on Climate Change；IPCC）[3]の第5次評価報告書（2013年）に基づく気象庁の分析[4]によると、最終氷期が終了した約1万年前から産業革命以前までは、人類をはじめとする生物由来の二酸化炭素（CO_2）が1年あたり9億トンほど海に流入していたとされます。そこから堆積物として地中に沈殿

するのが2億トン、大気中にもう一度放出されるのが7億トンです（図5－2のグレーの矢印）。およそ1万年の間、CO_2は大体そのようなペースで安定して循環していました。

産業革命以降のCO_2の過剰な増加

ところが、産業革命以降の状況はというと、以前から排出されていた9億トンに加え、化石燃料の燃焼およびセメント製造により排出されるCO_2が78億トン、農地拡大等による土地利用の変化（森林破壊）により排出されるCO_2が11億トン、これらを合わせた**89億トンの人為起源CO_2**が毎年排出されています。産業革命以前からの増加量89億トンのうち、26億トンが森林や土壌に、23億トンが海洋に、新たに吸収されてきた計算となります。

このように森林の光合成活動や海洋の生物活動を通じた自然の浄化能力を最大限活用しても、残りのCO_2はどうしても大気中に残留してしまいます。産業革命以前からの増加量は年間40億トン、2011年までの総計だと実に2400億トンに上ります。大気中のCO_2の濃度が増えると温室効果が高まり、地球の平均気温が上昇します。一方、大量のCO_2を吸収した海洋は水素イオン濃度（pH）が低下して酸性化が進みます。

図5-2―― 人為起源CO_2の循環

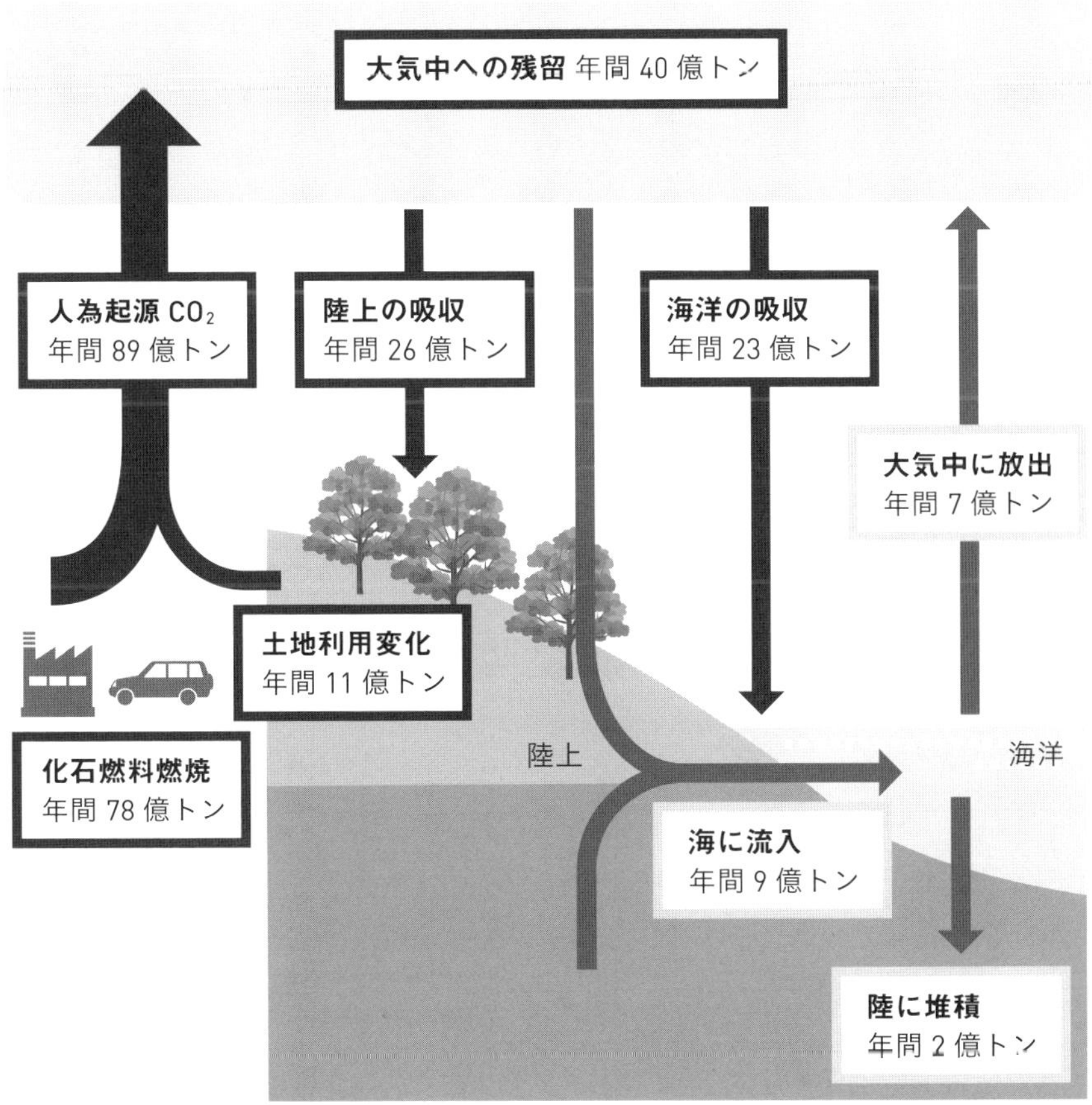

※各数値は炭素重量に換算したもので、グレーの矢印及び数値は産業革命前の状態を、黒の矢印及び数値は産業活動に伴い変化した量を表している。2000～2009年の平均値（億トン炭素）を1年あたりの値で表している。

出所：IPCC（2013）より、気象庁「海洋の炭素循環」（https://www.data.jma.go.jp/gmd/kaiyou/db/mar_env/knowledge/global_co2_flux/carbon_cycle.html）が作成した図を転載して作成

なぜ、2度上昇すると壊滅的なのか

今、気候変動への取り組みにおいて、「2度目標」または「1・5度目標」が共通認識となっています。これは、後述するパリ協定での合意に基づいていますが、**地球の平均気温が2度上昇することは「壊滅的」**といわれています。それはなぜでしょうか。ひょっとすると、2度ぐらいであれば温かくなっても大丈夫ではないかと思う人もいるかもしれません。

よく挙げられる理由は、海面上昇のリスクが上がることです。気温が2度上がると、グリーンランドや南極などの氷が溶けて海面が上昇するため、海抜の低い島国などは水没してしまう可能性が問題視されています。あるいは、温暖化が進むと強大な台風やハリケーンの出現数が増加することを懸念する説もあります。ただ、これらの理由はやや説得力に欠けます。というのは、確かにそうした懸念が現実化すれば、人々に甚大な被害を与えかねず、また住民たちは移住の必要を迫られるかもしれませんが、種の存続に関わるほど壊滅的とはいい難いからです。

壊滅的とされる理由は、突き詰めると次の点にたどり着きます。

それは、「平均気温が2度上がると植物が死滅してしまい、生態系を破壊するため」というものです。たとえば、IPCCの調査によると、2度上がると地球上の99%のサンゴ礁が死滅するといわれています。サンゴは海洋生物の3分の1ほどの生存基盤となっている(5)ため、サンゴの死滅によ

図5-3── 2度の気温上昇における影響

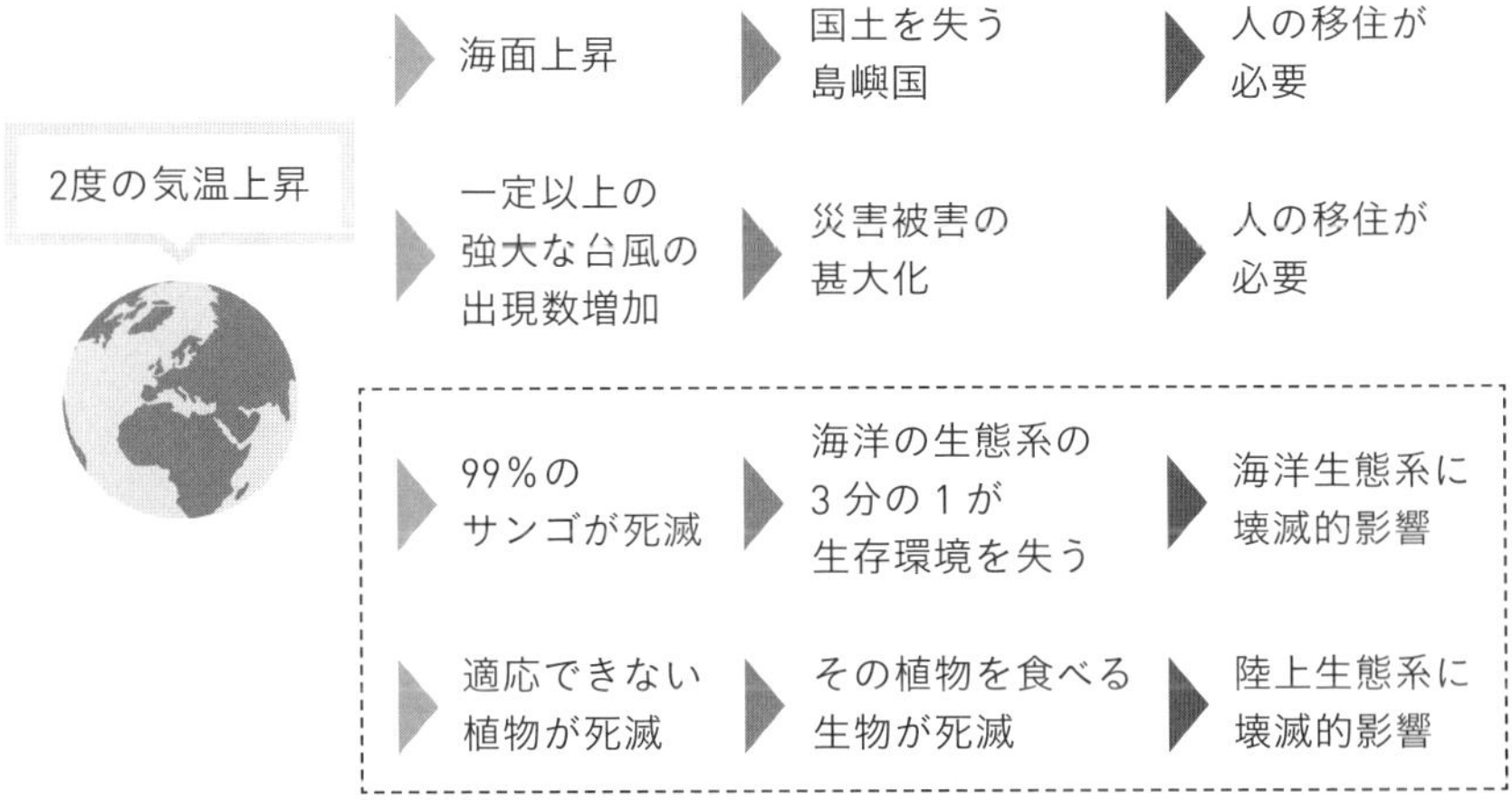

りそれらの生物の生存環境が失われるわけです。

つまり、2度上昇することで、海洋生態系に壊滅的な影響を与えます。陸も同様です。動物と違い、植物は移動することができないため、温暖化に適応することができません。サンゴと同様、徐々に温暖化の影響を受け、中には死滅してしまう植物も出てきます。日本では、冷温帯の代表的な樹木であるブナの林は温暖化により大幅に減少することが懸念されています。当然、そうした植物に依存していた生物の生存環境も脅かされます。逆に暖温帯林が拡大することも、陸上の生態系に影響を与えることになります（図5－3）。

　つまり、サンゴや植物など自ら移動できない生物は、温暖化によって甚大な被害を受けます。気温が2度上がってしまうと、陸と海の動けない生物が何十世代にわたって影響を受け続けます。これが壊滅的といわれる第一の理由です。IPPC

の報告書においても、一番の問題は陸と海の生態系が破壊されて人間が生存できる環境がなくなってしまうことだといわれています。(6)

SDGsにおいて「緊急対策」とされる気候変動

気候変動や温暖化の問題は、SDGsの目標13で「気候変動とその影響に立ち向かうため、緊急対策を取る」と掲げられています。「緊急対策」とあるように、気候変動はもはや長期的な課題ではなく、影響が顕在化しつつある今、すぐに取り組まなければならない問題といえます。また、目標7「すべての人々に手ごろで信頼でき、持続可能かつ近代的なエネルギーへのアクセスを確保する」では、直接的には触れていないものの、温室効果ガス（GHG）を出さないような効率的なエネルギーの必要性が訴えられているなど、気候変動に関連したターゲットは複数にわたって記載されています。

気候変動への取り組みは、もちろんSDGs策定よりずっと以前から行われてきました。1994年3月に発効した**気候変動枠組条約**（気候変動に関する国際連合枠組条約：UNFCCC）は、大気中のGHGの濃度の安定化を究極的な目的として、地球温暖化がもたらす様々な悪影響を防止するための国際的な枠組みを定めた条約です。この条約に基づいて、1995年から2019

年まで毎年、計25回の**締約国会議（COP）**が行われてきました。先進国におけるGHGの削減率を国別に定めた**京都議定書**は1997年に開催されたCOP3で採択され、後述する**パリ協定**は、SDGs採択と同じ2015年に開催されたCOP21で合意に至ったものです。2019年にマドリードで開催されたCOP25は、スウェーデン出身の15歳の環境活動家グレタ・トゥーンベリさんがヨットで大西洋を横断して参加したことでも話題になりました。

図5-4── COP25で発言する環境活動家グレタ・トゥーンベリさん

写真：Science Photo Library/アフロ

課題の解決に向けた動きとパリ協定

「2度以上」の要因を考える

地球や人類にとって非常に大きな課題である気候変動への世界的な危機感の広がりを受け、2015年のCOP21において合意されたパリ協定では、次のような世界共通の長期目標が示されました。

パリ協定の長期目標

①世界の平均気温上昇を産業革命以前に比べて2度より十分低く保ち、1・5度に抑える努力をする

図5-5―― GHG総排出量に占めるガスの種類別の割合

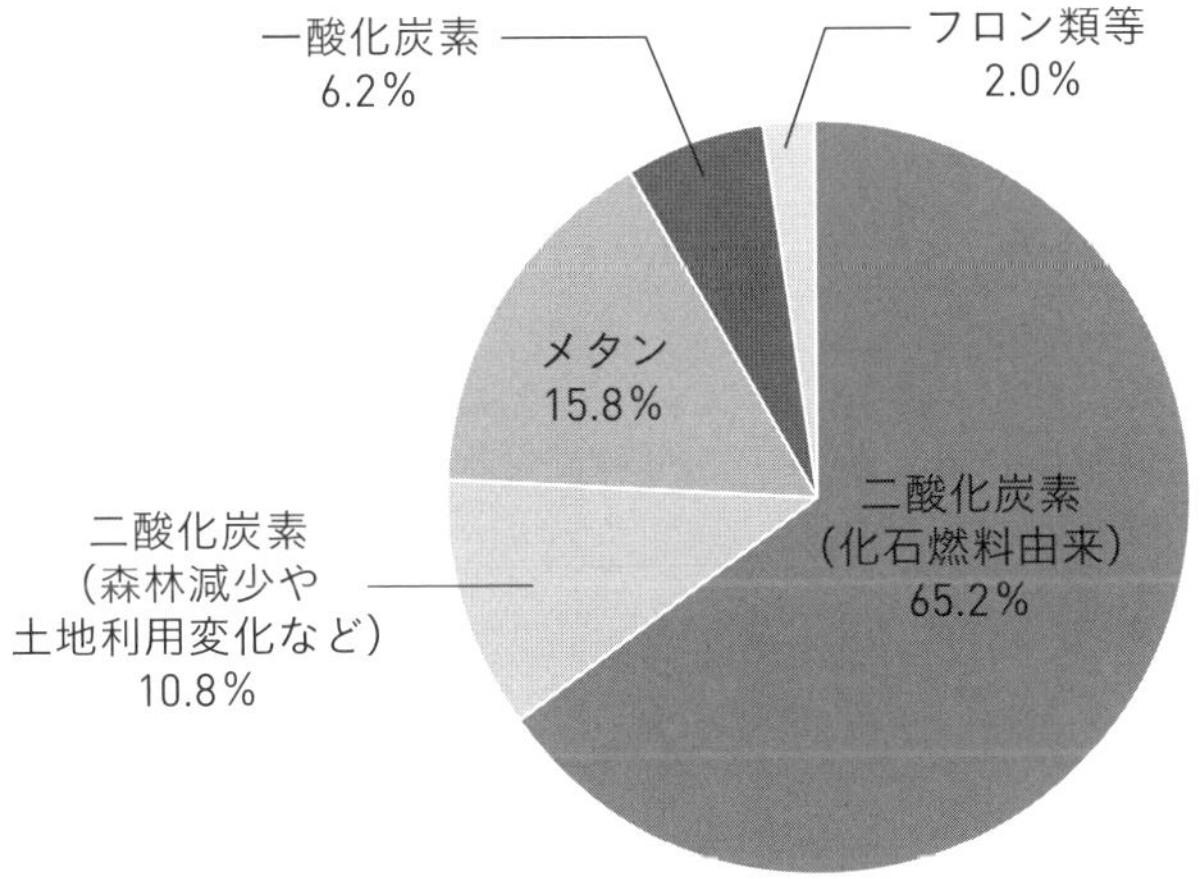

出所：気象庁「温室効果ガスの種類」（https://www.data.jma.go.jp/cpdinfo/chishiki_ondanka/p04.html）より転載して作成

②そのため、できるかぎり早く世界のGHG排出量をピークアウトし、21世紀後半には、GHG排出量と（森林などによる）吸収量のバランスをとる

これに日本や当時オバマ政権下だった米国も含め、世界約200カ国が合意して成立しました（その後トランプ政権となった米国はパリ協定からの脱退を表明しています）。これにより、京都議定書の成立以降、長らく求められてきた、途上国含むすべての参加国に排出削減の努力を求める取り組みが実現しました。これは現状では歴史上最も画期的で、最も具体的な達成目標を示している取り組みであるといえます。

ここで、平均気温が2度上昇する要因を具体的に見ていきましょう。GHGの発生原因の内訳をみると（図5－5）、圧倒的に多いのは、発電のために使用される化石燃料由来のCO_2です。[7]

つまり、発電の際に使われる石炭、石油、液化天然ガス（Liquefied Natural Gas；LNG）等の化石燃料から排出されるCO_2をどう抑えるのかを検討することが、GHGの排出を抑える上で最も根幹となる解決策です。

余談ですが、たとえば畜産牛のゲップやおならなども温暖化要因の一つとなっていて、牛1頭で消化のために1日に320リットルのメタンガスを出すそうです。それを積み上げて計算すると、GHG排出の15・8%を占めるメタンガスのうちの4分の1に相当するそうです。そのため、「肉食をやめよう」「合成肉を作り、もう牛を飼育するのはやめよう」という動きも、根本的な解決策ではないにせよ、一部にあります。

発電のための化石燃料をどう抑えるか

火力や原子力など燃料を使う発電の場合、電気をつくる仕組みはどれも同じです。図5－6にあるように、[8]発電の際には①化石燃料や原子力を使って、②お湯を沸かし、③蒸気でタービンを回します。原子力発電の場合、原子核は核分裂するので、そこから出たエネルギーを直接集めれば電気になるのではないかと考える人がいるかもしれませんが、そうではなく、原子核が核分裂する際に発生した熱を使って、まずお湯を沸かし、タービンを回すという仕組みなのです。

図5-6―― 発電の仕組み

発電の仕組みはどれも同じ

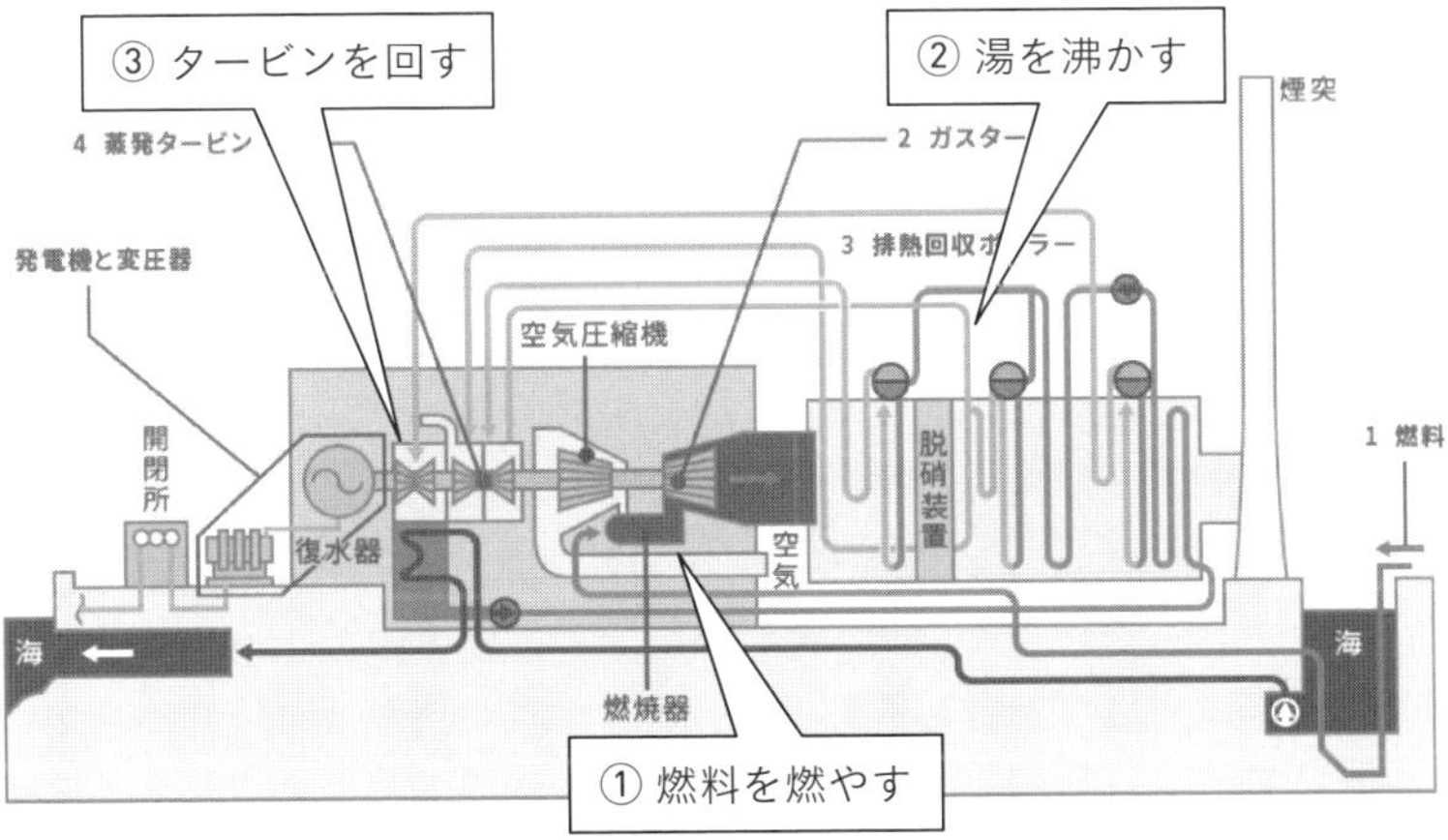

➡ 問題は「元の燃料は何か？」ということ

出所：東京電力「一般的な火力発電のしくみ（ACC発電）」（https://www.tepco.co.jp/electricity/mechanism_and_facilities/power_generation/thermal_power/）より転載し、一部加筆して作成

つまり、ここで問題となるのは「**お湯を沸かすための燃料は何か**」ということです。

先述のように、燃料として圧倒的に多いのは石炭、石油、LNGですが、それぞれ特性が違います。昨今、機関投資家が石炭を使用した事業を行っている企業からの投資引き揚げ（ダイベストメント）を行っていたり、脱石炭に取り組む国や地域が出てきたりしていますが、なぜそのように石炭ばかりがやり玉に挙げられるのでしょうか。その理由は、石炭火力は発電の際に石油の約1・5倍、LNGの約2・5倍のCO_2を排出する上、発電効率（燃料を完全に燃やしたときに出る熱量と実際にできる電力を熱量換算して比べたときの比）もよくないからです。現状、石炭の発電効率は40%ほどであるのに対し、LNGは55%を超えます。また、発電コストの面でも、石炭はLNGよりわずかに低いという程度であるため、燃費の悪さも批判の一因となっています。
しかし、脱石炭が叫ばれる一方で、世界全体を見渡すと、石炭の需要は爆発的に増えています。今、世界で最も石炭を生産している国は中国です。次にインド、米国、インドネシアと続くのですが、中国やインドは、掘っても掘っても人口増に対して燃料供給が足りず、国内需要には追いつかずに輸入までしているのです。[9]
先進国が**再生可能エネルギー（再エネ）**への転換を図ろうとする一方で、アジア、アフリカ等の途上国の石炭需要が大きく増えているため、2035年には非OECD諸国のエネルギー需要のうち化石燃料、特に石炭が爆発的に増えると予測されています。国際エネルギー機関（IEA）によると、全体の発電量・需要量も増加していますが、そのうち石炭、石油、LNGなど化石燃料の需要が上昇しており、現状では全発電量の8割を化石燃料が占めています。他方、再生可能エネルギーは全体のごくわずかしか占めていません。これからどうやって再生可能エネルギーを増やすのか、というとても難しい宿題を私たちは負わされているのです[10]（図5－7）。
今後、先進国と途上国とがどのように同じ目標に向かって、ニーズを満たし合えるかが大きな調整ポイントになっていくでしょう。2018年にポーランドのカトヴィツェで開催されたCOP24では、パリ協定の具体的な実施指針が採択され、途上国がGHGの排出を抑制するために先進国から技術や資金を移転するなどして、先進国と途上国が共通のルールでGHGの削減に取り組むことが決まりました。

図5-7――1990年～2017年までの世界の一次エネルギーの変遷

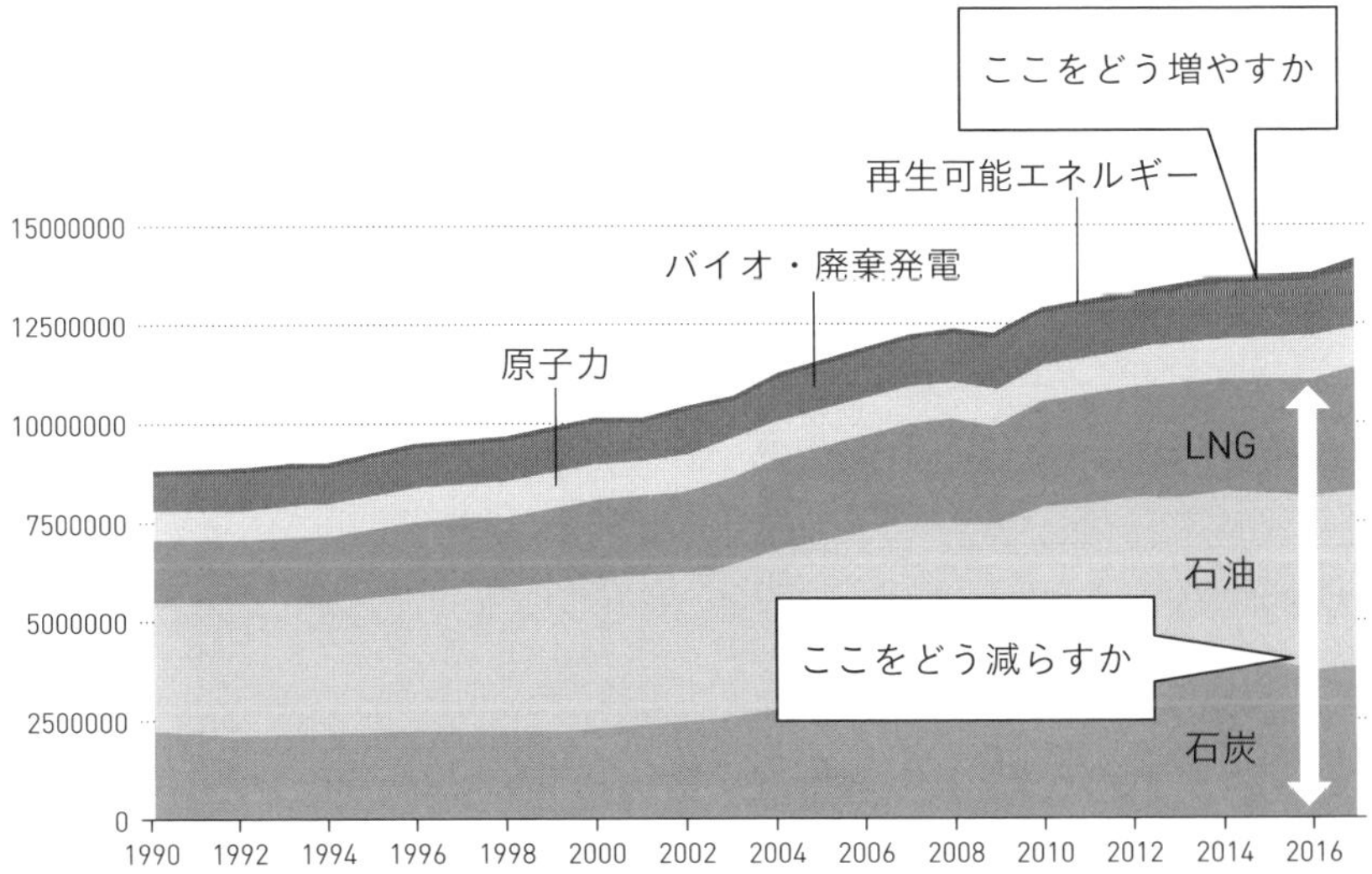

出所：IEAの統計を基に作成

気候変動に取り組むためには、発電を化石燃料から再生可能エネルギーに転換していくことが非常に有効なソリューションとなりますが、再エネ化が現在どこまで進んでいるのかについては、本章末のコラムで紹介します。

反応する企業と資本市場

気候変動に対する先進企業の取り組み

企業はビジネスを通じてどのように気候変動問題に向き合っているのでしょうか。欧米の企業はかなり早い段階から取り組みを始めています。たとえば、ＧＡＦＡＭ（グーグル、アップル、フェイスブック、アマゾン、マイクロソフト）に代表される最先端の企業や、第４章で紹介したＰＲＩなどのイニシアチブに参加している企業などがその好例です。

ＰＲＩが誕生したのと同じ２００６年に、グーグルは自社保有のデータセンターを開設し、そのエネルギー効率化や大規模な再生可能エネルギーの購入契約などを通じて再エネ化に取り組んできました。２０１１年にアップル、２０１２年にグーグルが１００％再エネで事業運営することにコミットしました。それに続いてアマゾンが２０１５年に、フェイスブックが２０１８年に、再エネ

100%にコミットしています。

グーグル、アップル、フェイスブック、マイクロソフトは第3章で紹介したRE100にも参加していますが、マイクロソフトは2014年、グーグルは2017年、アップルは2019年にそれぞれ再エネ100%を達成しました。ここではGAFAMの例を挙げましたが、ほかにも様々な欧米企業が再エネ化に取り組んでおり、感度の高さを感じます。

一方で、米国政府は相反する動きをしています。トランプ大統領は2017年6月1日に、そもそも気候変動はデマであるため振り回される必要はないという理由で、パリ協定からの離脱を表明しました。しかしながら、米国企業が政府に追随しているわけではありません。離脱表明直後から米国経済界の大物たちが相次いで離脱を批判し、離脱宣言から4日後の6月5日には、1200以上の企業・自治体・投資家・教育機関などが集まり、「We Are Still In」（我々はパリ協定に残る）という声明を発表しました。2020年8月現在、4000近くの組織が「We Are Still In」に署名し、真っ向からトランプ政権の方向性に反対するという姿勢を示しています。

なぜこうした企業などの反応が非常に速いかというと、気候変動対策の行動の動機づけが、道義的に地球の環境を守ることというよりは、気候変動の分野で一定のルール形成を行い、競争優位性を築くための戦略の一環として取り組んでいるからだと考えられます。

社会課題への取り組みが普及するプロセス

こうした先進企業による戦略的な動きが世界的に促進されている背景には、国際社会やNGOなど、社会課題に対してアンテナを張っている市民社会からの要請や、資本市場において企業のESGに対する取り組みを評価する投資家のニーズがあります。

このプロセスをもう少し掘り下げて説明しましょう。図5－8は縦軸に国際社会や市民社会の関心度、横軸に長期の機関投資家やESG評価機関など中長期の企業動向に関心のある人たちの関心度をとって、社会課題に対する評価が世の中に浸透するプロセスを、ステージ1からステージ4まで分類したものです。

左下のステージ1は、社会課題としては潜在するものの、その規模や範囲、深刻度から国際社会・市民社会がまだあまり関心を向けていない段階です。ステージ2では、課題の深刻度や影響度に気づいたNGOなどが警鐘を鳴らし、次第に国際社会において議論されるようになってきます。続いて長期投資家やESG評価機関が関心を払い、投資判断の材料やESGインデックスの項目に入ってくるなど、社会課題として広く認識されてくるとステージ3に移動します。そして、課題への対応が法令化されて当然のルールになると、当該課題への注意を喚起し施策を促すという役割を終えた市民社会の関心は少し低下する一方で、長期投資家、ESG評価機関などにとっては引き続き投

図5-8—— 社会課題の評価プロセス

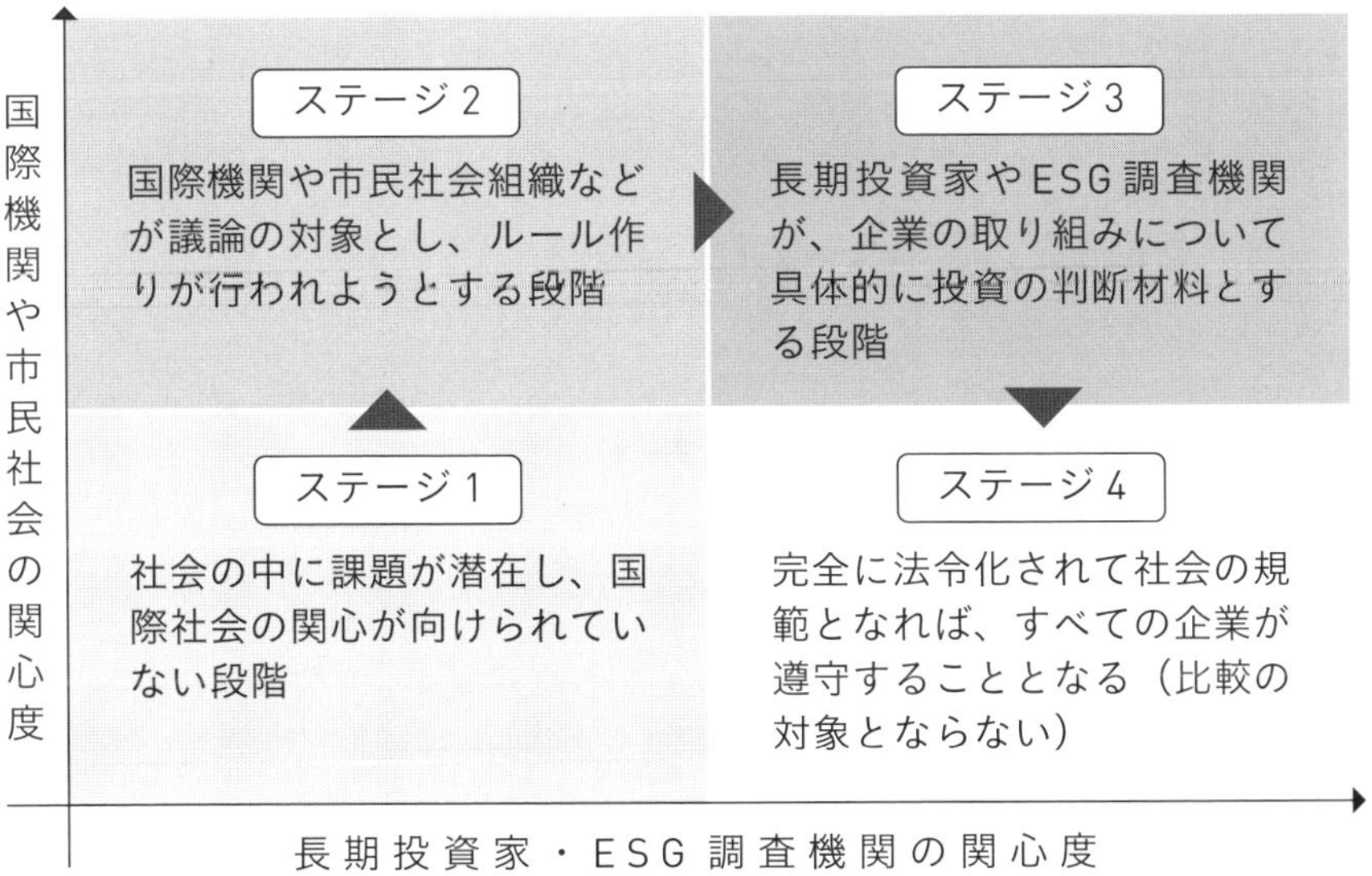

国際機関や市民社会の関心度
ステージ2
国際機関や市民社会組織などが議論の対象とし、ルール作りが行われようとする段階
ステージ3
長期投資家やESG調査機関が、企業の取り組みについて具体的に投資の判断材料とする段階
ステージ1
社会の中に課題が潜在し、国際社会の関心が向けられていない段階
ステージ4
完全に法令化されて社会の規範となれば、すべての企業が遵守することとなる（比較の対象とならない）
長期投資家・ESG調査機関の関心度

資や評価の材料であり続けるという、右下のステージ4の状態になります。

たとえば第6章で詳しく述べるビジネスと人権に関連する課題の多くは、現在ステージ2から3への移行期にあると考えられます。人権デューディリジェンスの実施はESG評価項目の中に入ってきたので、ステージ3と考えられる一方、グリーバンス（苦情処理）メカニズムはまだ一部の先進企業で導入されはじめた状況なので、ステージ2にあるといえます。人工知能（AI）と人権の問題や個人情報保護なども、ステージ2から次第にステージ3に近づいてきているように思われます。

また、女性取締役の有無や女性管理職比率など女性のエンパワーメント、役員報酬の開示などは、ESG投資家にとっては関心の高い項目なので、ステージ3にあります。コーポレート・ガバナン

図5-9―― 評価プロセスに社会課題をプロットする

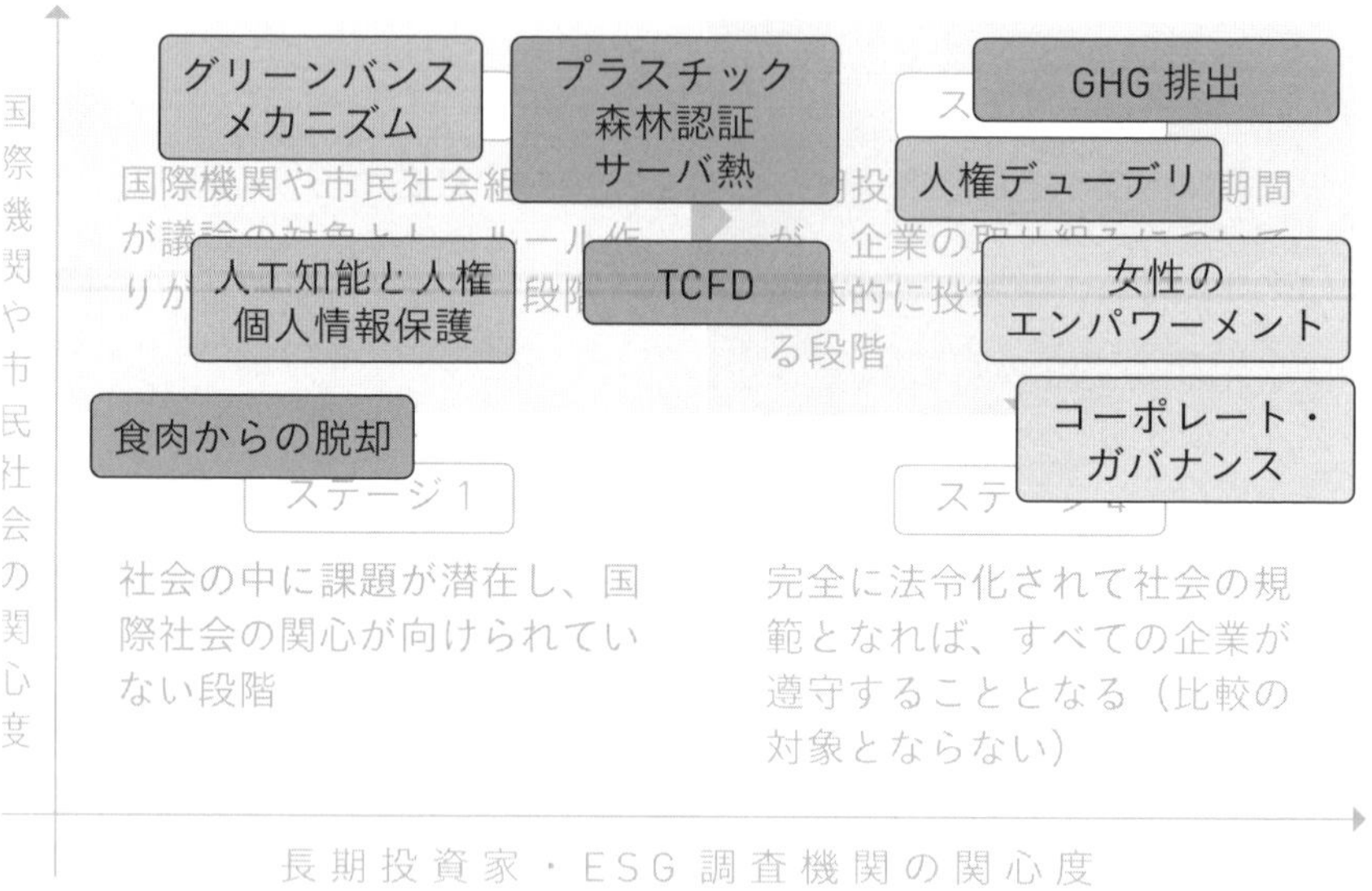

スは既に法規制が整いつつあるので、ステージ3からステージ4に入るところといえます。

対照的に現在、まだESG投資家の高い関心は得ていないものの、NGOなどの関心が極めて高くなっている社会課題に、プラスチック問題、森林認証、コラムで後述するサーバ熱の問題などがあります。これらは、ステージ2とステージ3の間にあります。余談として触れた畜産牛によるメタンガスや肉食からの脱却は、まだステージ1に留まっているといえます。

そして、本章の中心である気候変動やGHG排出の問題は、ステージ3にプロットできます。GHG排出量の測定や規制については、国際機関やNGOが多くの主張をしていて議論が過熱しており、CDP[11]やRE100、後述するSBT(Science Based Targets)などのイニシアチブが組成されているほか、GHGプロトコルという国際的な算定基準がつくられたり、機関投資家の質問項目に組み込まれたり、評価機関が多くのレポートを出したりしています。したがって図の一番右上に配置される課題となります。

機関投資家による石炭火力ダイベストメントの動き

ＧＨＧ排出に対するＥＳＧ投資家の関心が高まる中で、具体的な動きとして、石炭事業や石炭関連企業に対して、機関投資家が投資を引き揚げる、あるいは保険会社が保険の引き受けや投融資を停止するといったダイベストメントの動きが出てきています。石炭を含む化石燃料ダイベストメントへのコミットメントが表明された運用資産の総額は、２０１４年には５２０億ドルだったのに対して、２０１９年には11兆ドルを上回るなど、ダイナミックな広がりを見せています[12]。

最近の例として、２０１９年3月にＢＮＰパリバ・アセットマネジメントが２０２０年から石炭ダイベストメントを強化することを発表しました。また、三菱ＵＦＪフィナンシャル・グループは２０１９年5月、日本のメガバンクで初めて、石炭火力発電所新設への融資を原則禁止することを発表しました。こうした流れの中で、日本の大手商社は相次いで新規石炭火力事業への投資の中止・撤退を発表するなど、企業の対応も求められる時代となってきました。一方、経済産業省は環境負荷を軽減した上で、引き続き石炭火力を重要視しています。また、メガバンクや事業会社の脱石炭の意思表明にしても、実際には進展していないことがNGOから指摘されるなど、日本ではなかなか実務ベースで進んでいない実態があります。

TCFDという画期的なフレームワーク

企業の気候変動問題への取り組みに関する情報開示を促すダイナミックでグローバルな動きも現れています。その代表が、**気候関連財務情報開示タスクフォース**（Task Force on Climate-related Financial Disclosures；**TCFD**）です。

TCFDは、G20の要請を受け、各国の金融関連省庁および中央銀行からなる金融安定理事会（FSB）により、2015年に設立された民間主導のイニシアチブで、ブルームバーグの創業者で前ニューヨーク市長でもあり、ウォールストリートのオピニオンリーダーとして影響力を持つマイケル・ブルームバーグが委員長を務めています。TCFDが2017年6月に公表した最終報告書では、企業等に対し、気候変動関連リスクおよび機会に関する情報開示が提言されました。将来の気候変

図5-10――COP21で温暖化対策の合意を目指すマイケル・ブルームバーグ

写真：ロイター/アフロ

動の動きについては、様々なシナリオがあるわけですが、シナリオごとに各企業がどのくらい損害を被るのか、逆にそれをどのようにチャンスに変えていくのか、企業自身が予測することが求められています。

TCFDは、気候変動という非財務情報を財務情報に変換することを通じて、賛同する企業とそのステークホルダーにとって自分ごと化しやすくした点で画期的です。具体的には、気候変動に関して企業に次の項目について検討し、検討内容を開示することを求めています。

TCFDが企業に求めるもの

- **ガバナンス**：どのような体制で検討し、それを企業経営に反映しているか。
- **戦略**：短期・中期・長期にわたり、企業経営にどのように影響を与えるか。またそれについてどう考えたか。
- **リスク管理**：気候変動のリスクについて、どのように特定、評価し、またそれを低減しようとしているか。
- **指標と目標**：リスクと機会の評価について、どのような指標を用いて判断し、目標への進捗度を評価しているか。(13)

ＴＣＦＤが重要視しているポイントは、「正確なシナリオが描けるか」ということではありません。「気候変動の話は、いつ頃に2度上昇するという想定で語っているのか？」という質問を受けることがありますが、気候変動のように外的要因が多い問題は予測しづらく、将来のある時点の気温上昇が2度になるのか、1・5度になるのか、あるいはそれ以下になるのかは、誰にも明確にはわかりません。企業に求められるのは、平均気温の予測ではなく、予測しうるそれぞれのシナリオに対して、自社が何をどのようにしなければならないかを想像し、対応を検討することです。ＴＣＦＤの意図は、すべての賛同企業が気候変動に対処するためのシナリオを想像して描くことで対応力を強化するところにあるのだと考えられます。

世界経済がより持続的に発展するためには、もちろん気候変動を抑えることも必要ですが、気候変動の影響が顕在化したときに、各主体がいかに対応するのかを考えることも、同じくらい必要なのです。ＴＣＦＤは、まさに経済や社会と、そのプレーヤーのレジリエンスを高めることを肝にしたフレームワークということができます。

ＴＣＦＤにおけるシナリオ分析

ＴＣＦＤでは、戦略の開示において、各社に**シナリオ分析**を求めています。シナリオ分析とは、

「不確実な状況における実現性の高い様々な状況についての潜在的意味合いを認識し評価するプロセス」であり、「シナリオは仮想的なモデルであり、詳細な結果や予想を提供することは目的とされていない」とされています。

図5-11――キリンホールディングスのシナリオ分析

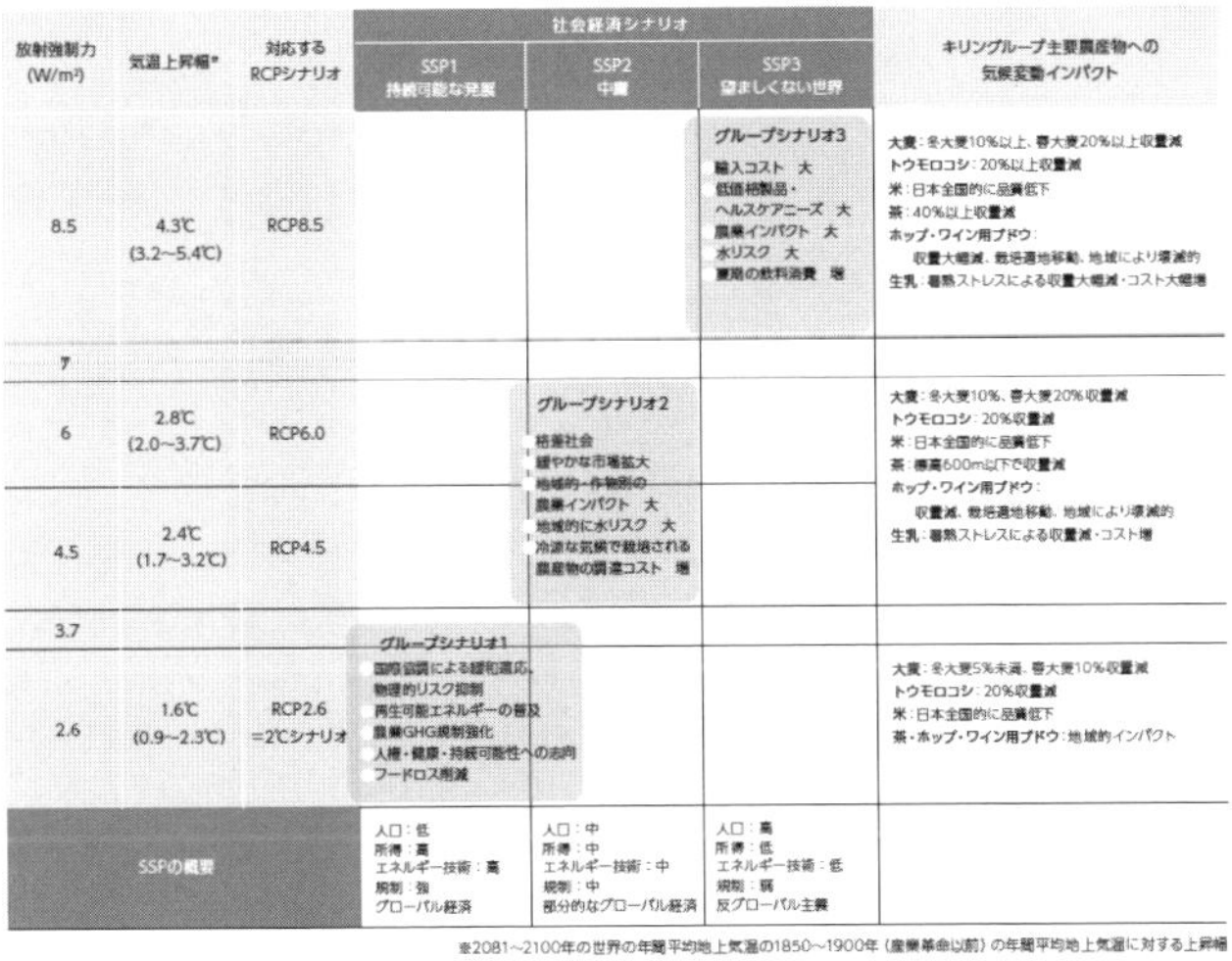

出所：キリンホールディングス株式会社「キリングループ環境報告書2018」(https://www.kirinholdings.co.jp/csv/report/env/2018env.html)

現状では、実際にシナリオ分析まで行っている日本企業は限られますが、２０１８年に日本の食品会社として始めてＴＣＦＤへの賛同を表明したキリンホールディングスは、その数少ない企業の一つです。同社では２０１８年以降の環境報告書においてＴＣＦＤ提言に沿ったシナリオ分析の結果を開示しています[14]（図５－11）。２０１８年の分析では、地球の平均気温が４・３度上がった場合、２・４度～２・８度上がった場合、１・６度上がった場合について、それぞれのシナリオで想定される社会像を予測し、農産物収量への影響を分析しています。このシナリオ想定の前提には、「社会経済上の安定と気温上昇抑制の達成率は連動する」という仮定が置かれており、それは同社が「実

図5-12 —— TCFD賛同企業の推移

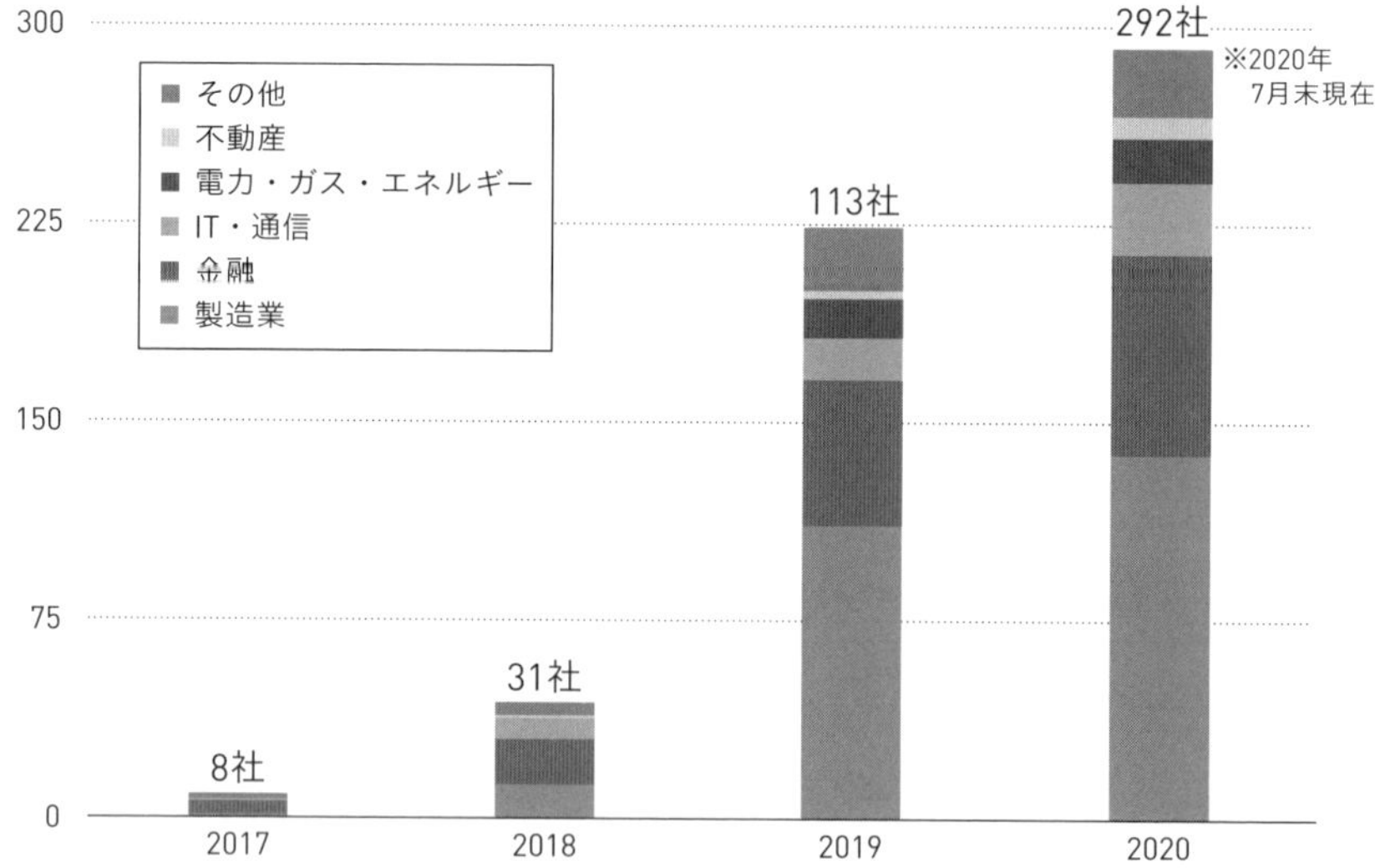

出所：TCFDウェブサイトを基に作図

現性が高い」と考えた状況と解釈できます。

このように、シナリオ分析は自社にとって蓋然性の高い仮定を置き、「ストーリーに頼る定性的なもの、数値データやモデルによる定量的なもの、あるいはその二つを何らかの形で組み合わせ」、「将来の結果について、望ましいものも望ましくないものも含め、妥当なバラエティーをカバーする一連のシナリオ（一つだけでなく）を選定すること」が重要であるとされています。

日本では2019年にTCFD賛同企業が急増しました。その背景には、同年5月27日にTCFDコンソーシアムが発足したことがあります。これは、伊《い》藤《とう》邦《くに》雄《お》一橋大学大学院特任教授や経済界のトップを含む5人が発起人となり、TCFDに賛同する企業や金融機関等が一体となって取り組みを推進し、企業の効果的な情報開示や、開示された情報を金融機関等の適切な投資判断につなげるための取り組みについて議論する場として設立されたものです。これをきっかけにTCFDに賛同する日本企業が大幅に増え、2020年7月現在で290社に上っています[15]（図5−12）。今後もTCFDに賛同し、提言に沿ったシナリオ分析の開示を行う企業が増えてくると期待されますが、日本企業においてもTCFDに取り組むことがスタンダードになるかもしれません。

さらに、ESG調査会社のFTSEが、2019年12月以降、TCFDへの賛同を質問項目に加えているなど、ステークホルダーの関心も高まっており、特に上場企業の間では取り組みが主流化していくと予想されます。

その他のイニシアチブ

TCFDは、気候変動への企業の取り組みの情報開示と金融市場の持続的な発展を促進するフレームワークとして、その世界的な活用が期待されていますが、気候変動をめぐってはほかにもいくつかの動きがあります。

RE100は第3章で詳述した通り、企業が事業で使う電力をすべて再生エネルギーへ転換することを2050年までに達成するというイニシアチブです。

TCFDと同じく2015年に設立された**SBT**（**Science Based Targets**）は、CDP、

図5-13——三井化学のプラスチック事業と二酸化炭素排出量の関係

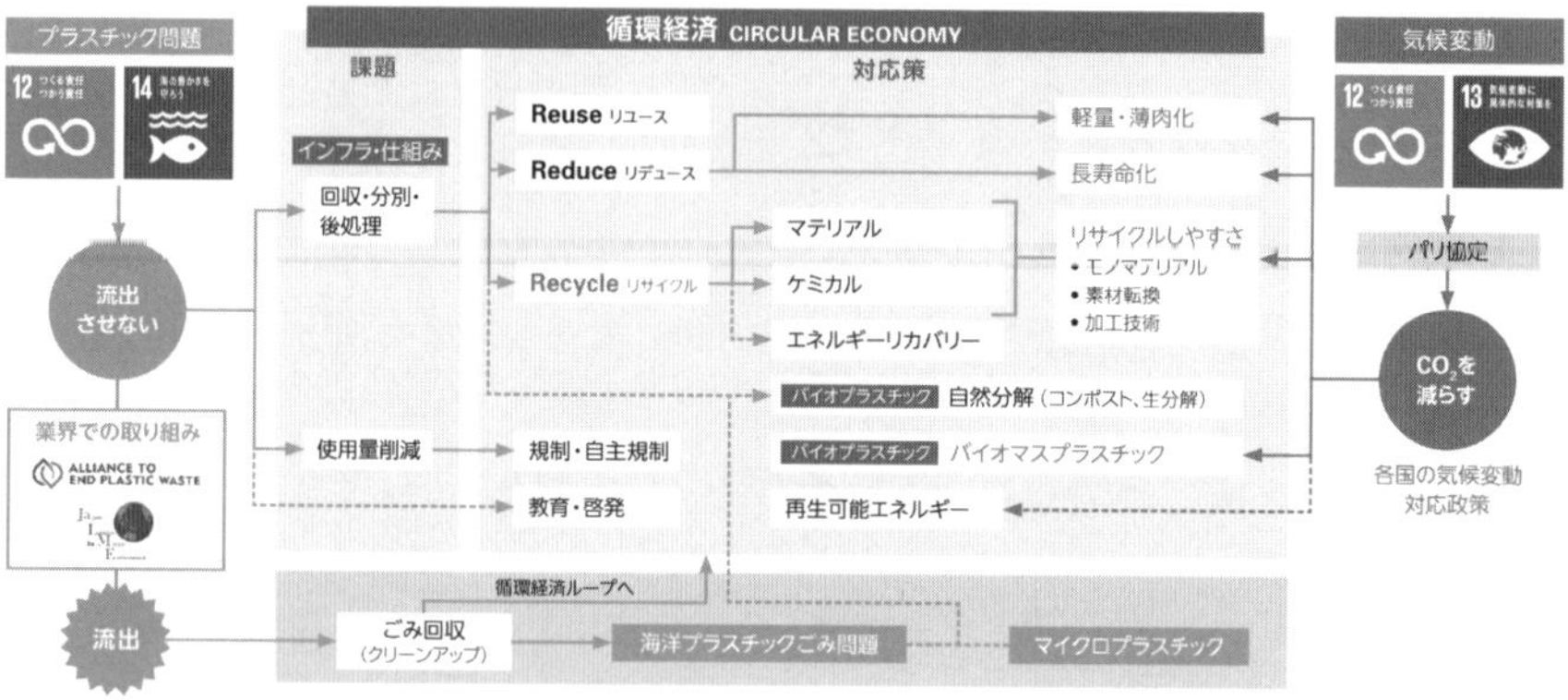

出所：三井化学株式会社「気候変動・プラスチック問題」（https://jp.mitsuichemicals.com/jp/sustainability/mci_sustainability/climate_change/）

UNGC、世界資源研究所（WRI）および世界自然保護基金（WWF）による共同イニシアチブで、パリ協定と整合するGHG排出量削減目標を、企業自ら策定することを求めています。SBTの最大の特徴は、科学的根拠に基づいた削減目標の設定を促している点です。2020年7月現在、世界で930以上の企業が目標の策定にコミットしており、日本からも100社が参加、うち約70社が承認を取得しています。(16) なお、SBTは2019年10月15日より新たな1・5度基準へと移行しており、もはや2度目標を掲げているだけでは、グローバルスタンダードに照らして先進企業とは認められなくなっています。

WWFジャパンは、2014年から日本企業の温暖化防止への取り組みレベルを同一の指標を用いて評価する「企業の温暖化対策ランキング」を実施しており、2019年8月までに業種ごとに10回に分けてランキング結果を公表してきました。評価の指標となっている「長期的なビジョン」「省エネルギー目標」「再生可能エネルギー目標」「ライフサイクル全体での排出量把握・開示」などは、SBTに取り組む上で求められる長期での年率の高い目標、ライフサイクル全体を見据えた目標設定、再生可能エネルギー利活用の戦略等と親和性が高く、SBTに関して承認を得ている企業はランキングの上位に入るという結果になっています。同様の相関は、ESG評価においても見られるはずで、TCFDやSBTへのコミットメントと実効性ある施策が、投資家を含め様々なステークホルダーからの高い評価につながることは疑いありません。

このように気候変動への取り組みがグローバルで加速する中、今やGHGの排出削減は当たり前で、さらに進んで事業と一体で取り組むことが求められてきています。たとえば、WWFジャパンのランキングで高い評価を得た三井化学が、石油由来のプラスチック製品について循環経済の中で3R（リユース、リデュース、リサイクル）に取り組むこととCO_2の排出削減を紐づけて考えていることは、その一例です[17]（図5－13）。

気候変動におけるパラダイムシフト

世界的な気候変動対策の動きを総括すると、2015年のSDGs採択やパリ協定の前後で大きなパラダイムシフトがあったといえます。

ＳＤＧｓとパリ協定より前の世界では、企業の環境への負荷の大きさに重点が置かれ、それぞれの企業・組織がどのくらいCO_2を排出しているか、また環境への正と負の影響をどのくらい与えているかが問われていました。しかし、ＳＤＧｓやＥＳＧ、サステナビリティが強く意識されはじめてから、環境への直接の負荷を測り、表面的に指標を追うだけではなく、企業や組織がどのような事業を行っていて、どれくらい社会的・経済的なレバレッジを持っているか、という範囲にまで評価の目が及ぶようになりました。たとえば、電力事業やプラスチック製造を行っている企業は、ほかの企業よりも気候変動に対して持つレバレッジが大きいため、より厳しく評価されることになります。そのような流れが、ＴＣＦＤなどの新しいフレームワークを出現させ、気候変動・環境問題が経済や社会を変える原動力になるような動きを、より一層大きなものにしました。

その結果、気候変動・環境対策へのコミットメントは、単に温暖化や環境への負荷の問題だけではなく、経済・社会に与える影響に鑑みた企業のあり方の問題と捉えられるようになってきています。すなわち、どのくらいＧＨＧを排出しているのかという事実よりも、「気候変動や環境への影響を測る能力を組織として持っているのか」というガバナンスの問題に変わってきているといえます。

日本と世界のエネルギー戦略

世界のエネルギー見通し

気候変動の問題に関して、パリ協定という国際合意を起点として、企業や金融機関、国や自治体、NGO・NPOなどが、自らの組織のレバレッジ・ポイントを見極めて様々な基準を設定しています。従来、国際合意は国家の基準に落とし込まれて初めて効力を発揮するものでしたが、現状で企業や組織が国際合意に基づいて自ら行動していることは、グローバル化を象徴する新しい動きといってよいでしょう。

しかし、政府のルールメーカーとしての役割は大きいといえます。本章の最後に、特に日本政府のエネルギーの政策について、パリ協定をどのように反映しているのかを見ていきたいと思います。

まず世界の動向を見てみると、パリ協定を受けて多くの国が再生可能エネルギーへの転換を加速させています。たとえば、ドイツは２０２２年までにすべての原発を廃止することを決定し、フランスも２０３５年までに原子力比率を現行の75％から50％に縮減する方針を発表しました。また、フランスは２０２３年、英国は２０２５年、カナダは２０３０年を目標に石炭火力発電を廃止することを表明しています。また、デンマーク、スペインのほか、バンクーバー、シドニー、サンフランシスコといった国際的な都市が、再エネ１００％を２０５０年までに達成するというコミットメントを表明しています（表５－１）。

日本のエネルギー見通し

一方、日本のエネルギー政策の現状を見ると、２０１７年のエネルギーミックスは、石炭が25・1％、石油が39％、ＬＮＧが23・4％となっており、まだ9割近くを化石燃料に依存している状態です[18]（図５－14）。これをどう変えていくかが、今後の日本にとって大きな課題です。

そして、日本の発電はまだほとんど火力で賄われています。日本は２０１８年7月に第5次エネルギー基本計画[19]を策定しました。その内容によると、２０３０年までに石炭の割合を相当程度下げる（具体的には、当計画のベースとなった２０１３年の統計の30・3％から26％に下げる）一方で、再生可能エネルギーを22～24％に上げることが目標とされています。同計画は、結局のところ「いろんな電

表5-1―― 各国の再生可能エネルギー等取り組み状況

国名	取組みの詳細
アイスランド	電力の3割を地熱発電、残り7割は水力発電で賄い、ほぼ100%再エネを実現している。
スウェーデン	2020年までに国内エネルギー消費量に占める再エネ割合を49%まで引き上げることを義務づけ。2045年までのカーボン・ニュートラル化を目指す。
デンマーク	2019年末制定の気候法により2030年にCO_2排出量の70%削減(1990年比)、2050年のカーボン・ニュートラルの実現を法的義務化。2019年には国内発電量の50%以上を風力・太陽光の再エネ発電が占めた。洋上風力発電の拠点となる2つのエネルギー島の建設計画も発表している。
英国	GHG削減目標は2022年までに34%、2050年までに80%。再エネ発電量は2017年に約30%に達している。
フランス	2020年までにGHG排出量を20%削減、2050年までにカーボン・ニュートラルを目指す。2030年までの再エネ率目標は対エネルギー消費32%、対発電40%。
ドイツ	原子力法改正により、2022年までに原発を段階的に廃止。
スペイン	早い時期から再エネ開発に積極的に取り組み、世界有数の太陽光発電国。再エネ率は2017年で総発電電力量の45%を占める。
中国	化石燃料からクリーンエネルギーへの構造転換に取り組んでおり、第13次5カ年計画期間(2016〜2020年)の再エネ率を2019年に達成している(全電力発電設備に占める再エネ割合38%)。
インド	2022年までに1億7,500万kWの再エネ導入を目指す。
都市名	**取組みの詳細**
バンクーバー(カナダ)	2050年までに100%再エネへ移行することを議会で可決(2015年)。
シドニーおよびアデレード(オーストラリア)	2020年7月1日、100%再生可能エネルギーに正式に切替え。市のすべての建築物で使用する電力を再生可能エネルギーで調達する。
サンフランシスコ(米国)	2030年までに市内のすべての電力を再生可能エネルギーに切り替えることを発表(2018年)。2019年に「グリーン・ニューディール計画」策定、商業ビルへの再生可能エネルギー義務づけ等も決定している。

出所:一般社団法人海外電力調査会等の資料を基に作成

図5-14── 日本の一次エネルギー割合

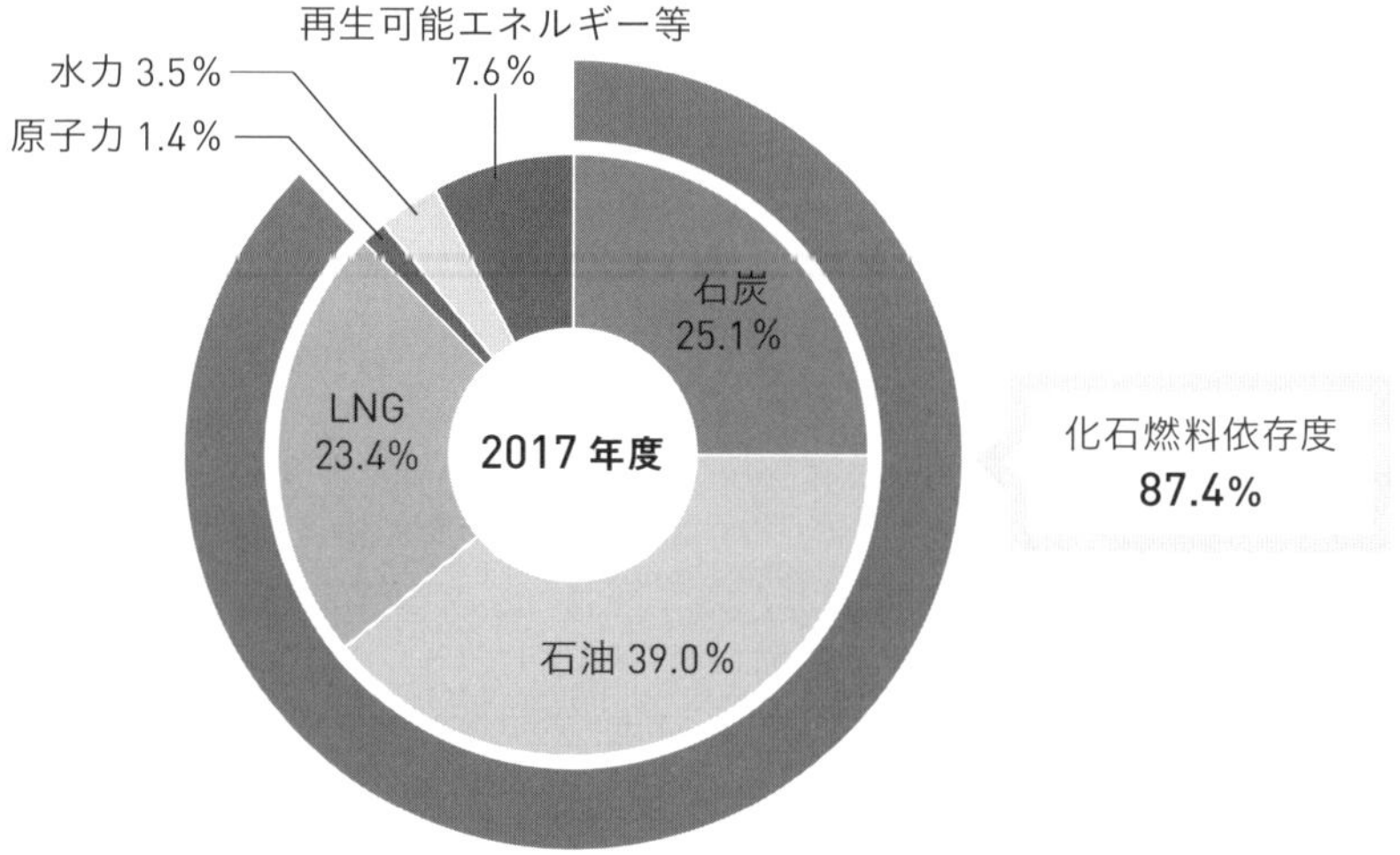

出所：資源エネルギー庁「日本のエネルギー2019」
（https://www.enecho.meti.go.jp/about/pamphlet/）より転載して作成

力源を考えていく」という趣旨になっているので、玉虫色といわざるをえません。

特に石炭火力については、先進技術を使って発電効率を上げ、環境負荷を下げるという独自路線をとっています。これは脱石炭へ向かおうとしている国際社会では全く理解されない発想です。

原子力発電はさらに玉虫色で、「可能な限り原発依存度を低減する」とされています。原子力発電は2011年の東日本大震災を受けて、2013年には完全に稼働が停止しましたが、2015年より一部の原発が再稼働し、2020年7月現在で4基の原発が稼働しています。原子力発電の比率は5～6%とみられますが、2030年には20～22%に引き上げる計画となっています。この計画に対しては、賛否を含めて様々な意見が出ていますが、震災前の原子力割合が25%だったのに対して、2030年の目標では

図5-15―― 日本の電力源の展望

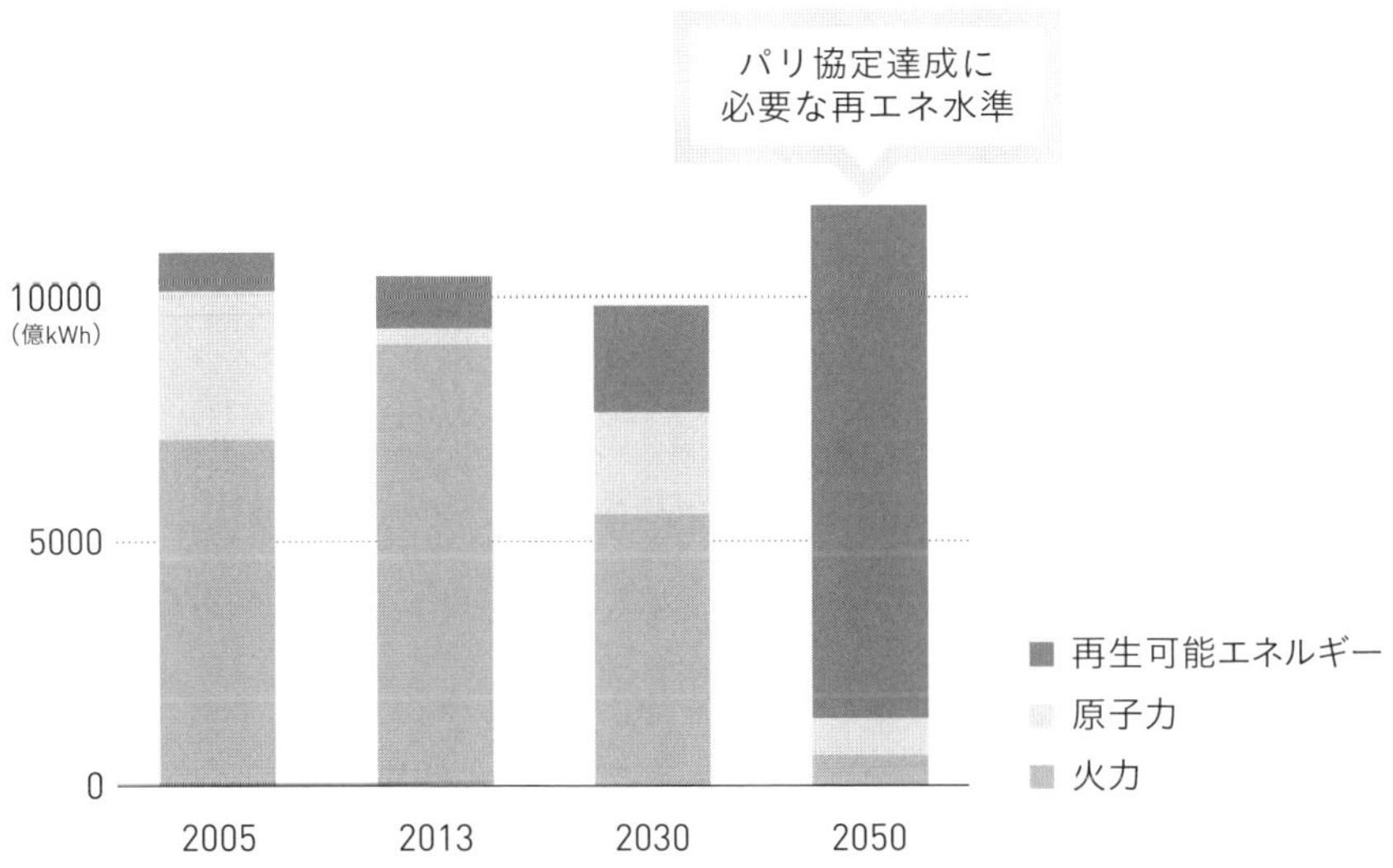

出所:経済産業省のウェブサイトほかを基に作成

3%程度引き下げる、というのが現在の政府のスタンスです。

このように、第5次エネルギー基本計画は、調整の苦しみの中で生まれてきた、方向性も曖昧な政策になっていると指摘できます。

一方、再エネ比率は2030年に22~24%になると見込まれています。現状からすれば3~4倍に増えることになりますが、パリ協定に沿って2050年までにCO_2を8割削減するためには到底十分ではなく、再エネ比率は8~9割まで高めなければならないと考えられます(図5-15)。

ではなぜ、日本ではエネルギー比率が抜本的に変わらないのでしょうか。様々な理由がありえますが、一つには利害関係者が多く、ボトムアップでは合意形成できないことが挙げられます。二つめの理由として、基本的には現行の制度を基に議論しているため、新しい課題に直面しても、できない理由がたくさん出てきて議論が止まってしまうのだと思います。

たとえば、太陽光発電や風力発電は発電できる時間帯が天候に左右されるため、電力の変動性が課題になります。簡単な例でいうと、太陽光発電由来の電力は、日中は発電量が需要に追いつくので安価で安定的に売買されますが、夜間になると日中の蓄電分を使用するため、供給量が限られてきます。そうすると、夜間の電力コストが上がることになります。こうした発電時の不確定性リスクを、欧州では電力消費者が負うようになっていますが、日本の現在の制度では電力の生産者が負っているため、電力発電事業者の行動がリスク回避的になるのです。

政府や経済団体は、電力制度改革の議論までは踏み込まずに、現行制度のまま技術のブレイクスルーで乗り切る話に終始しています。もし制度から見直すことができれば、再生可能エネルギーは飛躍的に伸びていくのではないかという仮説が成り立ちます。実際に、再生可能エネルギー導入の課題は、そのほとんどが技術的要因ではなく、制度上の不備や不作為に起因することが専門家から指摘されています[20]。

エネルギー問題は、現在の日本政府の取り組みのように、対症療法的に積み上げで考えてしまうと、石炭火力にしても原発にしても、「今はまだ必要だから継続するしかない」という話になります。しかしながら、50年後、100年後を考えたときに、そうした電力源はおそらく使われていないだろうと考えることができれば、石炭や原子力を今後数十年かけて減らしていこうとする長期ビジョンが、日本においても形成されるのではないでしょうか。

column

普及が進む再生可能エネルギーと省エネルギー商品

気候変動対策において、再生可能エネルギーへの転換は最も有効なソリューションです。電力源には太陽光、太陽熱、地熱、水力、風力、海上風力、バイオマスなどがありますが、技術が進展するにつれ発電コストは下がり、発電効率は上がっています。ここでは、各電力源について、コストの変化も含めた現状と展望を見てみましょう。

太陽光

かつて非常にコストが高く、競争力が非常に低かった太陽光発電も、2017年にはかなりコストが下がり、化石燃料の発電コストと勝負できるくらいになりました。[21] 資源エネルギー庁によると、太陽光発電のコストは2017年の17・7円/kWhから2030年に5・1円/kWh程度まで低減する見通しです。また、官民の太陽光パネルの素材開発により、2025年には発電効率が最大40%も改善する可能性があります。[22] そうすれば、LNGとも競争できる水準になります。ただ、太陽光には天候の影響を受けやすく、夜間に発電できないという弱点があり、それを技術的にどう克服するかも課題になってきます。

洋上風力

洋上風力も非常に有望視されています。日本には発電するのに足る風が常時吹いている場所は限られていますが、たとえば青森県の陸奥湾では、最大約600基、出力も国内最大級の大規模な洋上風力発電所の設置計画があります。[23] また、長崎県五島市沖でも、日本初の浮体式による洋上風力発電施設が、2021年の運転開始を目指して開発されています。[24]

風力発電設備の販売拠点の整備も進んでおり、北九州市響灘地区では、洋上風力発電に特化したアジアの総合拠点を目指して、風力発電設備の製造から搬出までを一貫して担う拠点を形成して再エネの需要増が見込まれる海外市場への輸出なども計画されています。[25]

地熱

新期造山帯に位置している日本では地熱もかなり期待できる将来のエネルギー源の一つです。現在でも20

図5-16―― 各再生可能エネルギーのコスト

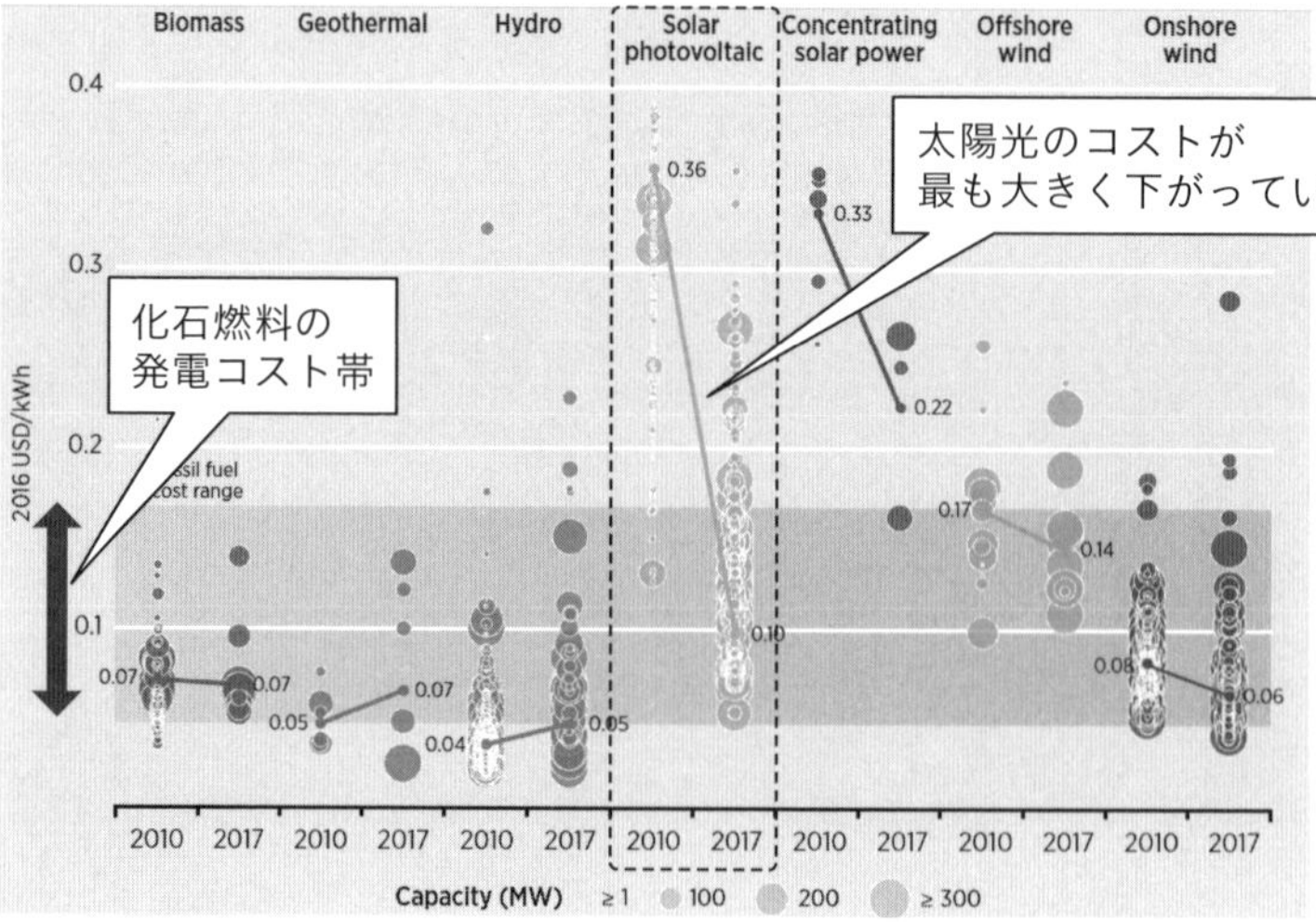

出所：IRENA “Renewable Power Generation Costs in 2017”より転載し、一部加筆して作成

カ所ぐらいありますが、初期投資額が大きい割に、掘削事業を開始しても発電につながらずに終わることも多いため、事業を開始するハードルが高いのがネックです。また、地熱資源の8割が国立公園や国定公園の中にあり、環境破壊が懸念されること、同じく地熱を利用して温泉事業を営む観光業者との利害関係の調整も必要になることから、あまり開発が進んでいない分野です。地熱発電は天候や時間帯による発電変動もほとんどないため、うまく活用できれば、実に大きなエネルギー源になると考えられます。

海外では、総発電量の85%が再エネで、そのうち半分が地熱発電となっているケニアの例がありますが、一部の地熱発電所の建設と運転にはODAを通じて複数の日本企業が支援しています。実は日本は地熱発電用タービンで世界シェアの約7割を占める高い技術力を持っています。そう考えると、日本でも地熱発電を推進することで開けてくるエネルギーの未来がありそうです。[26]

蓄電池の開発

再エネの導入に欠かせないのが、蓄電池の開発です。太陽光発電や風力発電などは、発電量が天候に左右されコントロールが難しく、出力安定化や電力負荷平準化、電力系統の安定化などが課題であるため、電力貯蔵が注目されているのです。蓄電池といえば、2019年にリチウムイオン電池開発に貢献した旭化成の吉野彰・名誉フェローにノーベル化学賞が授与されたことは記憶に新しいですが、ここで紹介したいのは、レドックスフロー電池とNAS電池です。[27]

レドックスフロー電池はバナジウムをベースとした電池で、大量の蓄電ができるのと放電回数に制限がないのが特徴です。レドックスフロー電池が普及すれば、再エネの変動部分をすべて吸収できるのではないか、とさえいわれています。NAS電池は、希少金属を使わないため資源的に豊富かつ長寿命で、体積・質量がコンパクトであることから、より普及しやすい可能性があります。[28]蓄電池の活用により、太陽光や風力の電力の常時供給が可能になれば、損益分岐点が大きく下がると考えられるため、蓄電池の開発技術が進むのは、注目に値することです。

サーバ熱の問題

最後に、省エネの文脈で、ＩＴ化の進展とＩＴ関連機器の消費量が急速に増加していることに触れておきます。特に企業のコンピューターを集約的に管理しているデータセンターのサーバの発する熱と、サーバを冷却するために使用する冷房装置から出る熱という二つの問題が指摘されています。サーバ関連の熱が、世界のＧＨＧ排出の少なくない割合を占めている可能性もあり、ＥＳＧ調査機関の質問項目にも、サーバの効率性が含まれつつあります。現在、高温になるサーバを囲み冷却するポイントを絞る工夫をする技術や[29]、高い伝熱特性と絶縁性を持つ液体に浸すことによりサーバを冷却する液浸冷却システムなどの開発が進んでいます。[30]

図5-17――IT関連機器の消費電力と消費電力総量の予想

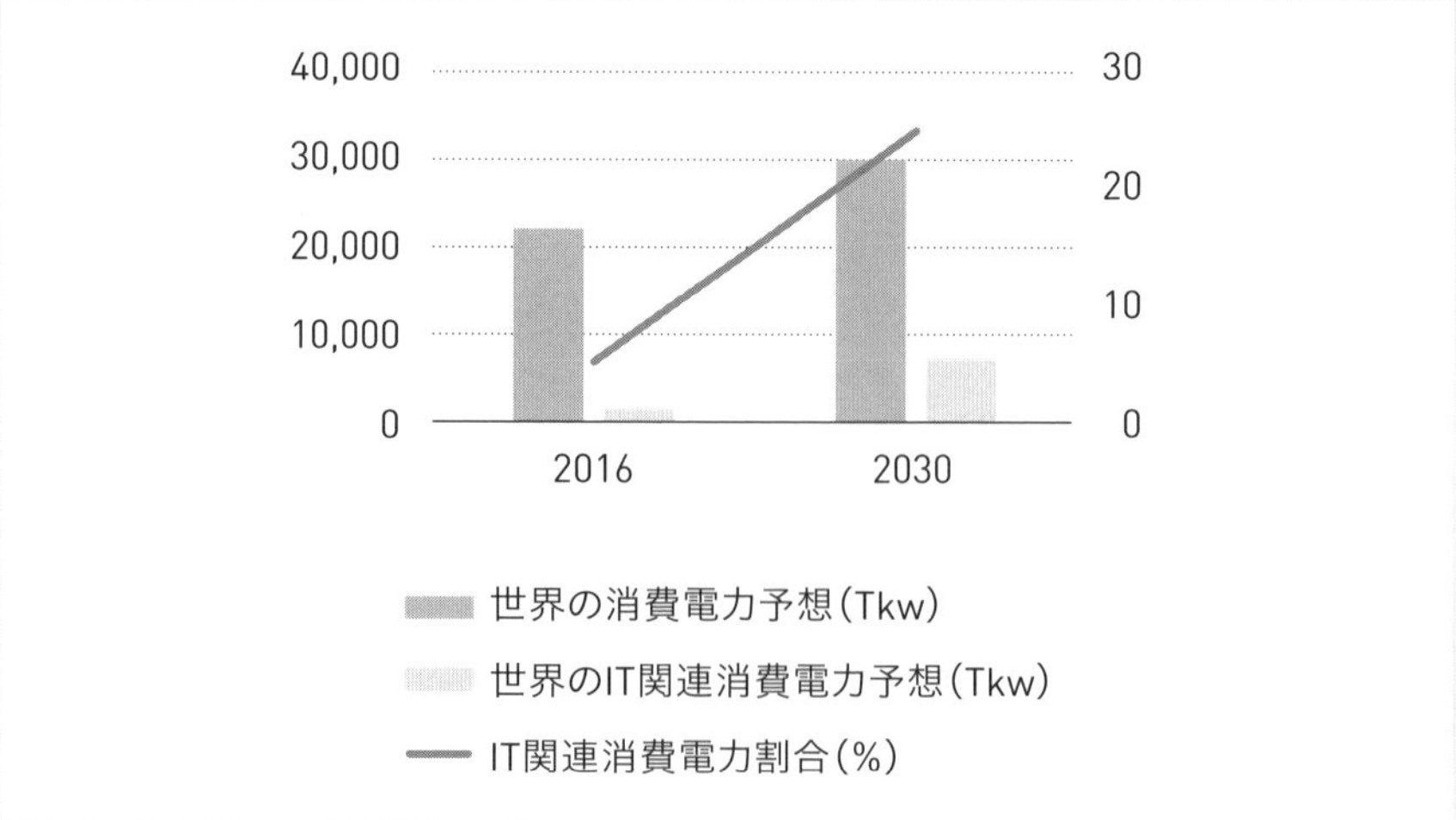

出所：国立研究開発法人化学技術振興機構低炭素社会戦略センターの資料[31]を基に作成

1 Population Reference Bureau "How Many People Have Ever Lived on Earth?"（２０２０年１月23日）
https://www.prb.org/howmanypeoplehaveeverlivedonearth/

2 Virginia Magazine "Over Seven Billion Served"（２０１２年）
https://uvamagazine.org/articles/over_seven_billion_served

3 **ＩＰＣＣ**　国連環境計画（ＵＮＥＰ）と世界気象機関（ＷＭＯ）が人為起源による気候変化、影響、適応および緩和方策に関して科学的・技術的・社会経済学的な見地から包括的な評価を行うことを目的として１９８８年に設立した組織。

4 気象庁「海洋の炭素循環」
https://www.data.jma.go.jp/gmd/kaiyou/db/mar_env/knowledge/global_co2_flux/carbon_cycle.html

5 東京大学　大気海洋研究所「世界で初めてサンゴと藻類の遺伝子を同時に解析」（２０１４年１月20日）
https://www.aori.u-tokyo.ac.jp/research/news/2014/20140117.html

6 IPPC Special Report "Global Warming of 1.5 °C"
https://www.ipcc.ch/sr15/

7 気象庁「温室効果ガスの種類」
https://www.data.jma.go.jp/cpdinfo/chishiki_ondanka/p04.html

8 東京電力「火力発電」
https://www.tepco.co.jp/electricity/mechanism_and_facilities/power_generation/thermal_power/

9 独立行政法人石油天然ガス・金属鉱物資源機構「世界の石炭事情調査－２０１９年度－」（２０２０年７月）
http://coal.jogmec.go.jp/content/300367900.pdf

10 ＩＥＡウェブサイト
https://www.iea.org/data-and-statistics

11 **ＣＤＰ**　機関投資家が連携し、企業に対して気候変動への戦略や具体的なＧＨＧ排出量に関する公表を求めるプロジェクトで、２０００年に開始。元々「カーボン・ディスクロージャー・プロジェクト」の略称だったが、２０１３年正式名称を「ＣＤＰ」に変更した。

12 NO COAL JAPAN「化石燃料投資から投資撤退（ダイベストメント）し、自然エネルギーへの投資増加。11兆米ドルを上回る。」（２０１９年９月13日）
https://www.nocoaljapan.org/ja/gloabl-ffdivestment-clean-energy-investment-movement/

13 ＴＣＦＤ最終報告書「気候変動情報開示　タスクフォースによる提言」

https://www.fsb-tcfd.org/wp-content/uploads/2017/06/TCFD_Final_Report_Japanese.pdf
14 キリンホールディングス「キリングループ環境報告書２０２０」
https://www.kirinholdings.co.jp/csv/report/env/pdf/environmental2020.pdf
15 経済産業省「気候変動に関連した情報開示の動向」
https://www.meti.go.jp/policy/energy_environment/global_warming/disclosure.html
16 ＳＢＴウェブサイト
https://sciencebasedtargets.org/companies-taking-action/
17 三井化学「気候変動・プラスチック問題」
https://jp.mitsuichemicals.com/jp/sustainability/mci_sustainability/climate_change/
18 資源エネルギー庁「日本のエネルギー２０１９」
https://www.enecho.meti.go.jp/about/pamphlet/pdf/energy_in_japan2019.pdf
19 「第五次エネルギー基本計画」（２０１８年７月）
https://www.meti.go.jp/press/2018/07/20180703001/20180703001-1.pdf
20 植田和弘、山家公雄『再生可能エネルギー政策の国際比較 ： 日本の変革のために』（京都大学学術出版会、２０１７年）
21 IRENA “Renewable Power Generation Costs in 2017”
https://www.iREna.org/publications/2018/Jan/REnewable-power-generation-costs-in-2017
22 ＮＥＤＯ「世界一のモジュール変換効率40％超を目指す、太陽電池開発中」（２０１２年２月）
https://www.nedo.go.jp/hyoukabu/articles/201111sharp/index.html
23 日本経済新聞「洋上風力発電、日本も舞台に　東北電が青森で３０００億円」（２０１９年12月17日）
https://www.nikkei.com/article/DGXMZO53482750X11C19A2EA2000/
24 建設工業新聞「戸田建設、長崎県五島市／浮体式洋上風力発電施設の事業継承／実用化へ実証事業継続」（２０１６年４月18日）
https://www.decn.co.jp/?p=66382
25 北九州市「洋上風力発電」
https://www.city.kitakyushu.lg.jp/page/dayori/170401/special/special.html
26 朝日新聞Ｇｌｏｂｅ「実は『再エネ大国』のケニア、地熱発電は日本の技術が支えている」（２０１９年９月27日）
https://globe.asahi.com/article/12741586

27 ＮＡＳ電池は日本ガイシの登録商標。

28 資源エネルギー庁「再エネの安定化に役立つ『電力系統用蓄電池』」（２０１８年２月27日）
https://www.enecho.meti.go.jp/about/special/johoteikyo/keitoyochikudenchi.html

29 ヒトゲノム解析センター「温室効果ガス排出削減への取り組み」
http://hgc.jp/japanese/co2/index.html

30 富士通「グリーン・インフラ・ソリューション サーバ室の熱溜り対策」
https://www.fujitsu.com/jp/services/infrastructure/data-center-services/infrastructure-solution/case/heat/

31 国立研究開発法人化学技術振興機構 低炭素社会戦略センター「低炭素社会の実現に向けた技術および経済・社会の定量的シナリオに基づくイノベーション政策立案のための提案書　情報化社会の進展がエネルギー消費に与える影響（Ｖｏｌ．１）－ＩＴ 機器の消費電力の現状と将来予測－」（２０１９年３月）
https://www.jst.go.jp/lcs/pdf/fy2018-pp-15.pdf

毎年11月にジュネーブで開催される「国連ビジネスと人権フォーラム」には世界中から関係者が参加し、最新テーマを協議する。

第6章

「ビジネスと人権」という新しい考え方と責任ある企業行動

【写真：柴田美紀子】

「ビジネスと人権」とは何か

サステナビリティへの関心が高まるにつれ、日本企業の間でも注目されるようになってきたテーマの一つに、**「ビジネスと人権」**というものがあります。欧米では企業の責任として早くから扱われてきたテーマで、日本でも特に製造業などグローバル企業の海外での事業展開におけるサプライチェーン[1]・マネジメントのあり方が問われ始める中で、重要性が認識され、議論されるようになってきましたが、複雑な体系で、その本質を理解するのはそれほど簡単ではありません。本章では、ビジネスと人権に関して、これまでの経緯や現状について紹介します。

人権というと、職場でのセクハラ、パワハラや同和問題といった、いわゆる狭義の人権をイメージする方も多いでしょう。しかしながら、ビジネスと人権が対象とするのは、もっと広い、企業が自社組織だけでなく、原料の調達（あるいは原料の生産まで遡って）から製品・サービスの使用、廃棄に至るまでのサプライチェーン全般にわたって関わる、あらゆるステークホルダー（または人権の主体となるライツホルダー）です。なぜ自社だけでなく、そこまで広く考える必要があるのか、という根本的な問いに答えるために、まずは人権の歴史から考えてみたいと思います。

人権は偉大な発明

1948年12月に国連で採択された「世界人権宣言」の第1条に、「すべての人間は、生れながらにして自由であり、かつ、尊厳と権利とについて平等である[2]」と書かれています。しかし、はたして人間は本当に生まれながらにして平等なのでしょうか。

残念ながら、答えはNOです。

少なくとも自然界において、人間は極めて不平等にできています。生まれたばかりで亡くなる乳児もいれば、百歳を超えて長生きする人もいますし、裕福な家庭に生まれる子どももいれば、貧困な家庭に生まれたり、親から虐待を受けたりして、大人になることができず亡くなってしまう子どももいます。悔しくなるくらい、人間というのは不平等で不条理です。

また、通常は人を殺すことは許されない行為ですが、いったん戦争が起きると、戦争下においては人を殺すことが正義になってしまうという、これまた不条理な状況が生じます。その意味では、人の命の軽重でさえ、平等とはいえません。人はその誕生以来の長い間、そうした不条理を繰り返し、自らの命を奪われ、あるいは目の前で自分の家族や愛する者が殺される、といったことが日常茶飯

図6-1—— 人権という発明

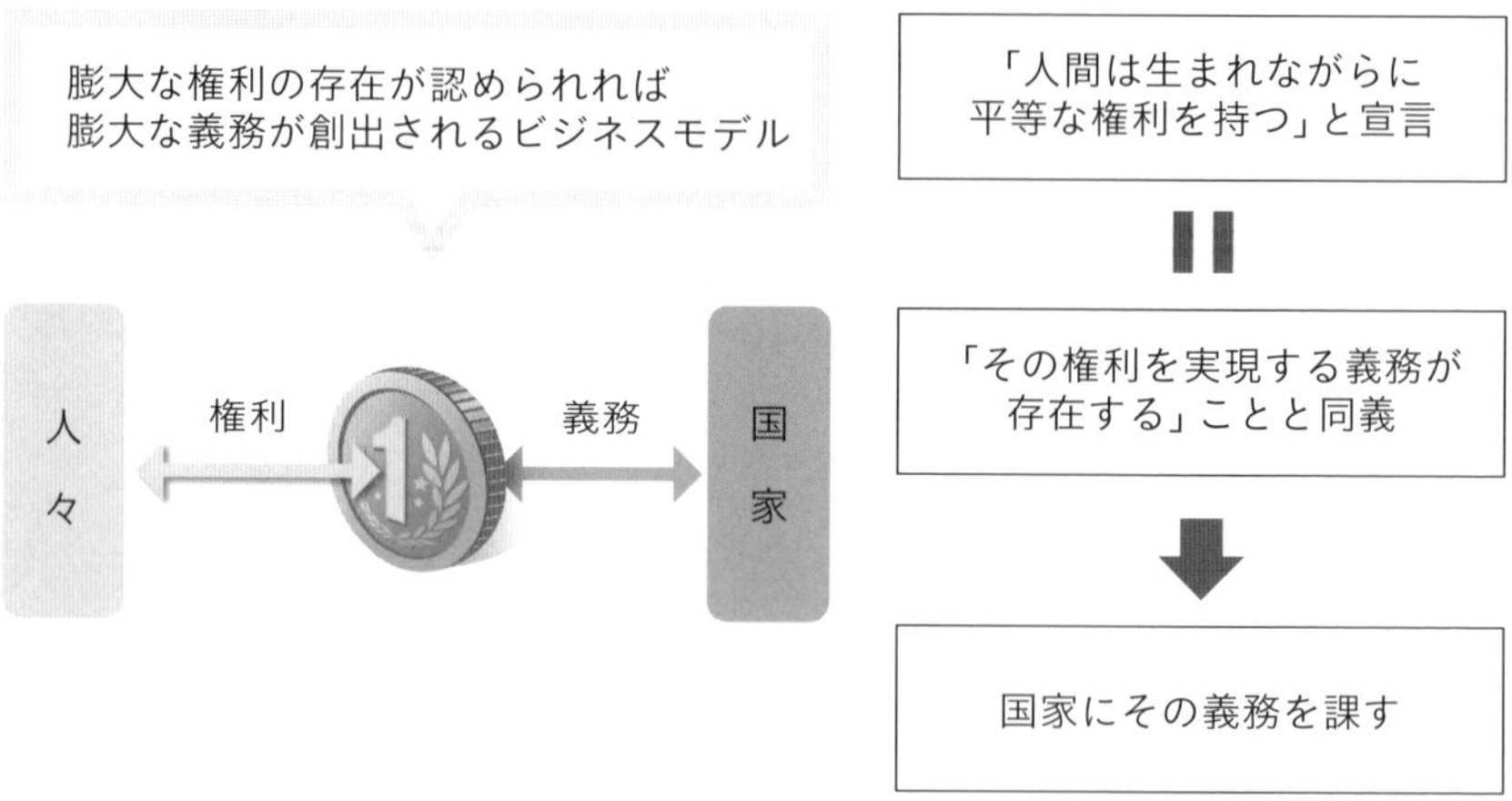
膨大な権利の存在が認められれば
膨大な義務が創出されるビジネスモデル
人々
権利
義務
国家
「人間は生まれながらに
平等な権利を持つ」と宣言
「その権利を実現する義務が
存在する」ことと同義
国家にその義務を課す

事に起こり、耐えがたい思いをしてきました。それが人間の歴史ともいえます。

一方で、その状況に抗い、なんとかしたいと思う心も当然、人間の中にはあります。その思いから「発明」されたのが、**人権**という概念です。

人権とは、その名の通り、人が生まれつきに持つ普遍的で基本的な権利です。伝統的には、「国家による脅威から個人を保護するための一連の規範や慣行であって、人々が尊厳を持って生きるために必要な条件を確保する義務は、国家にある」[3]とされてきました。その考えが実際に機能し、人々の諸権利が守られるようにするためには、仕組みをつくることが必要です。その仕組みとはすなわち、「人間は一人ひとり生まれながらにして同じ権利を持つ」ということを国家に認めさせると同時に、権利と同量の義務を国家に課し、権利を担保するというものです。

これが人権の正体であり、いわば権利の裏に国家の義務（State Duty）を生み出す、**思想的なビジネスモデル**と考えられます。膨大な権利の存在が認められれば、膨大な義務も生み出されることになります。つまり人権は、誰もが平等に生きるという理想を叶えるために、人類がつくり出した最高の発明、かつ最高のビジネスモデルの一つであるといえます（図6－1）。さらに、人権を守るという考えは、もともと国家からの脅威に対して生まれたものだったため、本章で扱う「ビジネスに携わる主体が人権を守るため責任ある行動をする」というテーマは、人権の起源からしても至極当然の行為ともいえるのです。

人権の歴史

人権という偉大なる発明の歴史は、今から約800年前の13世紀に遡ります。1215年に英国（当時のイングランド）で制定された**マグナ・カルタ**（大憲章；The Great Charter of the Liberties）は、人権の概念を世界で初めて明文化したもので、イングランド国王の権力を制限し、法の支配を誕生させました。前文および63条からなるマグナ・カルタでは、教会の国王からの自由、ロンドン市など都市や港の交易・関税の自由、国法によらなければ逮捕・監禁、財産の侵害をされないこと等が規定されました。その後いったん無効とされたものの、復活し、数度の改正を経て、現在もその一部は効力を持っています。

それから4世紀を経た1628年のイングランドでは、**権利の請願**（Petition of Right）が議会から国王に提出されました。全11条からなる権利の請願は、マグナ・カルタ以来イングランド国民に保障されていた権利の再確認を意図したもので、国王の権利は議会法の制約を受け、国民が不当な権利侵害を受けないこと、国民の権利と自由は相続財産として継承されることを明確にしています。国王といえども法の支配の下にあることが確認されたという大きな意義を持つ文書です。

続いて1689年に**権利の章典**（Bill of Rights）、正式名称「臣民の権利と自由を宣言し、かつ、王位の継承を定める法律」（An Act Declaring the Rights and Liberties of the Subject and Settling the Succession of the Crown）が制定されました。これは、国王に忠誠を誓う議会および国民の権利と自由を保障するとともに、王権を大幅に制約し、法に基づいて統治を行うことを定めたもので、これにより英国における絶対王政は消滅したことになります。

マグナ・カルタ、権利の請願、権利の章典の三つは、英国憲法を構成する重要な基本法となっています。

英国の権利の章典が基となり、米国で1776年に採択されたのが**バージニア権利章典**（Virginia Bill of Rights）です。すべての人が生まれながらにして等しく持つ自由と独立性を宣言したもので、同年の「アメリカ独立宣言」、後の1789年に制定される「アメリカ権利章典」、同じく1789年のフランス革命における「人間と市民の権利の宣言」にも影響を与えました。

この辺りで形になってきた「人は生まれながらにして権利を持ち、それを国家が義務として保

表6-1—— 人権の歴史

年譜		人権概念の歴史上の意味づけ
1215年	マグナ・カルタ The Great Charter of the Liberties	人権の概念を世界で初めて明文化。 英国(当時のイングランド)国王の権力を制限し、法の支配を誕生させた。
1628年	権利の請願 Petition of Right	マグナ・カルタ以来イングランド国民に保障されていた権利を再確認。 国王も法の支配の下にあることを確認し、国民が不当な権利侵害を受けないこと等が明確化された。
1689年	権利の章典 Bill of Rights	国王に忠誠を誓う議会・国民の権利と自由を保障し、王権を大幅に制約し、法に基づいて統治を行うことを定めたもの。これにより英国の絶対王政が消滅した。
1776年	バージニア権利章典 Virginia Bill of Rights	すべての人が生まれながらにして等しく持つ自由と独立性を宣言。 アメリカ独立宣言、アメリカ権利章典等にも影響を与えた。
1948年	世界人権宣言 Universal Declaration of Human Rights	第3回国連総会において採択。人権および自由を尊重し確保するために「すべての人民とすべての国とが達成すべき共通の基準」を宣言した。
1966年	国際人権規約 International Bill of Human Rights	世界人権宣言を基礎とした権利を条約化。 人権諸条約の中で最も基本的かつ包括的なもの。

障する」という体系は、数多の国際紛争や二度の世界大戦を経て、1948年の**世界人権宣言**（Universal Declaration of Human Rights）をもって、あらゆる国のあらゆる人民が達成すべき共通の基準として確立されます。全30条からなる世界人権宣言は、国連総会決議であるため法的拘束力はありませんが、この宣言を基に様々な人権条約が発効し、実質的には慣習国際法としての地位を持つと考えられています。

その後の1966年に国連で採択され、1976年に発効した**国際人権規約**（International Bill of Human Rights）は、世界人権宣言の内容を基礎として条約化したものであり、人権諸条約の中で最も基本的かつ包括的なものとされます。社会権規約、自由権規約および選択議定書からなるこの文書の最大の意義は、人権を守る上での国家の義務を規定したことにあるといえます。

人権アプローチ

このように人類は、長い時間をかけて人権の体系をつくり上げてきましたが、ここで重要なのは、人権とは、直接には権利の話であるものの、実際には権利を担保する**国家の義務**を語っているということです。

国をまたいだ国際協力の分野でも同様に、人権に関する議論は一貫して国家の義務をベースに展

図6-2―― 人権基盤型アプローチ(RBA)による思考プロセス

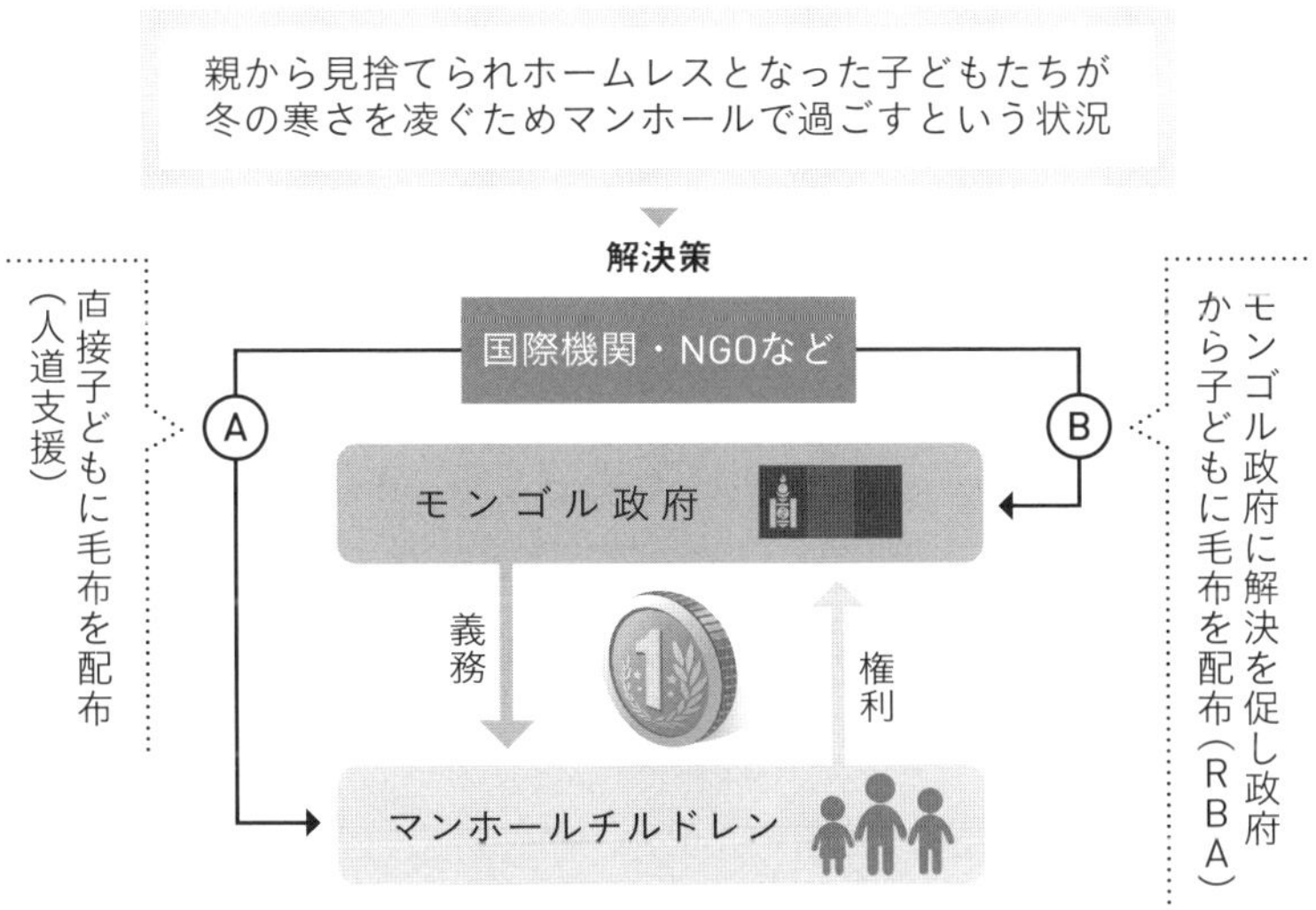
親から見捨てられホームレスとなった子どもたちが
冬の寒さを凌ぐためマンホールで過ごすという状況
解決策
国際機関・NGOなど
A
直接子どもに毛布を配布
(人道支援)
B
モンゴル政府に解決を促し政府から子どもに毛布を配布(RBA)
モンゴル政府
義務
権利
マンホールチルドレン

開されてきました。1990年代から国際機関や国際協力団体の間で採用されているのが、人権の基準を開発協力に適用する**人権基盤型アプローチ**(Rights-based Approach to Development)[4]という考えで、頭文字をとって**RBA**と呼ばれます。

RBAについて、モンゴルのマンホールチルドレンの例をとって説明しましょう(図6−2)。

1990年代、ソ連崩壊の影響で経済が壊滅状態にあったモンゴルでは、街に失業者が溢れ、親から見捨てられた子どもたちがホームレスとなり、冬にはマイナス30度にもなる寒さを凌ぐためにマンホールの中で過ごす、という状況がみられました。1999年には、首都ウランバートルを中心に、こうしたマンホールチルドレンが3000人近くもいたといわれています。

マンホールチルドレンの人権を守るためには、国際協力団体が現地に行って、毛布を子どもたちに直接支給するという方法がありますが、これはＲＢＡではなく人道支援です。ＲＢＡの考えに基づくと、この子どもたちの人権を守る義務はモンゴル政府にあるため、国際協力団体が直接子どもたちに毛布を与えるのではなく、モンゴル政府が毛布を配布する、あるいはもっと根本的にマンホールチルドレンを保護するように働きかけることが必要、ということになります。

あくまで人権を守る義務は国家にある、というのがこの体系の基本です。とてもシンプルな考え方ですが、世界中の国々がそう考えているわけでは決してありません。

そもそも人権という概念がいまだ浸透していない国もあります。また、人権を守る義務が国家にあることを認識していても、その義務を果たすための資金がない、あるいは体制が整っていない、専門家がいない、などリソースが不足している国も少なくありません。たとえば１９７０年代のタイは、非常に貧しい国であったため、メーホンソーンやイサーンなど地方において、国家が人権を守る義務について賛同はしていたものの、残念ながら担保できない、というのが国としての立場でした。

ビジネスによる人権侵害

途上国では人権保護よりも集団的な権利が優先され、政府のガバナンスが機能していないといった課題を抱える一方、先進国では経済開発が優先され、国家の権限が縮小する代わりに企業の経済力が強まっています。結果、様々な側面で人権侵害の実態は改善せず、経済発展に伴って新たな人権問題も起きるようになってきました。

1990年代から2000年代にかけて、先進国のグローバル企業が、人権に関する法制が整備されていない途上国で事業を展開するにあたり、現地の法律は守っていると称して、強制労働・児童労働、環境破壊などを行った例が数多く報告されています（表6－2）。

たとえばナイキは、スポーツ用品の生産をアジアなど途上国の工場に委託し製造コストを低く抑えることで、世界を代表するスポーツ用品メーカーとして成功し、多くの利益を挙げてきましたが、1997年、インドネシアやベトナムなど東南アジアの委託先工場で、劣悪な環境での長時間労働、低賃金労働、強制労働、児童労働、セクハラなどが発覚しました。これに対して国際NGOなどから批判を受けた結果、大規模な不買運動が起こり、売上や株価に大きなダメージを受けました。

同様の事例は他の業種や地域でもたくさん起きています。国家が人権を守る義務を果たすためのリソースが不足し、企業が他国の人権を平気で侵害してしまうような状況に対し、国際社会はいっ

表6-2―― ビジネスによる人権侵害の例

年	企業名	人権侵害の内容
1990年代	シェル	ナイジェリアで全採油の4割を支配する同社が、人権侵害を行う軍事政権に対して利益供与。さらに、原油流出事故多発による水質・土壌汚染で先住民族は生活環境を汚染され、健康被害を受けた。
1997年	ナイキ	委託先工場における児童労働、低賃金労働、長時間労働、性的行為の強要、強制労働などが発覚。大規模な不買運動・訴訟などに発展した。
2003年	キャタピラー	同社製造のブルドーザーがパレスチナ占領地への侵攻時に家屋を破壊し、平和活動家殺害にも使用された。同社は大型ブルドーザーの輸出が一定期間禁止されるなどの措置を受けた。
2005年	ブリヂストン	リベリアの自社ゴム農園が劣悪な環境と児童労働の強要により告訴された。被害者が特定できず損害賠償は免れたが、企業としての責任は追及された。

たい何ができるのか。その問いに答えたのが、国際的な人権問題の権威である米国の国際政治学者、**ジョン・ジェラルド・ラギー**です。

図6-3―― ジョン・ジェラルド・ラギー
（2007年6月20日、ベルリン）

写真：picture alliance/アフロ

ビジネスと人権に関する指導原則

ハーバード大学ケネディ行政大学院で教授を務めるラギーは、1997年から2000年までコフィー・アナンのシニア・アドバイザーを務めていました。その間に、第1章で紹介したUNGCの設立に携わったことでも知られています。

ラギーは、2005年に「人権と多国籍企業」に関する国連事務総長特別代表に任命された後、各国や市民社会との協議を経て、2008年の国連人権理事会において、企業活動が人権に与える影響にかかる「人権を守る国家の義務」と「人権を尊重する企業の責任」を明確にし、また人権侵害の被害者が得られる「救済措置へのアクセス」の重要性を強調した「保護、尊重及び救済の枠組み」を提出しました。

この枠組みを運用するため、2011年に新たに策定されたのが、**ビジネスと人権に関する指導原則**（United Nations Guiding Principles on Business and Human Rights）[5]です。人権理事会に提出され支持された原則を普及促進するため、専門家で構成される作業部会が設立され、その後も大きな役割を果たしています。

この指導原則は、頭文字をとって「UNGP」、あるいはラギーの名前にちなんで「ラギー原則」とも呼ばれますが、本書では「指導原則」と略します。指導原則は、非常に画期的な内容で、ある意味で国際法まで転換するようなことが書かれています。

指導原則は、次の三つの認識に基づいており、あらゆる国家および企業に、その規模、業種、所在地、所有者および組織構造にかかわらず適用されるとしています。

ⓐ人権および基本的自由を尊重し、保護し、充足する国家の既存の義務

ⓑすべての適用可能な法令の遵守と人権尊重が要求される、専門的な機能を果たす専門化した社会的機関としての企業の役割

ⓒ権利と義務が、その侵害・違反がなされた場合に、適切かつ実効的な救済を備えているという要請

31の個別原則は、最初の10原則が国家の義務（State Duty）、次の14原則が企業の責任（Corporate Responsibility）、そして最後の7原則が救済へのアクセス（Access to Remedy）について書かれています。

特に重要なのが企業の責任に関する記述で、法的な義務ではないものの、国際社会に承認された人権に拠り、基本的な諸原則に則って社会的・同義的な責任を十分に認識し人権を尊重することを明確に求めています。

本章のはじめに、権利の裏に国家の義務を発生させるのが人権の図式であると説明しました。指導原則においては、国家の義務は変わらないものの、**企業はその経済的な影響に鑑みて、人権を担保する責任がある**、といっているのです。

図6-4—— ビジネスと人権に関する指導原則における人権の考え方

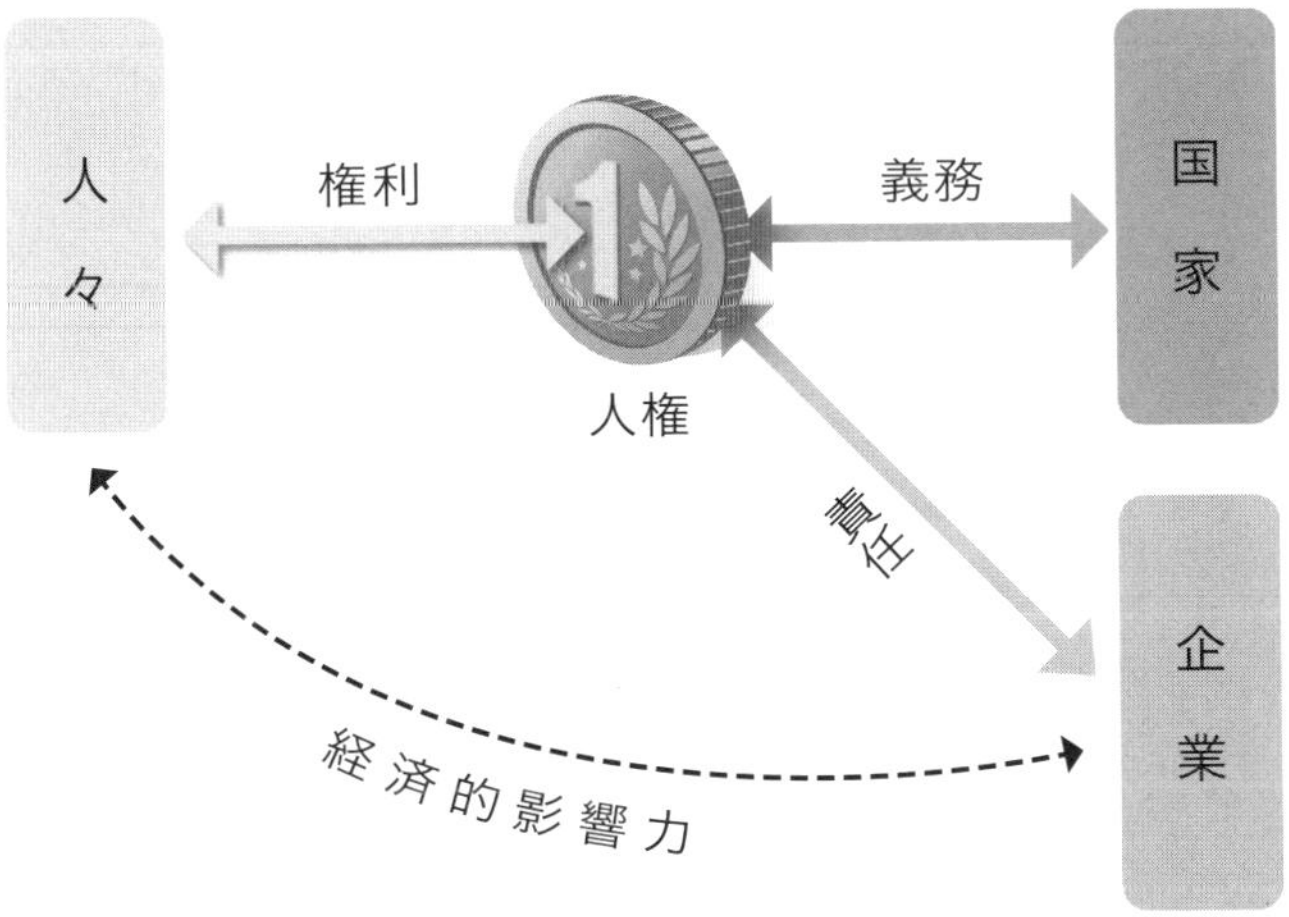

国際法上、国家主権は絶対です。その絶対である国家主権から、一定程度の責任を抜き出し、企業に負わせる、というのが指導原則の図式です(図6－4)。あくまで〝指導原則〟であり、法的拘束力は持たないソフトローという位置づけですが、国際法的な考え方からすれば、極めて大きなパラダイムシフトともいえます。

企業が途上国でビジネス活動等を行う、たとえばインドやバングラデシュの工場で製品を生産する場合、その国の国内法を守っているだけでは済まなくなってきており、経済的な影響を及ぼす以上は、指導原則をはじめとする国際基準に基づいて、その国の人々の人権を守る責任がある、ということになります。

そして現在、国際的な動向では、指導原則の規定をハードロー化し、企業にも一定の義務を負わせる方向に進みつつあります。次節で詳しく紹介しますが、欧米諸国を中心に、自国で活動する企業に対して人権の尊重を担保させる動きが盛んになってきています。

人権とSDGs

日本では特に、SDGsへの関心が高まるにつれて、ビジネスと人権という分野が注目されるようになりましたが、先ほど述べた通り、指導原則が採択されたのは2011年のこと。つまりSDGsが採択された2015年より4年も前に誕生しています。

SDGsの169ターゲットの中で、人権（Human Rights）という言葉が出てくるのはただ1回、4・7の教育に関するターゲットのみです。では人権はSDGsと関係がないのかというと、全く逆で、**人権はSDGs全体を支えるフレームワーク**にほかなりません。SDGsは、そのすべての目標が人権の尊重を包含しています。貧困の撲滅（生きる権利）、飢餓の撲滅（食べる権利）、教育の権利、ジェンダー平等、クリーンな水やエネルギーを得る権利、労働者の権利、格差解消（差別されない権利）、サプライチェーン上の権利、気候変動・環境汚染で生活を侵害されない権利、平和・法の下の平等など、SDGsはそのすべてが権利を謳ったものであり、人権がなければSDGsは成立しないといっても過言ではありません。

「2030アジェンダ」はまた、指導原則もその理念に含んでおり、「実施手段とグローバル・パートナーシップ」の章にある第67段落には、「『ビジネスと人権に関する指導原則と国際労働機関の労働基準』、『児童の権利条約』及び主要な多国間環境関連協定等の締約国において、これらの取り決めに従い労働者の権利や環境、保健基準を遵守しつつ、ダイナミックかつ十分に機能する民間セクターの活動を促進する」と明記されています。

人権という観点からSDGsを捉えることはまた、第3章で紹介したリンケージ思考にもつながります。ラギー自身も、2020年5月に開催されたQUICK ESG研究所によるオンライン・ワークショップにおいて、SDGsと人権の関係について「人権への正の影響を最大化する目標を重視すると、複利効果に等しい影響、つまり複数のSDGsの目標達成に貢献できます。たとえば目標5のジェンダー平等に取り組むことは、すべてのSDGs目標に対して正の波及効果をもたらします」と述べています(6)。

人権という言葉が17の目標に出てこないため、人権はSDGsのどのアイコンで表すのが適切か、といった質問を受けることがよくありますが、いずれか一つのアイコンで表すことができるものではありません。人権はSDGs全体を支える概念であり、またそれぞれの目標に密接に関わる要素であるため、強いていえば、17色のカラーホイールで表すのが最もしっくりくるように思われます。

世界における国別行動計画（NAP）の動向

前節で触れた国連ビジネスと人権作業部会は、指導原則の普及、実施にかかる行動計画を作成することを各国に奨励しています。これに迅速に反応したのが欧米諸国で、自国の実情と法令に則した**国別行動計画（National Action Plan；NAP）**の策定に着手しました。２０１３年に英国が世界で初めてＮＡＰを策定[7]して以来、イタリア、オランダ、ノルウェー、米国、ドイツ、フランスなど各国が続き、２０２０年5月現在で23カ国がＮＡＰを策定するに至っています[8]。２０１９年10月にはタイがアジア諸国で初めてＮＡＰを策定して話題になりました[9]（図６－５）。

英国現代奴隷法

ＮＡＰをベースとして、企業の人権対応をハードロー化する動きをいち早くとったのは、やはり

図6-5—— 世界のNAPおよび人権関連法の策定状況

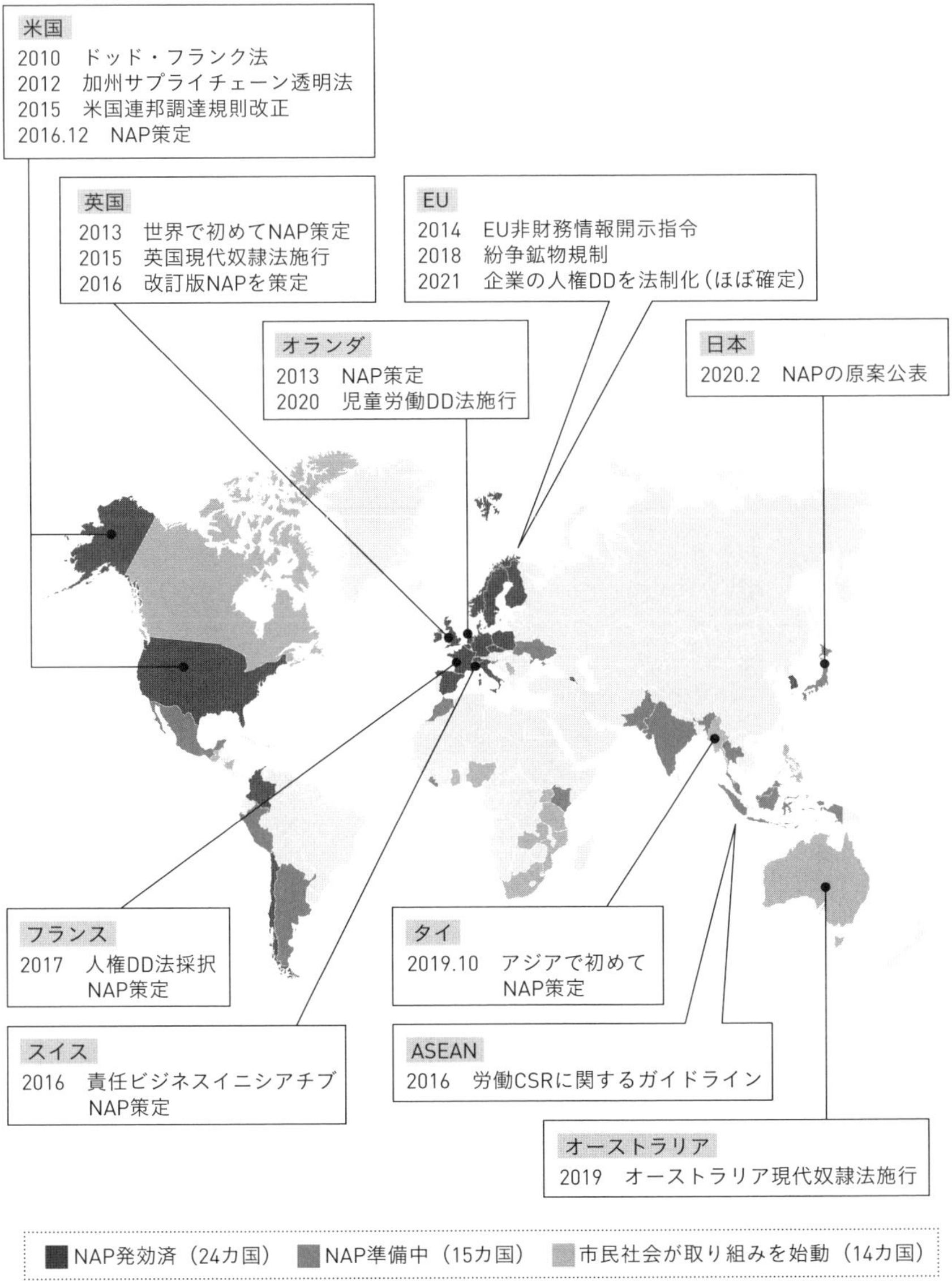

出所：デンマーク人権研究所（DIHR）
"NATIONAL ACTION PLANS ON BUSINESS & HUMAN RIGHTS"他を基に作成

英国でした。2015年3月に施行された**現代奴隷法**（Modern Slavery Act 2015）は、英国で活動し、世界での売上高が3600万ポンド（約48億円）を超える企業を対象として、「奴隷と人身取引に関する声明」を毎年度公表することを求めたものです。サプライチェーン上の強制労働や人身取引を根絶することを目的としており、**人権デューディリジェンス**（Human Rights Due Diligence、以下「人権DD」）のプロセスやリスクの評価・管理、モニタリング等を求めています（人権DDについては次節で詳述）。

英国企業のみならず、英国に子会社等の法人を置く外国企業も対象で、日本企業も多くが対象となります。2020年6月現在で1万7000社以上が声明を公表していますが、最低限の要件をすべて満たす企業はそのうちわずか29％とされています[10]。

違反した企業には無制限の罰金を科すと書かれてはいますが、英国政府は声明の要件を確認しないとしており、人権DDの実施も結果の報告も求めていません。しかし、声明を公表した企業が強制労働や人身取引を放置したとなると、それはレピュテーションリスクにつながります。罰則よりも情報開示に基づく市場からの評価にペナルティを委ねている点が、実に巧妙ともいえる法律です。

この法律では、奴隷という、ともすると現代では廃止されたかのように思われがちな言葉が使われていますが、実際には奴隷のような状況で労働をさせられ、企業から搾取されている「現代奴隷」は、世界に4000万人以上もいるとされます[11]。そのうち日本では3万7000人。海外のサプライチェーンまで含めると、日本企業が関与する現代奴隷はもっと多くの数に上るでしょう。委託先までは検知できない、と考える企業もあるかもしれません。しかし、そこまで把握して、是正するための方針を立て、取締役会で承認され、代表者が署名した声明を出すことを求めるのが、この英国現代奴隷法です。

オーストラリア現代奴隷法

英国に続いてオーストラリアが、2019年1月に現代奴隷法を施行しました。連邦およびニューサウスウェールズ（NSW）州において、企業が自社事業およびサプライチェーン上の奴隷労働のリスクを是正するため、そのリスクやDD実施プロセス等について声明の提出を義務づけるものです。連邦法は、オーストラリア国内で事業を行い年間売上高が1億豪ドルを超える企業、NSW州法は、NSW州内に従業員を有し年間売上高が5000万豪ドル超1億豪ドル未満の企業が、それぞれ対象となります。

声明は取締役の承認を得て毎年作成・公表する必要があり、報告を怠った企業や虚偽の報告をした企業に対しては罰金が科せられる場合があります。英国現代奴隷法と同様、多くの日本企業が対象になるはずですが、最初の報告の期限が最も早いケースで2020年末であるため、声明を公表した企業は2020年6月現在でまだ26社に留まっています(12)。

人権ＤＤ法制定の動き

欧州各国では**人権ＤＤ法**制定の動きも高まっています。

フランスでは２０１７年に人権ＤＤ法が施行されました。フランスで設立された企業が対象で、親会社およびフランスに本店を有する子会社が、連続する2会計年度末において5千人以上の従業員を有する場合、または親会社および子会社（本店がフランス外にある場合も含む）が合計で1万人以上の従業員を有する場合に、人権ＤＤの実施が義務づけられます。

オランダは２０１９年5月に「**児童労働ＤＤ法**」を制定し、２０２０年1月から施行されています。年2回以上、オランダの市場に製品・サービスを提供するすべての企業が対象で、サプライチェーンにおける児童労働の問題を特定・防止・評価するための人権ＤＤを実施することを宣言する声明を提出することが義務づけられました。

ドイツでは、２０１６年に策定したＮＡＰにおいて、一定以上の規模の企業を対象に人権ＤＤの実施状況を確認することが盛り込まれました。

イタリアは２０２１年1月に人権ＤＤ法の施行を予定しています。

日本のNAP策定

欧州の活発な動きで次第に外堀を埋められ、日本企業がビジネスと人権への対応を否応なしに迫られる中、日本政府もG20の一国として国際社会からNAP策定を含む枠組みの構築を求められてきましたが、日本のNAP策定の状況はどうなっているのでしょうか。

指導原則が策定された翌年の2012年以降、ジュネーブの国連本部では毎年11月に国連ビジネスと人権フォーラム（UN Forum on Business and Human Rights）[13]が開催されています。世界中から政府、民間企業、市民団体の関係者や法律家、投資家など2〜3000人が参加する、ビジネスと人権に関する世界最大のイベントで、広範なテーマで最新情報が交わされ、また政策的な決定がなされる場合もあります。2016年の第5回フォーラムで、当時の国連日本政府代表部の志野光子《しのみつこ》大使が、その公式ステートメントにおいて、日本でもNAPを策定することを宣言しました[14]。これを皮切りに、外務省を中心にベースラインスタディ（現状把握調査）が始まったと認識されます。

ベースラインスタディの結果は2018年12月に報告書として公表され[15]、2019年4月に有識者による諮問委員会および各関係者による作業部会が設置されました。同年7月には、諮問委員会・作業部会の意見等を踏まえて、全体的な五つの優先分野および特に重点的に検討する必要がある14の事項が特定されました[16]。

そして、意思表明から3年以上を経た２０２０年2月半ば、「『ビジネスと人権』に関する行動計画原案[17]」が取りまとめられ、3月半ばまでパブリックコメントが募集されました。わずか一カ月の間に数多くの市民団体や日本弁護士連合会などからパブリックコメントが寄せられましたが[18]、その大半は、原案に対して一定の評価をしつつも、多くの課題を提起しています。

各団体から寄せられたパブリックコメントで要請された改善点には、以下のようなものがあります。

- 「人権の保護義務を履行すること」が最重要の目的であると明確に表現する
- ビジネスと人権に関する関連政策の整合性確保だけではなく、国のあらゆる政策を指導原則の趣旨に沿って一貫性を担保して実施すると明示する
- ＳＤＧｓとの関係についての認識を具体的に記述する
- 指導原則の各原則が規定する国の人権保護義務との関係性を整理し、既存の施策の有効性分析やギャップ分析をした上で、ＮＡＰガイダンス[19]においても特定すべきとされている「優先分野」を明示する
- 今後実施する措置を詳細に記載し、検証可能な具体的な目標（ＫＰＩ）や関係府省庁を特定する
- 実施・見直しのプロセスを明確にし、第三者によるモニタリング、結果の公表も含め、包摂性・透明性を確保する

表6-3—— 日本政府によるNAP策定プロセス

2016年11月	ビジネスと人権に関する国別行動計画を作成する旨を、ビジネスと人権フォーラム(ジュネーブ)で公表
2018年6月	「拡大版SDGsアクションプラン2018」に国別行動計画の策定を記載
	「未来投資戦略2018『Society 5.0』『データ駆動型社会』への変革」に国別行動計画の策定を明記
2018年12月	企業活動における人権保護に関する日本の法制度や取り組みについての現状を確認するためのベースラインスタディを実施した結果を報告書として公表
2019年4月	有識者による諮問委員会、各関係者による作業部会を設置
2019年7月	諮問委員会・作業部会の意見等を踏まえ、全体的な5つの優先分野、特に重点的に検討する必要がある14の事項を特定
2020年2月	国別行動計画の原案作成、パブリックコメントを募集(3月まで)
2020年半ば	国別行動計画案を公表予定

出所:外務省「ビジネスと人権」を基に作成

- 権利保持者や市民団体等のステークホルダーが参画する機会および対話を充実させる
- 国内人権機関[20]の設置を検討する
- 行動計画の期間を5年ではなく3年とする
- 外国人技能実習制度の改善、ジェンダー視点に立った対策などを行う

表6－3の通り、予定では「２０２０年半ば」にNAPが正式に公表されることになっていましたが、新型コロナウイルス感染症拡大の影響もあってか、スケジュールがやや遅れ、２０２０年秋に公表される予定となっています。そんな中、２０２０年6月に、NAPの策定作業部会を構成する経団連、連合、グローバル・コンパクト・ネットワーク・ジャパン(GCNJ)、日本弁護士連合会、ILO駐日事務所等のステークホルダーは、新たにNAPへの提言として、ステークホルダー関与型のNAP実施・モニタリング・改定の体制整備

図6-6―― 各国がNAP策定に要した期間

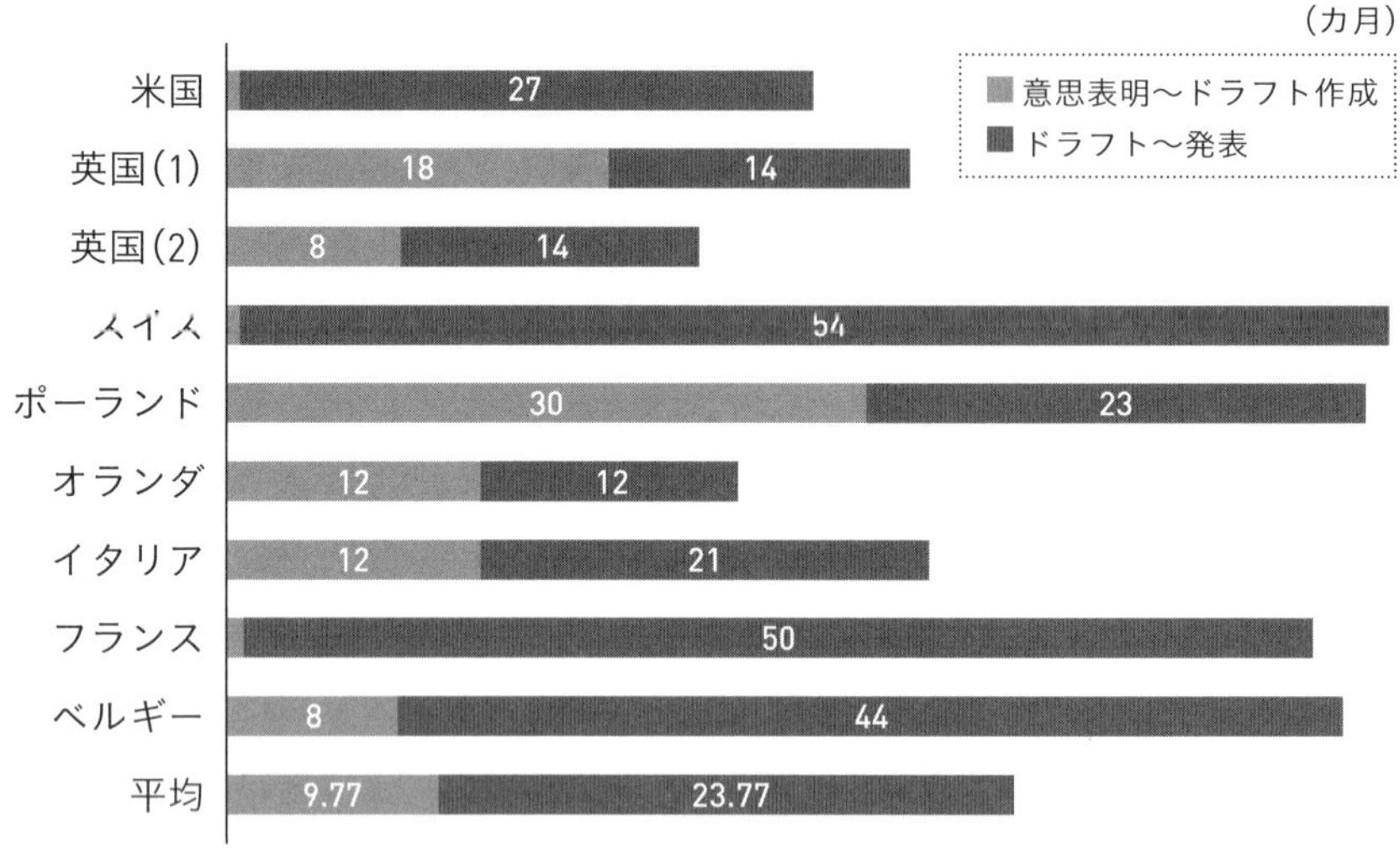

出所：デンマーク人権研究所(DIHR)
"NATIONAL ACTION PLANS ON BUSINESS & HUMAN RIGHTS"を基に作成

や、コロナ危機の人権への影響とその対応についてのNAPへの組み込などを盛り込んだ要請書を政府宛に提出しました。[21] パブリックコメントに加え、こうしたステークホルダーからの新たな意見がどの程度反映されるかを、諸団体は注視していることでしょう。

欧米諸国の例を見ても、NAP策定は時間のかかる作業であることがわかります。2018年10月までにNAPを策定した国が意思表明から原案作成に要した期間は平均で10カ月弱、原案作成から公表までは平均24カ月弱。[22] つまり、多くの国が、原案を作成した後、パブリックコメントを募集し、それを反映して公表するほうに時間をかけています(図6―6)。

アジアで最初のNAPを策定したタイの例を見ると、2016年に意思表明をしてNAPに関する国内委員会を設立した後、原案を作成してパブリックコメントを募った2019年2月まで約3年かかっています。同年10月に内閣がNAPを承認するまでの期間は8カ月と比較的短いものの、2018年末に草案に対する市民団体からの意見を求めるなど、事前の対話の機会を設けていました。

日本政府による、このように画期的で重要な計画の決定が、広くステークホルダーに対して聞く耳を持ち、意見を踏まえた形でなされることに期待します。

企業に求められる人権尊重の取り組み

日本企業がこれまで「人権」と捉えてきたのは、セクハラ、パワハラ、同和問題、消費者の権利といった、自社の従業員や直接の顧客との間に起こりえた伝統的な差別問題がほとんどでした。ビジネスと人権という文脈では、そうした従来の人権概念を遥かに超えて、取引先の取引先の、そのまた取引先までに及ぶサプライチェーンや、消費者の先にある社会や広告の受け手、直接の取引関係にはないNPOやNGOなども含めて、あらゆる人権侵害が起きていないかを考慮する必要があります。

たとえば、間接的な委託先である海外の工場で児童労働や強制労働が行われている、取引先が仕入れている原料の栽培地や採取現場で先住民の土地の収奪、森林の伐採、環境汚染などが行われている、取引先が外国人労働者を劣悪な環境で雇用している、といったあらゆる形態の人権侵害は、企業の合法的な契約関係を超えて、多少なりとも経済的な影響力を持つ以上は、すべてその企業が責任を持つべきことである、というのが指導原則の考え方です。たんに自国や現地法人のある国の法律を守っているだけでは不十分である、という世界へ移行しつつあります。

指導原則策定後も改善しなかった人権侵害

指導原則が策定された2011年以降も、当然のように企業による人権侵害は多々起きてきました（表6－4）。

日本企業で有名な例は、2015年にファーストリテイリングのブランド「ユニクロ」に関して、中国の下請け企業の工場で労働法規違反や極めて過酷な労働環境が明らかとなり、告発が行われたことです。東京に本拠のある国際人権NGO、ヒューマン・ライツ・ナウ（HRN）と、香港に拠点のあるNGO、SACOM（Students & Scholars Against Corporate Misbehaviour）、および**Labour Action China**が共同で2014年7月から11月にかけて潜入調査を行った結果、低賃金・長時間労働、床に溢れる排水や40度前後の室温など劣悪で危険な労働環境、労働者に対する罰金を含む厳しい処罰システムなどの実態が報告されました(23)。

その後まもなくして、今度はユニクロの下請けを行っているカンボジアの縫製工場でも、違法かつ過酷な長時間労働や不当な解雇等があったことが、これもHRNの調査によって報告されました(24)。

ファーストリテイリングは、これらに対して事実を認め、継続的な事実確認と改善活動を行うことを記した「ＣＳＲアクション」を公表しました[25]。その実際の取り組みやＮＧＯとの対話はまだ不十分であることも指摘されていますが、２０１８年の人権方針策定、人権委員会設置、人権ＤＤの実施、委託先工場の情報開示、委託先工場も対象としたホットライン窓口・救済措置など、改善のための対応を進めています。

海外の事例も紹介すると、２０１４年に、タイ最大のコングロマリットであるＣＰ（Charoen Phokphan）グループの食品会社がエビを調達していた先で強制労働など人権侵害が行われていたことが、英ガーディアン紙の報道で明らかになりました[26]。エビの餌を生産する業者が、ミャンマーやカンボジアなど周辺諸国出身の労働者を陸から孤立した洋上で操業する船で強制労働させ、長時間の無給労働を強要し、時には暴行や処刑なども行っていたといいます。

ＣＰはウォルマート、コストコ、カルフールなど欧米系の大手スーパーマーケットなどにも商品を卸していました。これら取引先は、改善に向けた働きかけ、サプライヤーに対する監査の徹底、あるいはＣＰとの取引停止といった対応を取りました。日本企業の名前は上がらなかったものの、日本はタイから大量のエビを輸入しています。今後はこうしたケースにおいても、輸入先の食品の餌がどのように調達されているかまで関知できない、では済まされず、責任を問われることが十分に考えられます。

表6-4—— サプライチェーン上の人権侵害の例

年	企業名・人権侵害内容		結果・対応
2011年	日立製作所	同社サプライヤーの現地工場において、移民労働者が不公正な処遇の改善について会社側に求めた。 会社から脅しがあったとして人権活動家が公表すると、主要な買い手である同社に対し抗議運動が発生。	•同社が現地工場に対して労働契約遵守と第三者監査を要求し、事態は収束 •2013年にShift(NGO)の支援を受け「日立グループ人権方針」制定
2015年	CP(Charoen Pokphand)	グループの食品会社がエビのエサを調達していた業者において強制労働が発覚。	•EUは貿易禁止措置を実施 •取引先(米国大手スーパーなど)による取引中止やエンゲージメント、監査等の実施 •英国の小売業界は、詳細を調査したのち労働者ホットラインの設置等の体制を整備
2015年	ファーストリテイリング	ユニクロ製品を作る中国の下請け工場でNGOが潜入調査を実施し、過酷な労働環境や労働法規違反について報告書を公表。	•事実を認めNGOとの対話を進めると発表 •CSRアクションをリリースし改善措置について公表したが、NGO側との間の実質的対話は実現せず •2018年6月人権方針策定、7月人権委員会設置

出所:認定NPO法人ACE「企業と人権リスク」(https://www.bhr.acejapan.org/hrrisk)ほか、本書脚注23～26の資料を基に作成

人権ＤＤの重要性

人権について語るときに「リスク」という言葉がよく出てきますが、この場合のリスクは企業や組織にとってのリスクではありません。あくまでも人権を侵害される人々のリスクです。たとえば児童労働による人権リスクは、その子どもたちが教育を受ける機会や保護を受けて健康で安全な生活を送る権利を奪われてしまうことを意味します。企業活動の結果、人間が当然に持つべき自由や権利を侵してしまう可能性がある、そのリスクをしっかり把握することが必要になります。

一方、人権侵害により企業が被るリスクも考慮しなければなりません。ビジネスと人権にまつわる課題に関心を払わないことは、ひいては訴訟や行政罰などの法務リスク、人材流出やストライキなどのオペレーショナルリスク、不買運動やＳＮＳでの炎上などのレピュテーションリスク、株価や投資のダメージを受ける財務リスクなど、様々なリスクを孕んでいます。すなわち人権リスクはそのままコーポレートリスクになりうるといえます。

この図式を企業として正しく理解し、人権に関連するリスクを把握し、評価し、改善に結びつけるための一連のプロセスが、**人権ＤＤ**と呼ばれるものです。

図６－７は、人権ＤＤを行うプロセスの一例を示したものです。まず重要なのは、経営のトッ

図6-7── 人権DDのプロセス

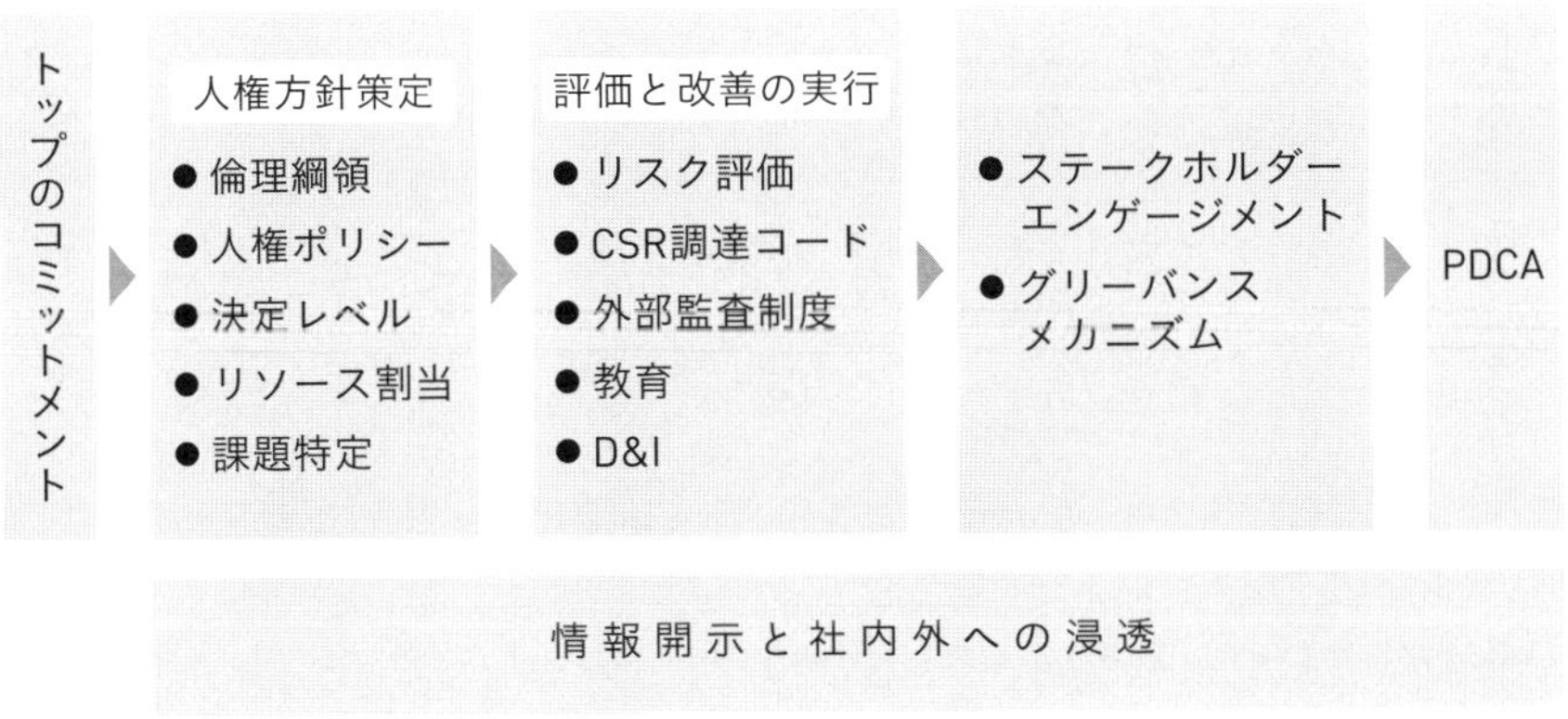

プがその重要性を理解し、全社的に取り組むとコミットすることです。

その上で、人権方針を策定します。さらに、企業活動により起こりうる人権リスクを抽出し、その発生可能性や深刻度に基づいてリスク評価を行います。リスク評価においては、自社組織のほかサプライヤー、事業パートナー等も含めて関係者にアンケート調査やインタビューを行い、リスクを特定し、評価し、人権侵害が起きている、または起きる可能性がある場合にはどのように改善し、または防ぐかを検討します。

リスクの予防と改善は、自社組織だけでは完結しないため、サプライヤーや事業パートナー等に対しても同じ目線で対処してもらう必要があります。そのために調達コードやガイドラインを策定して遵守を働きかける、あるいは第三者機関を活用して監査を行うことも有効です。

さらにはサプライヤーや消費者、市民団体等も対象に苦情処理を受けつけ処理するシステム、いわゆるグリーバンスメカニズムを構築し、各種ステークホルダーと対話（ダイアログ）

やエンゲージメントを行うこと、そして実効性の評価と見直しを行い、人権ＤＤのプロセス自体を改善していくことも求められます。

この一連のプロセスに関して、情報開示を随時行っていくことも必要です。

これはあくまで一例であり、実務においては、企業はその実情に応じて実行しやすい方法を採用し、既存の仕組みやルールを可能な限り活用しつつ、まずはリスクが最も潜んでいそうなところから着手することを推奨します。日本企業では、すべての仕組みをきっちり作り、万全の体制ができないと物事を進められないということがありがちですが、それではいつまで経っても人権ＤＤを行うことができません。その間にも、サプライヤーで深刻な人権侵害が起き、人々の安全や命が危険に晒されているかもしれない、そのことを企業は認識すべきです。

指導原則22に、「企業は、負の影響を引き起こしたこと、または負の影響を助長したことが明らかになる場合、正当なプロセスを通じてその是正の途を備えるか、それに協力すべきである」と書かれています。この原則には、コメンタリーも含めてCause（引き起こす）、Contribute（助長する）、Linked（結びついている）という三つのキーワードがあります。すなわち、企業が実際に人権侵害を引き起こしているのか、サプライチェーンのずっと上流などで起きている人権侵害を看過し助長しているのか、あるいは引き起こしても助長してもいないものの、その事業や製品・サービスが取引関係によって直接関連しているのか、という違いによって、是正する必要性の度合いが異なることを意味しています。こうした概念は、人権ＤＤを行う上で何を重視し、どのようにリスク評価を行うかを検討する上で重要になってきます。ただし、忘れてはならないのは、企業は自らが原因となったものであれ、助長または関係したものであれ、負の影響については中長期的な計画に基づいて、すべて対処する責任を負うということです。

人権DDにおいて求められているのは、結果として人権侵害のリスクをゼロにするということではありません。企業がビジネス活動をする限り、国境も超えるサプライチェーンにおける人権リスクを完全になくすことは不可能です。むしろ、リスクは常に潜在していることを理解した上で、人権侵害を未然に防ぐ、または人権侵害が起きた際に救済する仕組みを構築する、といった対応を、適切な方法論に沿い、確固たる哲学と方針をもって、一貫したプロセスで行うことが重要なのです。

人権対応のベンチマーク：CHRB

第4章では、ESGのテーマとしてビジネスと人権が注目されていることを紹介しました。企業による人権の尊重は、長期的な企業価値向上や持続可能性を評価する上でも考慮すべき要素であるため、機関投資家も参加する国際イニシアチブが企業の人権対応を採点し、ランキングを公表するという動きが出てきています。

その主要なものが、ＣＨＲＢ（Corporate Human Rights Benchmark）とKnowTheChain《ノウザチェーン》の二つです。

ＣＨＲＢは、国際ＮＧＯのビジネスと人権リソース・センター（Business & Human Rights Resource Centre）、人権ビジネス研究所（ＩＨＲＢ）、ＥＩＲＩＳ財団や、機関投資家のAVIVA Investors、スウェーデン・ノルデア銀行などが構成するイニシアチブで、２０１７年より毎年ベンチマークを公表しています。

２０１９年11月に公表されたベンチマークでは、農業、アパレル、資源採取、ＩＣＴの４業種、約２００社が対象となりました[27]。

ベンチマークは百点満点で、平均は24・３点。トップはアディダスの83・３点で、同社は２０１８年のベンチマークでも唯一80点台をマークしていました。日本企業は２０１８年のわずか２社から、２０１９年は18社に増えましたが、その大半が平均点を下回り、14社が20点未満という結果でした（表６－５）。

ただ、点数の低い企業が人権対策を何もしていないかというと、決してそういうわけではありません。２０１９年の結果報告を見ると、前回のベンチマークの対象になった企業の平均点は31・４点、初めて対象になった企業の平均点は17・２点と、明らかな相違があります。わずか１年で人権対応が改善したというよりは、人権対応に関する情報開示を改善したことが大きいと思われます。ベン

表6-5── CHRBの2019年ベンチマーク

点数	企業
80～	アディダス
70～	リオティント、ユニリーバ、マークス&スペンサー、BHPビリトン等
60～	ENI、アングロ・アメリカン、インディテックス、ケロッグ等
50～	GAP、VF、コカコーラ、ロイヤル・ダッチ・シェル、ネスレ、ペプシコ等
40～	ハイネケン、**ファーストリテイリング**、ダノン、ナイキ、マイクロソフト等
30～	サムスン、ウールワース、ネクスト、インテル、アップル、シェブロン等
20～	**イオン**、ゼネラル・ミルズ、マクドナルド、**キリン**、**アサヒグループ**等
10～	**東京エレクトロン**、**キヤノン**、**JXTG**、**国際石油開発帝石**、**村田製作所**、**日立製作所**、**任天堂**、**日本製鉄**、**セブン&アイ**等
0～	**サントリー食品**、**京セラ**、**HOYA**、**ファミリーマート**、**キーエンス**等

出所：The 2019 Corporate Human Rights Benchmark Resultsを基に作成

チマークの手法や採点基準はすべて公開されており、ガバナンスとポリシー、人権尊重と人権ＤＤ、救済とグリーバンスメカニズム、人権慣行、深刻な申立への対応、透明性の六つのカテゴリーに分かれ、それぞれの項目で自社が何点とされたのか、その理由も確認できるようになっていますが、詳しく見ると、それぞれの対応について、ウェブサイトなど一般に確認できる開示情報のどこで該当項目が確認できるか、というのがほとんど基準になっています。要するに、情報開示が重要な要素となるのです。

２０１７年よりベンチマークの対象となってきたファーストリテイリングは、２０１７年の10点台から、２０１８年には20点台、２０１９年は40点台と、大幅にスコアが改善しました。当然ながら、前述の通り人権対応の進展も確実にありましたが、情報開示の工夫も大きく貢献したと考えられます。

もちろん、たんに情報開示すればよいということではなく、人権DDの仕組みを整え、機能させ、適切な情報公開を行うのが、あるべき姿です。ただ、適切な情報開示を伴う人権対応は自ずと透明性が確保され、実効性にプラスに働くともいえるでしょう。CHRBでは、最も人権侵害のリスクが高そうな業種に対象を絞っていますが、今後業種を拡大し、対象企業も千社を目指すとしており、2020年のベンチマークでは自動車産業を追加することが既に公表されています。この動きが、あらゆる業種の企業の人権対応を後押しするものと期待されます。

人権対応のベンチマーク：KnowTheChain

KnowTheChainは、英国のNPOヒューマニティ・ユナイテッド（Humanity United）、ビジネスと人権リソース・センター、ESG評価会社サステナリティクス（Sustainalytics）、トムソン・ロイター財団等によるパートナーシップで、2016年より隔年で、企業の強制労働・人身取引への対応に重点をおいたベンチマークを公表しています。

CHRBと同様に、人権侵害のリスクが高いとされるICT、飲食料、アパレル・靴の3業種で、2018年に約120社がベンチマークの対象となりました[28]。また、2020年6月にはICTセクター49社の最新ベンチマークが公表されました（表6－6）。KnowTheChainでは、業種ごと

表6-6── KnowTheChainの2018年、2020年のベンチマーク

点数	2018年（アパレル、飲食料）	2020年（ICT）
90〜	アディダス	
80〜	ルルレモン・アスレティカ	
70〜	GAP、プリマーク、インディテックス	ヒューレット・パッカード・エンタープライズ
60〜	ユニリーバ、ケロッグ、コカコーラ、H&M、ナイキ、プーマ等	HP Inc.、サムスン、インテル、アップル、デル
50〜	ネスレ、ウォルマート、ラルフローレン、バーバリー等	マイクロソフト、シスコシステムズ等
40〜	**ファーストリテイリング**、**アシックス**、アンダーアーマー等	ノキア、アマゾン等
30〜	ダノン、ウールワース、キャンベル等	**ソニー**等
20〜	カルフール、コストコ、ハーシー、マイケルコース等	**日立**、**任天堂**等
10〜	**サントリー**、エルメス、LVMH、フェラガモ等	**村田製作所**、**東京エレクトロン**、**キヤノン**、**パナソニック**、**HOYA**、**京セラ**等
0〜	プラダ、**しまむら**等	**キーエンス**等

出所：KnowTheChain 2018 & 2020 Benchmarkを基に作成

に異なるタイミングで結果を公表しています。評価項目はコミットメントとガバナンス、トレーサビリティとリスク評価、調達行動、採用活動、労働者の声、モニタリング、救済措置の7項目です。百点満点のベンチマークで、やはり圧倒的な1位は92点のアディダスでした。先に事例として挙げたナイキと同様、アディダスもグローバルなスポーツブランドとして、そのサプライチェーン上で相当の人権リスクを抱えているはずですが、それを踏まえて可能な限りの対策に取り組んできたことが窺えます。一朝一夕ではこのような評価は得られないでしょう。

日本企業は、13社が対象となっていますが、ファーストリテイリングとアシックスが40点台とそれなりの評価を得ており、2020年より対象に加わったソニーは初のベンチマークで36点を獲得したのに対し、すべてにおいて0点という残念な結果になった企業もありました。

海外の高級ブランドとして知られるアパレル企業も、軒並み20点未満です。これにはブランドイメージとの関係で敢えて人権施策の情報開示を控えているという面もありますが、企業価値を測る上では、そうしたブランディングが必ずしもプラスだけには働かないような時代にきていることを、こうしたベンチマークは示しています。

ESGインデックスの評点を上げることがESG対応の目的になりえないのと同様、人権対応のベンチマークの点数を上げること自体には意味はないといえますが、サプライチェーンも含めた人権に配慮できない企業が、持続的な価値向上を期待できないとして投資対象から外されることは、想像に難くありません。

「責任ある企業行動」の新たな地平

これまで企業の人権対応について、おもにサプライチェーンの上流、つまり原材料の調達先や製造の委託先などが関わる話をしてきました。しかし、サプライチェーンの下流においても人権侵害は起こりえます。

その意味で国内外のビジネスと人権の議論において最近注目されているのが、広告表現とＩＴ、特に人工知能（ＡＩ）に関するトピックです。

たとえばサプライヤーの工場における強制労働というと、身近な問題ではないものの、過酷な人権侵害の状況は想像できます。一方、サプライチェーンの下流における広告等の影響の話は、具体的な被害者を特定できない場合も多いため、人権ＤＤの対象と考えにくいのが実状です。ただ、人権侵害という観点では看過してはならない分野です。

広告表現による人権侵害

例としてまず挙げるのが、イタリアを代表するブランド、ドルチェ&ガッバーナの広告動画です。同社は2018年11月に、予定されていた上海ファッションショーの宣伝用に広告動画を出しましたが、その1シーンに、中国人とみられる女性が箸を使って不器用にピザを食べる様子が映し出されていました。これに対して、人種差別的であるという批判が巻き起こり、あっという間に中国で炎上したのです。

この問題への対応が配慮を欠いていたことから、さらなる炎上を引き起こし、大規模な不買運動が起き、上海ファッションショーは中止となってしまいました。同社は一夜にして中国の巨大なマーケットを失うこととなりましたが、その後も影響が残り、中国での売上は停滞が続いているといいます。

この例は、中国においてブランド価値を毀損したのみならず、欧米を代表するブランドの一つが中国やアジアの人々に対する**アンコンシャス・バイアス（無意識の偏見）**を持っていることを露呈したケースでもあります。

もう一つ、日本企業の例として、2019年1月の日清食品がカップヌードルの広告としてネット上に公開したアニメーション動画の炎上があります。テニスの大坂《おおさか》なおみ選手がアニメのキャラクターとして登場する動画で、実際の大坂選手に比べて白い肌で描かれていたことで議論が噴出しました。日清食品は、この動画のモチーフとなったアニメ作品である『テニスの王子様』の世界観を壊さないようにした、と説明し、すぐに動画を公開停止にしました[29]。

おそらくその説明に大きな嘘はなく、制作した側に悪気はなかったのでしょうし、迅速に謝罪をしたことに一定の評価はできます。問題なのは、この動画を公開するまでに社内で複数の決裁を経ていたはずであるにもかかわらず、誰もこの内容に異論を唱えなかった、つまり人権尊重という意識が醸成されていなかったということです。

多くの人々の目に触れる広告だからこそ、アンコンシャス・バイアスが入り込まないように十分に留意する必要があります。たとえば家電や食品のテレビCMで、女性が料理など家事をして、男性は座って食べるだけ、といった内容のものを見かけることもよくあります。これは明らかにジェンダー・ステレオタイプを描いたもので、欧米ではそのような広告表現を排除する動きがあります。女性だけが台所に立っている姿を描く広告に異論を唱えない企業が国際社会の目にどのように映るか、気づくべきときにきています。

AIと人権

ＡＩもまた、アンコンシャス・バイアスを助長する可能性のあるものとして、ビジネスと人権に関する議論の対象になっています。

やや古い事例となりますが、アマゾンが有料会員向けに提供している「アマゾン・プライム」というサービスのケースを例に挙げます。日本でも利用している方は多いと思いますが、２０１６年に、米国ではアマゾン・プライムの当日配送サービスの対象地域から黒人居住区が除外されていたことをブルームバーグ・ニュースが報じました(30)。

これに対してアマゾンは、プライム会員の集中する地域をＡＩが自動的に優先したため、と説明しました。つまり、ＡＩがビッグデータを基に顧客の動向を推計した結果、低所得者の多い黒人の居住区でプライム会員になっていない顧客が多かったため、そのような振り分けがなされたということです。アマゾンはこれを見直し、配達の格差を解消しましたが、ＡＩに潜むアンコンシャス・バイアスのリスクが浮き彫りになりました。

ＡＩは簡単にいうと、マシンラーニングが進化したものです。ビッグデータから様々な情報を収集し、その中からパターンを見つけて分析し、最適解を出します。生年月日や性別、人種等の情報がなくても、他のデータからパターンを見出すので、たとえば化粧品を購入する多くの女性に共通する特徴のパターンがわかれば、たとえ女性という情報をどこにも入力しなくても、その特徴を持つ人がサイトにアクセスしたときに化粧品の広告を見せる、ということが可能になります。

人材紹介サービスにおいても、同様の仕組みで、航空機のパイロットには男性を推薦し、秘書や受付のスタッフには女性を推薦するというパターンが出たりします。また、全く同じ内容の履歴書であっても、白人を想起させる名前と、黒人を想起させる名前をＡＩに読み込ませると、白人を想起させる名前の人のほうに高い報酬をつける、といったことも起こりえます。怖いのは、バイアスが無意識であるために、ユーザーでさえ差別的な結果であることに気づきにくい点です。

こうしたバイアスは、当然ながらＡＩがもともと持っているわけではなく、現実社会のバイアスが何らかの形でインプットされた結果です。グーグルが提供するフォトアプリ「グーグル・フォト」で黒人の写真が「ゴリラ」とタグづけされてしまった例もあるように[31]、人から「学習」したバイアスを助長させてしまうリスクがＡＩにはある、という議論がなされているわけですが、現在の技術では、それを防ぐためにどうすればよいかという答えがまだありません。ＡＩはただ現実社会からパターンを認識し応用するだけであり、忖度はしないので、人間の持つバイアスがそのまま現れているのです。

米国ではＧＡＦＡＭがＡＩ開発を牽引しており、ＡＩ活用のルールは企業の自主規制に委ねられています。一方、欧州では、ＥＵ主導のＡＩ倫理ガイドラインが２０１９年４月に発表されました。日本も欧州と足並みを揃え、ＡＩの七つの原則（人間中心のＡＩ社会原則）を策定しました（図６－８）。

図6-8 —— 日本政府が策定したAIの七つの原則

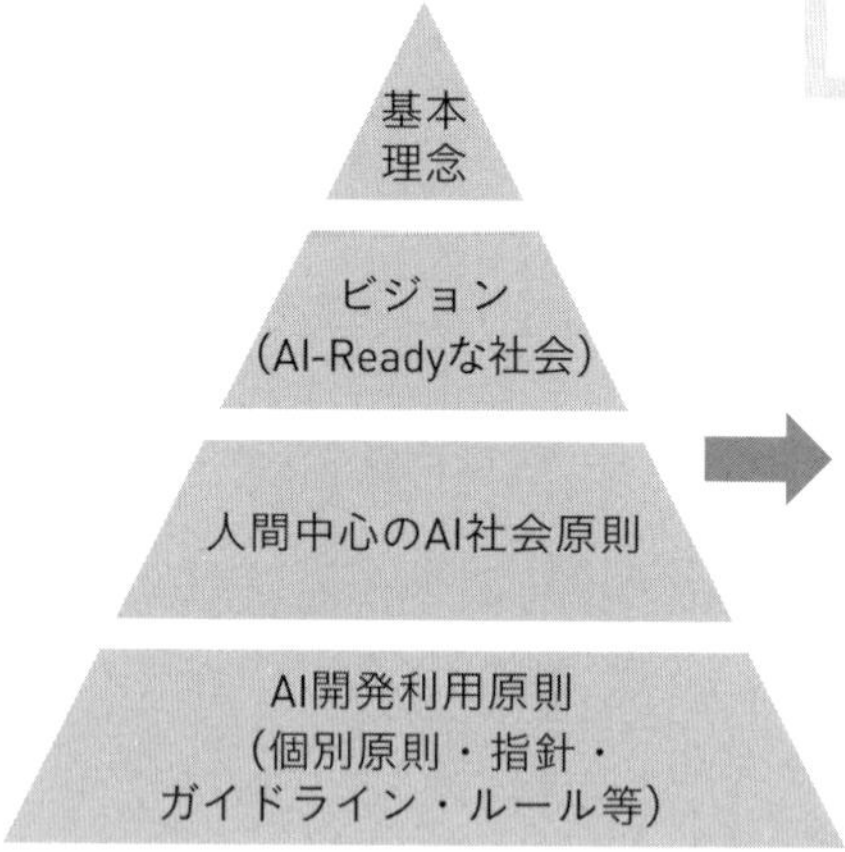

社会がAIを受け入れ適正に利用するため
社会が留意すべき基本原則（7原則）

1	人間中心の原則
2	教育・リテラシーの原則
3	プライバシー確保の原則
4	セキュリティ確保の原則
5	公正競争確保の原則
6	公平性、説明責任、及び透明性の原則
7	イノベーションの原則

出所：人間中心のAI社会原則会議「人間中心の AI 社会原則（案）」（2019年3月29日）を基に作成

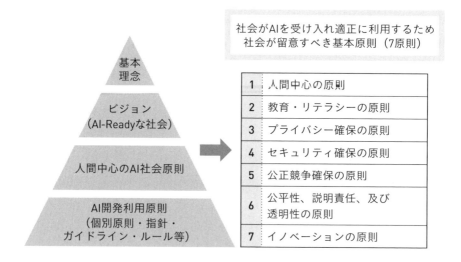

新型コロナウイルスと人権

技術の進化とともに、ビジネスと人権に関する諸課題も拡大していくことが予想されます。人々の生活のあり方、働き方や行動様式が大きく変わりつつある中で、企業の人権への取り組みはますます複雑かつセンシティブな対応を求められています。それと同様に注目されるのが、新型コロナウイルス感染症の拡大が人権に与える影響です。新型コロナにより起こりうる負の連鎖については第1章のコラムで述べましたが、感染拡大により企業活動が深刻な打撃を受ける中で、企業がいかに雇用や人々の生活を守り、人権への負の影響をできるかぎり緩和できるのか、真の意味で持続可能な価値を社会に提供していくための責任ある企業行動への要請が一気に高まりました。

ウィズ・コロナから来るべきポスト・コロナの時代に向けて、ビジネスと人権のあり方を改めて問い、対応を促す動きが出ています。たとえば、日本におけるビジネスと人権に関するプラクティスの向上・普及、ビジネスにおける人権尊重やステークホルダーとの対話・救済の促進を目的として結成された「ビジネスと人権ロイヤーズネットワーク」（BHR Lawyers）は、2020年4月に調査レポート「新型コロナウイルス感染症拡大の人権への影響と企業活動における対応上の留意点」を公表しました[32]。この中で、日本企業がコロナ危機後のよりよい社会に向けて、責任のある企業行動をとるために実行することが期待される10の行動を「コロナ危機後のより良い社会に向けた革新的かつ責任ある企業行動に関する基本アクション（ＣＯＶＩＤ－19＆ＢＨＲ基本アクション）」として取りまとめました（図６－９）。

また、機関投資家からも、企業に対して責任ある行動を求める動きが出ています。２０２０年４月、世界50カ国以上の年金基金や運用会社などの機関投資家が参加し、54兆ドルの運用資産を持つ国際コーポレート・ガバナンス・ネットワーク（ＩＣＧＮ）は、企業経営者に対して、「Ｃｏｖｉｄ－19蔓延下でのガバナンスの優先課題」（Governance Priorities During the Covid-19 Pandemic）と題するレターを公表しました[33]。このレターには、コロナウイルスが蔓延する中で、世界規模での新たな形の協力への要請に応えるべく、企業が従業員の安全と福利を確保すること、役員報酬や配当よりも企業の長期的な財務の健全性・安定性の維持を優先すること等が書かれています。企業が従業員の権利を守るためには配当減さえ容認する意思を、機関投資家がグローバルな規模で表明した動きとして注目されました。

先述したＣＨＲＢやKnowTheChainでも、２０２０年のベンチマークに関しては、企業の負荷を減らすために評価項目を限定する、コロナに関連する人権対応の評価を組み込むといった特例を設けています。その結果、小手先でスコアを上げるのではなく、人権に関して本質的な取り組みと情報開示を十全に行ってきた企業がより高い評価を得るという結果も確認できることでしょう。

アフター・コロナの復興について、「Build Back Better」（以前よりもよい状態にする）という言葉をよく耳にするようになりました。企業はこれまで当たり前に受けてきたサプライチェーンの恩恵

図6-9――「COVID-19 & BHR基本アクション」で提案された10の行動

1. 影響評価
2. 安全衛生の確保
3. 雇用の継続
4. サプライチェーンへの対応
5. 不安定な労働関係への配慮
6. 社会的に脆弱なグループへの配慮
7. 苦情処理・問題解決体制の整備
8. 医療従事者及びエッセンシャルワーカーへの支援・配慮
9. プライバシーの配慮
10. パートナーシップ

出所：ビジネスと人権ロイヤーズネットワーク「COVID-19&BHR基本アクション」（https://www.bhrlawyers.org/covid-19-bhr）より転載して作成

を改めて見直し、社会的責任をしっかりと認識する必要があります。

人権とは、人の営みを最優先に考え、人の本来のあり方に配慮する思想です。まさに現在のように、子ども・高齢者・女性・障がい者・外国人など社会的に脆弱な人々が、特に大きな負の影響を受ける可能性がある状況下で、企業が人権を尊重することは、ＳＤＧｓが目指す世界を追求することにほかなりません。

1　商品・サービスの供給の流れをサプライチェーン、価値の流れをバリューチェーンと分けて併記する場合もあるが、本章では企業が扱う商品・サービスの供給から消費・廃棄まで様々なステークホルダーが関係する一連の流れをサプライチェーンと呼ぶ。

2　外務省「世界人権宣言（仮訳文）」
https://www.mofa.go.jp/mofaj/gaiko/udhr/1b_001.html

3　ジョン・ジェラルド・ラギー『正しいビジネス』（東澤靖訳、岩波書店、２０１４年）

4　ＵＮＤＰ「A Human Rights-Based Approach to Development Programming in UNDP」（２０１５年11月）
https://www.undp.org/content/undp/en/home/librarypage/democratic-governance/human_rights/a-human-rights-based-approach-to-development-programming-in-undp.html

5　国際連合広報センター「ビジネスと人権に関する指導原則：国際連合「保護、尊重及び救済」枠組実施のために」（２０１１年３月）
https://www.unic.or.jp/texts_audiovisual/resolutions_reports/hr_council/ga_regular_session/3404/

6　ＱＵＩＣＫ ＥＳＧ研究所「Business & Human Rights Today ビジネスと人権のいま」
https://www.esg.quick.co.jp/event/1113

7　英国はその後２０１６年に改訂版ＮＡＰを公表している。

8　National Action Plans on Business and Human Rights
https://globalnaps.org/

9　アジアでは韓国が２０１８年に「ビジネスと人権」に関する章を含む「人権国別行動計画」を発表したが、「ビジネスと人権に関するＮＡＰ」は策定していない。

10　Modern Slavery Registry
https://www.modernslaveryregistry.org

11　Global Slavery Index
https://www.globalslaveryindex.org/

12　注10と同様。

13　国連人権高等弁務官事務所（ＯＨＣＨＲ）"About the UN Forum on Business and Human Rights"
https://www.ohchr.org/EN/Issues/Business/Forum/Pages/ForumonBusinessandHumanRights.aspx

14　在ジュネーブ国際機関日本政府代表部「第５回国連ビジネスと人権フォーラム、ビジネスと人権に関する指導原則に係る国別行動計画セッション、志野光子大使ステートメント」（２０１６年11月16日）

15 https://www.geneve-mission.emb-japan.go.jp/itpr_ja/statements_rights_20161116.html
外務省「ビジネスと人権に関するベースラインスタディ報告書」（2018年12月）

16 https://www.mofa.go.jp/mofaj/files/000433657.pdf
外務省「ビジネスと人権に関する我が国の行動計画（NAP）の策定に向けて」（2019年7月）

17 https://www.mofa.go.jp/mofaj/files/000502531.pdf
外務省「『ビジネスと人権』に関する行動計画　原案」（2020年2月）
https://www.mofa.go.jp/mofaj/files/100005380.pdf

18 ビジネスと人権NAP市民社会プラットフォームのウェブサイトに主要な市民団体からのパブリックコメントの一覧が掲載されている。
https://www.bhr-nap-cspf.org/recommendation/pc2-0/
日本弁護士連合会による意見書は同会ウェブサイト参照
https://www.nichibenren.or.jp/document/opinion/year/2020/200317.html

19 国連ビジネスと人権に関する作業部会が2016年11月に最終版を提出した「ビジネスと人権に関する国別行動計画の指針（Guidance on National Action Plans on Business and Human Rights）」をここでは「NAPガイダンス」と略記している。NAPの策定、実施、アップデート（改定）の各段階に関して提言する内容で、政府だけでなく「関与するすべてのステークホルダーのための参照ガイド」を意図しているとされている。

20 裁判所とは別に、人権侵害からの救済と人権保障を推進し、簡易・迅速に人権侵害の問題を解決するための国家機関のことで、国連が世界各国に求めている国際的な人権基準を国内で実行するためのシステムの一環としての役割が期待されている。世界各国では110の国内人権機関が設置されているが、まだ日本には設置されていない。

21 ILO駐日事務所「ビジネスと人権に関する国別行動計画（NAP）発表に向けて、ステークホルダーが昨年に引き続き第2の共通要請事項を提出」（2020年6月2日）
https://www.ilo.org/tokyo/information/pr/WCMS_746756/lang--ja/index.htm

22 デンマーク人権研究所（The Danish Institute for Human Rights）"National Action Plans on Business & Human Rights: An Analysis of Plans from 2013 – 2018"（2018）

23 Students & Scholars Against Corporate Misbehaviour「中国国内ユニクロ下請け工場における労働環境調査報告書」（2015年1月）

http://hrn.or.jp/activity2/ユニクロキャンペーン報告書%20日本語%20150113.pdf

24 ヒューマンライツ・ナウ「【声明】カンボジア・縫製産業で違法な搾取労働が横行　政府および国際ブランドの責任が問われている。」（2015年4月）
https://hrn.or.jp/activity/2144/

25 株式会社ファーストリテイリング「取引先工場労働環境改善に向けた取組みの進捗について」（2015年7月）
https://www.fastretailing.com/jp/sustainability/news/1507311700.html

26 The Guardian "Revealed: Asian slave labour producing prawns for supermarkets in US, UK"（2014年6月10日）
https://www.theguardian.com/global-development/2014/jun/10/supermarket-prawns-thailand-produced-slave-labour

27 Corporate Human Rights Benchmark: 2019 Results
https://www.corporatebenchmark.org

28 KnowTheChain Benchmarks（2018）
https://knowthechain.org/benchmarks/

29 日清食品「『新テニスの王子様』とのコラボレーション企画について」（2019年1月30日）
https://www.nissin.com/jp/news/7532

30 Bloomberg "Amazon Doesn't Consider the Race of Its Customers. Should It?"（2016年4月21日）
https://www.bloomberg.com/graphics/2016-amazon-same-day/

31 The Guardian "Google says sorry for racist auto-tag in photo app"（2015年7月1日）
https://www.theguardian.com/technology/2015/jul/01/google-sorry-racist-auto-tag-photo-app

32 ビジネスと人権ロイヤーズネットワーク「新型コロナウイルス感染症拡大の人権への影響と企業活動における対応上の留意点（第1版）」（2020年4月27日）
https://www.bhrlawyers.org/covid19

33 International Corporate Governance Network "Governance Priorities During the Covid-19 Pandemic"（2020年4月23日）
https://www.icgn.org/sites/default/files/6.%20ICGN%20Letter%20to%20Corporate%20Leaders%20All%20translation.pdf

個が確立し、お互いに尊重しあい、目的を共有することで
強いチームをつくったラグビー日本代表（2019年W杯）。

第7章

SDGsの実現に向けたダイバーシティ&インクルージョン

【写真：ロイター/アフロ】

ダイバーシティ&インクルージョンはSDGsに欠かせないキーワード

最近では「ダイバーシティ&インクルージョン」を経営上の重要課題であると考える企業が増えてきました。一方で、その言葉の本質的な意味を正確に理解できている人はあまり多くはないかもしれません。

ダイバーシティ（多様性）とは、「色々な差異がある状態」のことを表します。その差異には、性別・人種・身体的能力・宗教・階級などの社会的属性のみならず、知識・経験・能力・価値観などの目に見えにくい違いも含まれます。

そして差異、「一人ひとりが違っていること」が「個性」として受け入れられ、その「個性」が尊重され、そして十分に活かされている状態が**インクルージョン（包摂）**です。

ではダイバーシティ&インクルージョン（以下、D&I）とSDGsの間には、どのような関係があるのでしょうか。実は、SDGsの中に多様性という目標はありません。一方で「2030アジェンダ」の前文には、生物多様性や遺伝的多様性、自然や文化の多様性など、「多様性」という表現が繰り返し出てきます。そして「包摂」または「包摂的」に至っては、文書全体にわたって「持続可能性」の次に多く登場する言葉となっています。つまり、SDGsにおいて、ダイバーシティとインクルージョンは欠かすことのできないキーワードであるといえます。

SDGsとD&Iの関係を考える上で重要になるのが、前文の第二段落で宣言される**「誰ひとり取り残さない」**という決意です。第1章で述べた通り、この理念には二つの意味があります。

一つは多様性の尊重です。障がいを持つ人、性的少数者、民族的少数者、女性、高齢者など、構造的、社会的に弱い立場に置かれがちな人々も、社会活動に平等に参加できるようにすべきだという考えです。

もう一つは格差、不平等の解消です。MDGsの時代に広がってしまった格差をなくし、誰もが平等に参加できる世の中を作るために、わざわざMDGsにはなかった「人や国の不平等をなくそう」という格差解消に関する独立した目標が作られたのです。

この章では、SDGsを語る上で非常に重要な概念であるD&Iが、持続的な社会や企業を作り出すためになぜ必要不可欠なのかという点について詳しく説明します。多様でインクルーシブな世界がどういうものであるべきかを考えるために、まずは格差、不平等について掘り下げて考えてみましょう[1]。

富める者はさらに富み貧しい者はさらに貧しくなっていく世界

2013年に出版され、世界中でベストセラーとなった『21世紀の資本（Capital in the Twenty-First Century）[1]』の中で著者のトマ・ピケティは、資本から得られる収益率が経済成長を上回れば上回るほど、富は資本家へ蓄積されるということを指摘しました。過去200年以上のデータ分析から、資本収益率（r）が平均で年5％ほどであったのに対して、経済成長率（g）が1から2％であったことを突き止め、経済的不平等が増していった構造をr＞gという非常にシンプルな不等式で説明しました[2]。

多くの方がご存知の通り、残念ながら世界は、格差と不平等であふれています。オックスファムが2017年に出した報告書「99％のための経済（An Economy for the 99％）」では、富める者と貧しい者の格差が、これまで考えられていたよりも大きかったことが示されました。1％の富裕層が所有する富は、その他99％の人々の富をすべて合わせたものを上回り、世界で最も豊かな8人が、世界人口のうち経済的に恵まれない下から半分にあたる36億人分に相当する資産を所有しているというのが、現在の世界の不平等の状況です[3]。

富める者はさらに富み、貧しい者はさらに貧しくなっていくという構図は、有名なボードゲーム「モノポリー」で遊んだことがある人ならより感覚的にわかるでしょう。ボード上に存在する「不動産」を所有し、他のプレイヤーから賃料を徴収していくというシンプルなゲームです。最初はウキウキとした気分でゲームがスタートするわけですが、いつの間にか持つ者と持たざる者とに分かれ、富が一極集中していきます。運悪く自分が持たざる者になってしまった場合は、ひたすら他人の物件の賃料を支払うために、自分が持つ数少ない土地を抵当に入れたりしなければならないわけですが、そのような状態に陥ると心理的にも大変苦しく、子どもでも「もうやめたい」と途中で投げ出したくなることでしょう。

このようにモノポリーは、累進課税のような所得分配の仕組みがない状態で、富がどんどん持つ者に集中していくことがよくわかるゲームですが、スタート時はみな平等です。最初に全プレイヤーに同じだけの金額が配られ、全員がゼロからスタートします。ところが実社会ではそうではなく、人は生まれたときのスタート地点がみなバラバラで、生まれ落ちた環境で既に持つ者と持たざる者とに分かれています。そして非常に不公平な状態で人生のゲームがスタートするわけです。経済的結果を決定づける要因としては、親の持っている資産があるかないか、という家庭環境が大きいのですが、それ以外にも、生まれた国や地域、性別、肌の色、身体的特徴など、様々な環境や遺伝的要因が、その人の一生を大きく左右します。

機会の不平等と社会的流動性

このことについて、米国の大学で行われた「特権アクティビティ」は、示唆に富んでいます。学生たちがフィールドに集められ、横一列に並べられた後に、「これから徒競走をして勝った人には100ドルの賞金が与えられる」と告げられます。走る前に、いくつかの質問について、当てはまる人は2歩前に出るように、また当てはまらなければその場に留まるようにいわれます。

「両親がいまも結婚しているという人は2歩前へ」
「父親がいる家庭で育った人は2歩前へ」
「私立の学校に通った人は2歩前へ」
「親が雇った家庭教師がいた人は2歩前へ」
「携帯電話を止められる心配をしたことがない人は2歩前へ」
「親に対して経済的なサポートをしたことがない人は2歩前へ」
「運動能力による免除以外で、学費を自分で払わなくていい人は2歩前へ」
「次に食べる食事の心配をしたことがない人は2歩前へ」

この時点で、前に進んだ人は後ろを振り返るようにいわれます。「前にいる人達は、100ドルを勝ち取る可能性が後ろにいる人達よりも大きいだろう。しかし君達は自分たちが競争するのに優位なスタート地点に立たせてもらっているということにすら気づいていない」という教師の言葉でこのアクティビティは締めくくられます。[4]

スタート地点での不平等を**機会の不平等**といいますが、教育はそれを打ち消す最大の投資です。ことに高等教育に関しては、その投資効果は絶大で、米国では大学を卒業した人の平均年収は、そうでない人の最大約2倍です。大卒の平均年収が男性で8万1354ドル、女性で6万0069ドルなのに対して、大学を出ていない人はそれぞれ4万2298ドル、3万2825ドルという統計があります。[5]この実験に参加した大学生の間でも、それぞれに様々な格差や不平等が存在しますが、それでも大学教育までたどり着いたわけですから、そうでない人々に比べてより多くの機会を得ることができる可能性が非常に大きいといえるでしょう。

教育がもたらす最大の効果に、**社会的流動性（ソーシャル・モビリティ）**というものがあります。貧しい家庭に生まれた人が、奨学金などを得て大学に進み、医者になる、といったふうに、貧しい身分で生まれた人が社会的地位においてどれだけ上の階層にあがるチャンスがあるか、ということを表す概念です。最近は、自由や平等が実現されている社会かどうかを判断する材料の一つとして、社会的流動性を指標化する動きが活発です。生まれたときの階層から上にあがるチャンスがあればあるほど社会的流動性は高く、自由や平等がより実現されている、ということになるわけですが、

2020年に世界経済フォーラムが発表した調査によると、デンマーク、ノルウェー、フィンランドといった北欧諸国が上位を占めており、日本は対象の82カ国中15位でした(6)。

この社会的流動性がこのところ停滞していることが、今、問題になっています。2020年のOECDの調査報告書では、貧しい家庭出身の子どもが平均所得に達するのに、少なくとも5世代または150年かかると試算しています。つまりその人がいくらがんばっても、ひ孫の代まで貧しいままだというのです。同報告書では、「ベタベタの床(sticky floor)」と「ベタベタの天井(sticky ceiling)」という言葉が使われており、社会の最下層と最上層にいる人達は長くそこに留まり、中間層にいる人達の7世帯に1世帯が、貧困層に下方移動するリスクを抱えていると説明されています(7)。

持つ者が持たざる者を差別する仕組み

社会階層が再生産され、所得格差が開き続けると、どのようなことが起きるのでしょうか。

2013年にカリフォルニア大学の社会心理学者であるポール・ピフが、大変興味深い研究をしています。先述のモノポリーの例では、プレイヤーは最初に同じだけのお金を受け取ります。これに対してピフは、最初から不平等な状況を作り出し、学生たちにこのゲームをプレイさせたのです。

100組以上のペアを作り、コインを投げて無作為にペアの一人に金持ち役を割り当てました。金持ち役のプレイヤーは最初に相手の2倍のお金を受け取り、2個のサイコロをふってゲームをするように指示されます。金持ち役になった学生は、最初は苦笑いしながらゲームをしていますが、しばらくすると一様に相手に対して横柄な態度を取り始めるのです。当然ながら最初から土地や会社を買い占めることができる側と、まったく不動産投資ができない側に分かれ、勝ち負けが固定されるわけですが、いつのまにか勝っているほうが「自分は優秀だから勝っている」と勘違いし、負けているほうを見下し始めるのです。ピンは何千もの被験者の行動を観察し、一つの解にたどり着きます。人間は富を多く手にするほど慈悲や同情の気持ちが減り、権利意識や自己利益についての観念が強くなるという結論です(8)。

この発見は、社会的弱者を生む構造そのものではないかと思います。自身の優位的な立場が自分の能力のおかげと思い込み、上の階層にあがってくることができない人々に対して「能力が低いから」と考え、自分よりも下にいる人を蔑んだり、軽んじたりするようになる仕組みとして説明できないでしょうか。社会的弱者が差別を受ける構造も、強者のこのような思い込みからくるものであるといっても過言ではありません。

SDGsのベースにあるのは人権の概念

こうしてみると、やはり人間社会は不平等といえますが、人間はそうして何千年、何万年もの間、悔しい思いをしてきたわけです。そこで、少なくとも機会については生まれながらにしてみな平等にすべきである、と宣言したのが人権という概念です。

第6章で人権の概念について説明しましたが、SDGsは人権尊重の考え方がベースにあります。「2030アジェンダ」の宣言第8段落には、そのビジョンとして、「人種、民族、文化的多様性が尊重され、最も脆弱な人々のニーズが満たされる世界を目指す」と書かれています。17の目標、169のターゲットからなるSDGsですが、すべてが達成されたときの世界はどのようなものなのか、その世界がこの段落に描かれています。そしてこの段落の最後に出てくるのが、「**社会的に包摂的な世界**」という言葉です（図7－1）。

第6章でも述べましたが、この人権というフレームワークは、人類がこれまで考え出した中でも最高のビジネスモデルといえます。全員が権利を持っていると宣言することによって、同量の膨大な義務を生み出すからです。つまり人権というものは、もともとの人間の不平等性あるいは不条理をいかに補完するか、という体系であり、SDGs全体を支える重要な概念として17のそれぞれの

図7-1—— 社会的に包摂的な世界

「2030アジェンダ」宣言第8段落

我々は、人権、人の尊厳、法の支配、正義、平等及び差別のないことに対して普遍的な尊重がなされる世界を思い描く。人種、民族及び文化的多様性に対して尊重がなされる世界。人間の潜在力を完全に実現し、繁栄を共有することに資することができる平等な機会が与えられる世界。子供たちに投資し、すべての子供が暴力及び搾取から解放される世界。すべての女性と女児が完全なジェンダー平等を享受し、その能力強化を阻む法的、社会的、経済的な障害が取り除かれる世界。そして、最も脆弱な人々のニーズが満たされる、公正で、衡平で、寛容で、開かれており、社会的に包摂的な世界。

出所：外務省による仮訳

目標と密接な関わりを持ちます。

人権はＤ＆Ｉを考える上で最も重要な要素であることは間違いありませんが、一方で、ジェンダー平等など、Ｄ＆Ｉに関連する目標の達成を「経済的な合理性」といった側面から捉える動きも出てきています。

企業の死活問題としての多様性推進

これまで基本的に権利の話、すなわち、あるべき姿についての話をしてきました。一方で、経済的合理性、つまり「多様性が豊かなほうが組織やビジネスとして強い、だから取り組もう」という、もう一つの流れもあります。多くの企業が「多様性」を重要な取り組みとして掲げるようになりましたが、そのような状況の中で、「多様性は本当に儲かるのだろうか」と、日々自問している経営者の方も多いのではないでしょうか。

「個の能力や特質を組織の強みにしていこう」といったD&Iに対するビジネスの視点が主流化してきたのは、ここ10年くらいのことです。「差別はよくないから、また法律で定められているから、様々な人を雇いましょう」という消極的な理由から、「多様な人が働いている組織のほうが変化に強く、新しいアイデアも出やすいから」という積極的な理由にシフトしてきています。

実際、多様性が高い企業は、そうでない企業よりもよい業績を上げており、多様性が低い企業が被るデメリットが明確になってきているのも事実です。マッキンゼーが2019年に15カ国、

1000社以上の企業を対象に行った調査でも、ジェンダー、民族、文化などの多様性が高い企業の利益率は、各業界の中央値を上回っており、たとえば民族・文化的多様性において上位25％に入る企業は、業界の中央値よりも利益率が36％高かったことがわかっています(9)。

投資家がD&Iに関する情報やデータの開示を求めはじめたことも、企業がこぞって施策に乗り出すきっかけとなりました。2018年のコーポレートガバナンス・コードの改訂で、取締役会の構成について「ジェンダーや国際性を含む多様性」を求める記述が加わり、ゴールドマン・サックス・アセット・マネジメントやステート・ストリート・グローバル・アドバイザーズといった世界有数の資産運用会社が、「取締役に女性がいない会社の取締役選任議案に反対する」といった議決権行使規程を定めるようになりました。さらに、株主総会で女性活用の具体的な取り組みや進捗状況について、一般株主が説明責任を求める場面も増えてきました。もはや多様性推進は企業にとって選択肢の一つではなく、死活問題であるといっても過言ではないでしょう。

同質性の高さで成し遂げた日本の高度成長

日本の企業文化は、戦後の技術革新がもたらした均質性のもとに築かれました。高度成長期、特に1960年代から80年代にかけて、日本企業は高い技術力で低コスト化と小型化を図り、同じような人たちと長時間働き、同じ品質のものをたくさん作るというビジネスモデルで世界を席巻しました。このような経験をともにした団塊の世代と、その少し後の世代の人たちは、その成功体験をほぼ遺伝子の中に取り込んでしまったような状態で、そこから抜け出せなくなっているように思われます。24時間働くことで価値を出すということを体が覚えてしまっているわけです。しかし、参照枠が過去の成功体験だけであるという状況では、現代の消費者や顧客の多種多様な需要になかなか対応できません。

さらに、均質で一枚岩の組織のほうが、意思決定が早いのではないかという思い込みもあります。取締役会に女性が入ることで意思決定が遅くなると考え、心の中で、「いやー、女性入れたら、なんかいろいろいわれてややこしくなるよね」と思っている男性が実はたくさんいるはずです。しかし、均質であることの恐ろしさを考えてみてください。

均質であることのリスク

生物界を見れば一目瞭然ですが、そもそもオスとメスとが分かれていることや、血液型がA・B・O・ABとあることも、すべて生存のためのリスク回避ということができます（図7－2）。分かれていることによって、いずれかの種に対して攻撃してくるような病原体から生き残ろう、または自

図7-2　多様性がリスクを回避する

オスとメス

オスとメスが存在する理由は、環境変化に対応するために、多様な種を残す必要があるため、という学説が有力説

事例　人間は男女によってかかりやすい病気が異なる

性別	かかりやすい病気
男性	胃の悪性腫瘍、結腸・直腸の悪性腫瘍、気管・気管支・肺の悪性腫瘍、慢性腎臓病、糖尿病、心疾患、慢性閉塞性肺疾患、慢性腎臓病
女性	乳房の悪性腫瘍、脂質異常症、気分（感情）障害、アルツハイマー病、高血圧性疾患、喘息、歯肉炎及び歯周疾患

血液型

血液型によってかかりやすい病気がある、という学説を複数の公的機関が唱えている

事例　人間は血液型によってかかりやすい病気が異なる

血液型	かかりやすい病気
A	胃がん、唾液腺がん など
B	膵臓がん、糖尿病、肺炎 など
O	皮膚がん、胃潰瘍、十二指腸潰瘍 など
AB	心臓病、認知障害、インフルエンザ など

出所：厚生労働省　平成29年（2017）患者調査の概況、久住英二『血液型でわかるかかりやすい病気と対策』（扶桑社、2019年）を基に作成

然淘汰の法則を乗り越えようという、遺伝子の知恵であるということもできるでしょう。

そういう意味から、少なくとも生物学的には、均質であることは極めて大きなリスクとなりえます。そしてこのことは企業においても全く同じです。企業の意思決定に関わるメンバーが全員男性という会社も少なくありませんが、均質性が高い組織では、非常に強い同調圧力が働きます。たとえば「社長、それ違いますよ」と声を上げようと思ってもできないのです。その結果、多様な視点から見た議論がされないまま意思決定が行われてしまいます。これは、非常に危険な状況です。

国内最大とも呼ばれる粉飾決算が行われたことで有名なオリンパス事件では、組織ぐるみで1000億円近い損失を10年以上にわたって隠し続けた末に、同社の不正を追求しようとした

外国人社長を早期解任して大きな注目を集めました。刑事事件にまで発展し、一時は上場廃止の危機にまで陥ったオリンパスですが、雑誌の取材に対して社員が投じた言葉が、同社の同調圧力がいかに強かったのかを物語っています。

「うちは声を上げないという社風ですから」(10)

多様性は本当に強いのか

組織に対し均質性がもたらすリスクについて述べましたが、一方で、はたして多様性は本当に強いのでしょうか。

この問いについて、欧米ではとっくに結論が出ています。それは世の中を動かす人たちが明らかに変わってきたことと無関係ではありません。グーグルのラリー・ペイジとサーゲイ・ブリンは、同社創設時には二人とも25歳でしたし、アマゾンのジェフリー・ベソスは31歳、フェイスブックのマーク・ザッカーバーグは19歳、ユーチューブのジョード・カリムは25歳、アップルのスティーブ・ジョブズは21歳でそれぞれ創業しています。(11)そしてそういった若い人たちが作った新しい価値観に基づいた企業文化が、既に主流化しつつあるのです。

そうした企業で働く社員たちは、インターネットが急速に普及し、Windows 95が発売された1995年以降に子ども時代を過ごした人たち、すなわち2020年現在40歳未満の「ミレニアル世代」にあたります。2025年には世界の労働人口の75%に達するといわれているミレニアル世代の人たちは、デジタル機器に囲まれ、SNSを通じて多種多様な価値観に触れて育ったため、多様性に対する指向性が高く、仕事を通じてよりよい社会、世界の実現に貢献する意欲を持っています。[12] そういう人たちが会社を動かし、企業のあり方や働き方を根底から変えています。

日本でもシェアリングエコノミーや副業といった新しい仕組みが浸透してきています。新型コロナウイルス感染症の影響で、加速度的にリモートワークも増え、働き方の多様化も大きく進んだといえるでしょう。しかし、日本の経営者は今でも多様性推進について、あたかもそれが単なる選択肢の一つであるかのように捉えています。「今ある状況をよりよくするために」、あるいは「VUCAの時代だから、変化に対応できるようにするために」といった動機で、多様性推進を一つの施策として地道にコツコツと進めていこうと考えている向きがあるようです。

ここで、不可逆の地殻変動は既に起きている、と明言します。少子高齢化が進む日本においても、2025年には労働市場の半分以上がミレニアル世代で占められるようになるのです。にもかかわらず、多くの日本企業の経営層はバブルを経験し、ジャパン・アズ・ナンバーワンの時代を24時間働いて戦い抜いた古武士を中心に構成されています。現在の日経225銘柄の企業の社長の平均年齢は68・1歳、TOPIX100銘柄の企業の社長の平均年齢は69・3歳だそうです。そして2019年時点で日経、TOPIX両方を見ても、女性会長・社長はそれぞれただ一人ずつ、

ＤｅＮＡの南場智子代表取締役会長と、トレンドマイクロのエバ・チェン代表取締役社長だけです。[13]日本の企業経営において、経営陣の多様性推進が急務であることは間違いないといえるでしょう。

ジェンダー平等はSDGsのレバレッジ・ポイント

ジェンダー平等と女性のエンパワーメントは、SDGsを推進する上での極めて重要なレバレッジ・ポイントです。ジェンダー平等は、他のすべての目標に関わっていますし、人口の半分を占める女性が平等に社会参画を果たすことは、貧困削減や教育、保健など、あらゆる課題の解決に直結しています。

この点について、「2030アジェンダ」では宣言第20段落で、「ジェンダー平等の実現と女性・女児の能力強化は、すべての目標とターゲットにおける進展において死活的に重要な貢献をするものである」と明言されています。また、「人類の潜在力の開花と持続可能な開発の達成は、人類の半数に上る（女性）の権利と機会が否定されている間は達成することができない」と続きます（図7－3）。女性活躍が否定された社会は、人類の潜在能力の半分を眠らせたままにしているというわけです。

世界経済フォーラムの「ジェンダーギャップ指数2020」で世界153カ国中121位となっ

図7-3――SDGsのジェンダー平等

「2030アジェンダ」宣言第20段落

“ジェンダー平等の実現と女性・女児の能力強化は、すべての目標とターゲットにおける進展において死活的に重要な貢献をするものである。人類の潜在力の開花と持続可能な開発の達成は、人類の半数に上る〔女性〕の権利と機会が否定されている間は達成することができない。女性と女児は、質の高い教育、経済的資源への公平なアクセス、また、あらゆるレベルでの政治参加、雇用、リーダーシップ、意思決定において男性と同等の機会を享受するべきである。我々は、ジェンダーギャップを縮めるための投資を顕著に増加するために努力するとともに国、地域及びグローバルの各レベルにおいてジェンダー平等と女性の能力強化を推進する組織への支援を強化する。女性と女児に対するあらゆる形態の暴力は男性及び男子の参加も得てこれを廃絶していく。新たなアジェンダの実施において、ジェンダーの視点をシステマティックに主流化していくことは不可欠である。”

出所：外務省による仮訳

図7－4―― 女性活躍により日本のGDPが大きく増加することを予測する調査・分析

IMF作業文書 (2012年10月)	「日本が女性の労働参加率を他のG7並みに引き上げられれば、**一人当たりのGDPはベースラインよりも4%**上昇、北欧並みになれば8%上昇するであろう」と推計
OECD報告書 「Closing the Gap: Act Now」 (2012年)	日本の女性の労働参加率が男性並みになれば、2030年までに労働力はほとんど減少しない、さらに労働参加率の男女格差が解消すれば、**今後20年で日本のGDPは約20%近く増加する**と予測
マッキンゼー報告書 「The Power of parity」 (2018年4月)	より多くの女性が労働市場に参画し、労働時間が増え、女性がリーダーシップを発揮するようになれば、**2025年までに日本のGDPに35兆円が上乗せされ6%増加する**との分析を発表
ゴールドマン・サックス レポート 「ウーマノミックス5.0」 (2019年4月)	男女の就業率格差が解消し、さらに労働時間格差がOECD平均になれば、**日本のGDPは15%押し上げられる可能性がある**と分析。また、女性管理職比率の高い日本企業は**増収率や自己資本利益率が高い傾向がある**と指摘

た日本においては、女性活躍によりGDPが大きく増加することを予測する調査や分析が数多く発表されています（図7－4）。2018年のマッキンゼーの報告書では、より多くの女性が労働市場に参画し、労働時間が増え、女性がリーダーシップを発揮するようになれば、2025年までに日本のGDPは6%増加すると予測されています。[14]

ゴールドマン・サックスも、2019年の報告書において、男女の就業率格差が解消し、さらに労働時間格差がOECD平均になれば、日本のGDPは15%押し上げられる可能性があると分析しています。[15]

日本でも盛んに女性活躍、男女共同参画、ウィメノミクスなどが叫ばれているのにもかかわらず、なぜジェンダー平等が進まないのでしょうか。多くの企業で女性の社外取締役を採用したり、管理職に女性を中途採用で登用したりして、女性の取締役比率、管理職比率を高めようとしています。ただそのような施策に拘泥するあまりに、そもそも多様性推進を阻んでいるマインドセットを変えるということを積極的に行っていないのが現状です。女性管理職比率や補助金の額など、数値を達成することで問題を解決しようとしていて、その根源にあるステレオタイプや偏見といった、価値観の部分に手が届いていない気がします。

日本で男女共同参画が謳われるようになったのは、日本政府が「女子差別撤廃条約」（1979年）を批准するために、「男女雇用機会均等法」を成立させた1985年頃です。しかし、それから35年経った現在も、日本社会にはいまだに「男性は仕事、女性は家庭」という固定的な性別役割分担意識が根強く残っています。多くのジェンダー平等促進施策が思うような成果につながらないのは、この意識と社会規範、そしてそれらに基づいて設計されている制度が大きな要因となっているのです。

共働き世帯が増えてもなお膨大な「家事格差」

誰もが知っている漫画の『サザエさん』や『ドラえもん』では、母親が家で家事を担い、父親が外で仕事をするという、昭和の一般的な家庭像が描かれています。しかし現実には、1997年を境に、共働き世帯の数が片働き世帯の数を上回り、現在では全体の約7割が共働き世帯となってい

図７-５―― 共働き等世帯数の推移

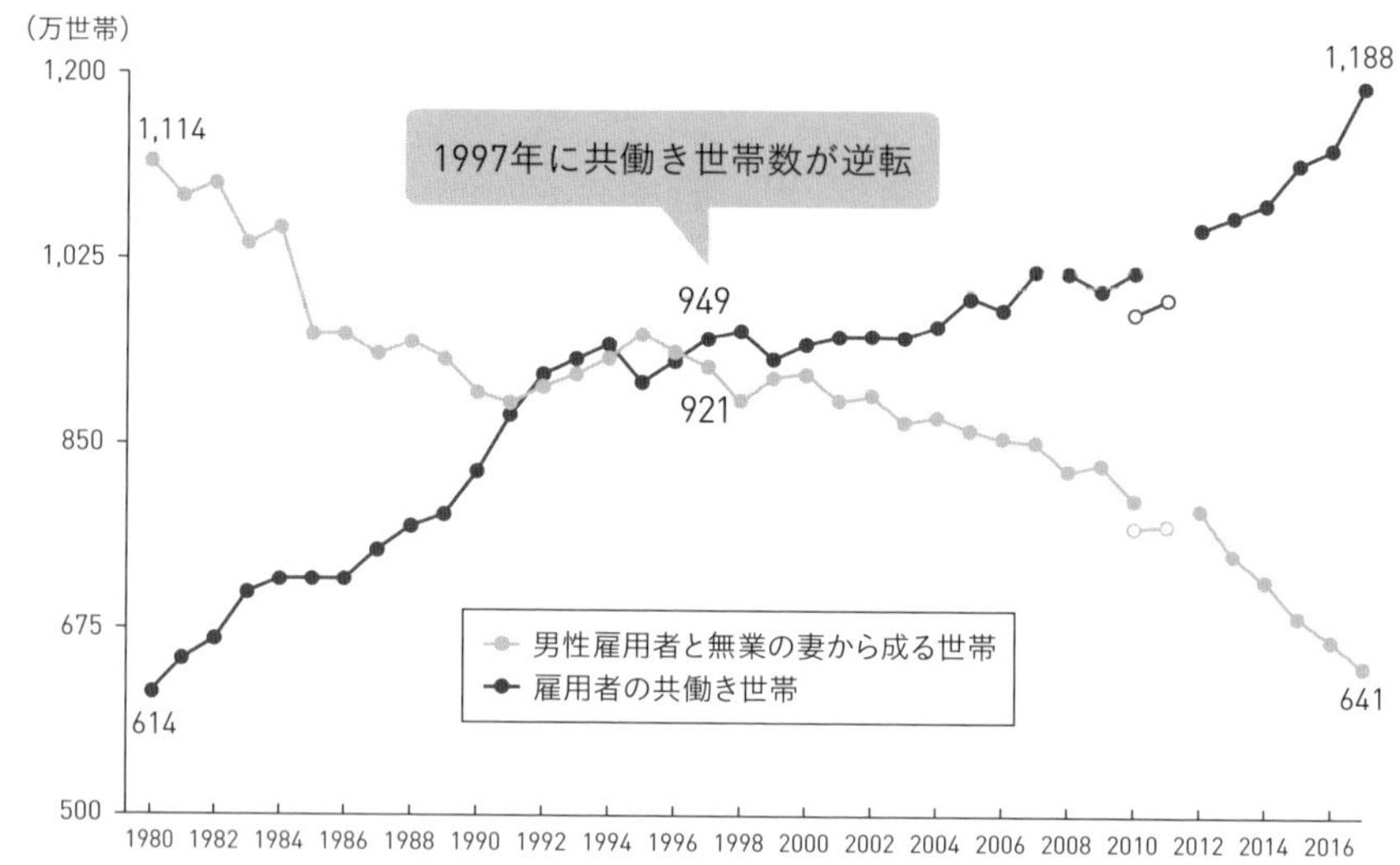

出所：内閣府男女共同参画局「男女共同参画白書 平成30年版」を基に一部加筆して作成

ます[16]（図７―５）。

総務省の最新の調査（２０１６年）によると、６歳未満の子どもを持つ妻が家事に費やす時間は週３時間７分、育児に費やす時間は週３時間45分でした。一方、夫が家事に費やす時間は週17分、育児に費やす時間は週49分であったと報告されています[17]（図７―６）。夫婦と子ども（６歳以上も含む）の世帯全体でみると、妻が専業主婦の世帯における夫の家事・育児従事時間は週50分であったのに対して、共働き世帯の夫は週46分でした。つまり共働きであろうがなかろうが、男性はほとんど家事・育児に参画していないという現実が、いまだに一般的な日本の家庭像であるということなのです。

多くの企業の女性活躍推進施策は、女性の時短勤務を奨励したり、育休前後の相談窓口を設置し

図7-6—— 6歳未満の子どもをもつ夫婦の育児・家事関連時間の推移（一週全体）

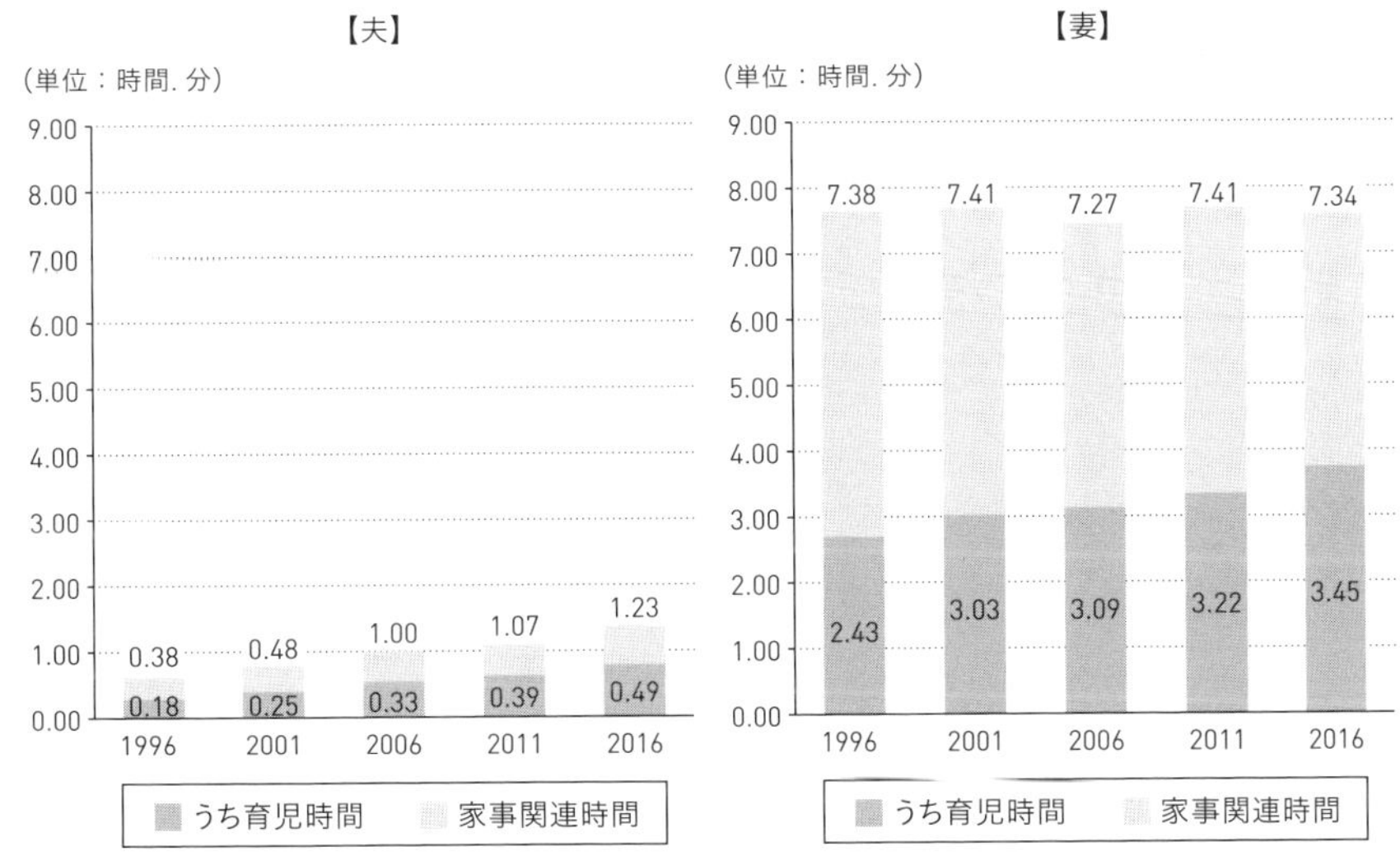

出所：総務省統計局「平成28年社会生活基本調査」を基に作成

たり、育休復帰後の女性社員の業務負担の軽減を行ったりといった、あくまでも女性が家事・育児を担うことが前提の「両立支援」が中心です。もちろんこのような施策も重要で、結婚・出産期に当たる年代に女性の就業率がいったん低下し、育児が落ち着いた頃に再び上昇するという、いわゆる**M字カーブ**が近年改善しているのは、職場における両立支援の充実が背景にあるといっていいでしょう[18]（図7―7）。

しかし育休復帰後の女性の多くが減給を伴う時短勤務を行っていたり、パートタイマーや契約社員といった非正規雇用に転向したりしている実態があるのも事実です[19]。また、育児休業中は通常、昇給・評価のサイクルがストップするため、同じ年齢、同じ正社員にもかかわらず、社内での男女間の給与格差が生じてしまっている場合が多くあります。この章の前半でアメリカの大卒男女の平

図7-7―― 世代別M字カーブの変化

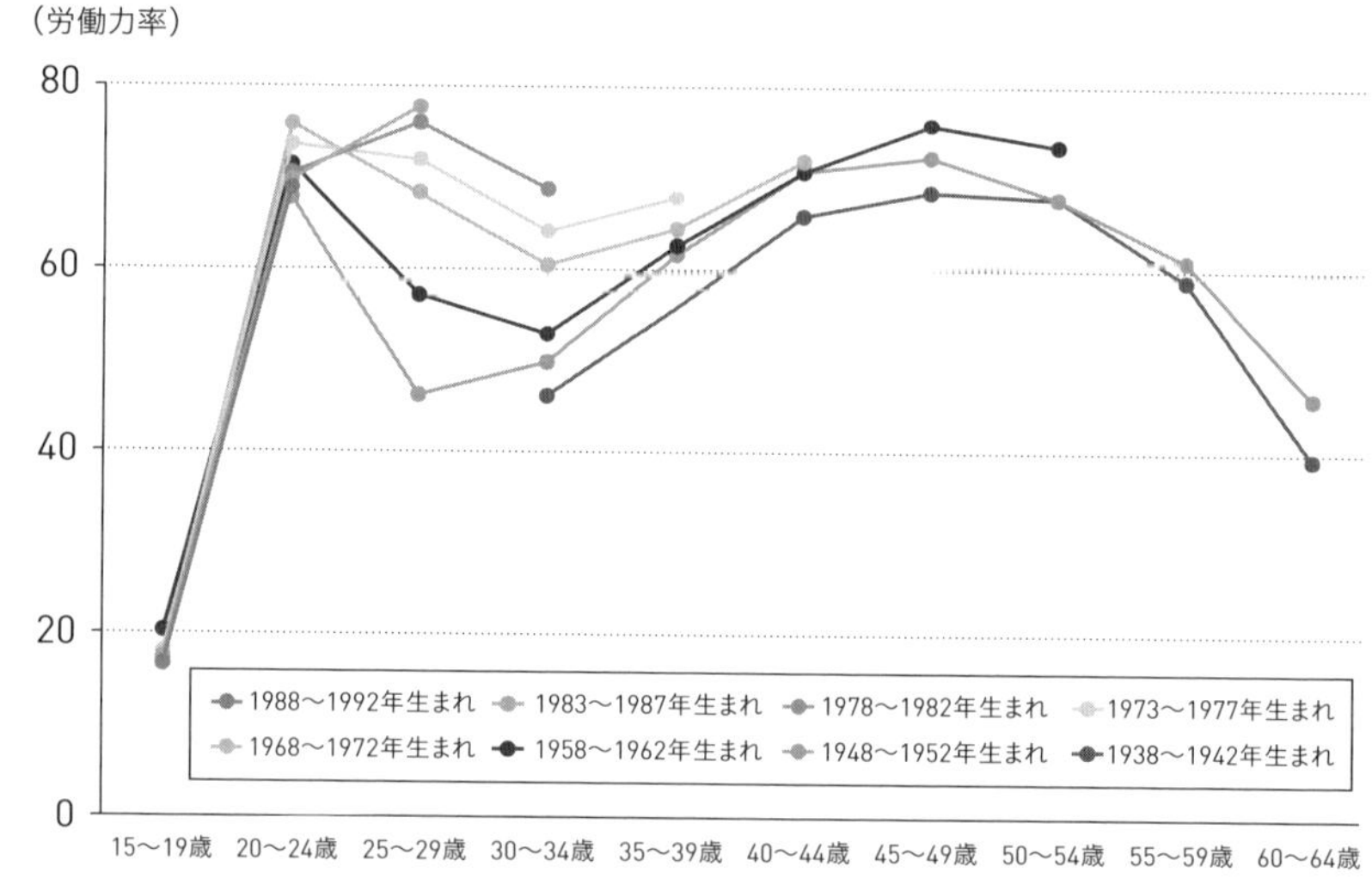

出所：内閣府男女共同参画局「女性の年齢階級別労働力率の世代による特徴」を基に作成

均年収について書きましたが、日本の平均給与は、男性が545万円、女性が293万円です。男女差は20代まではそれほど大きくありませんが（女性が男性の8割程度）、30代以降その差は大きく開き、50代では女性は男性の半分以下しか稼いでいません[20]。

また、M字カーブが多少改善しているとはいえ、女性の妊娠・出産後の離職率は依然高く、約半数の女性が退職を余儀なくされているという状況もあります（図7－8）。そのおもな理由としては、「勤務時間が合わない」「自分の体力が持たない」「職場に両立する雰囲気がない」「会社に育休制度がない」「保育園が見つからない」といったものが多く、中でも勤務時間に関する両立の難しさが離職に向かわせている傾向が強く見られます[21]（図7－9）。結婚後一貫して女性が家事を行う状況で、そこにさらに週4時間の育児の時間が加わるとな

図7-8── 第1子出産前後の妻の終業変化

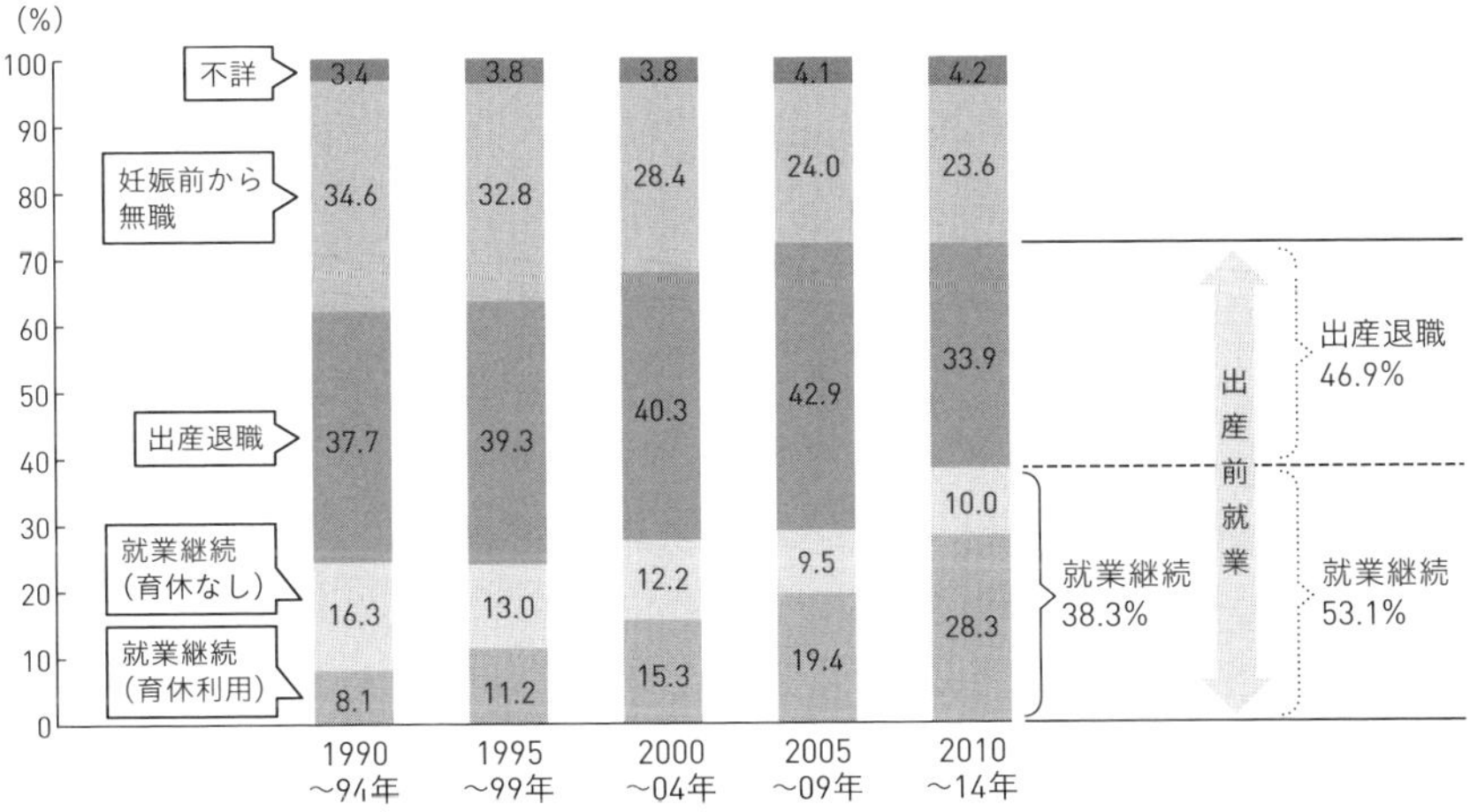

出所：国立社会保障・人口問題研究所「第15回出生動向基本調査（夫婦調査）」（2015年）を基に作成

図7-9── 妊娠・出産前後に退職した理由

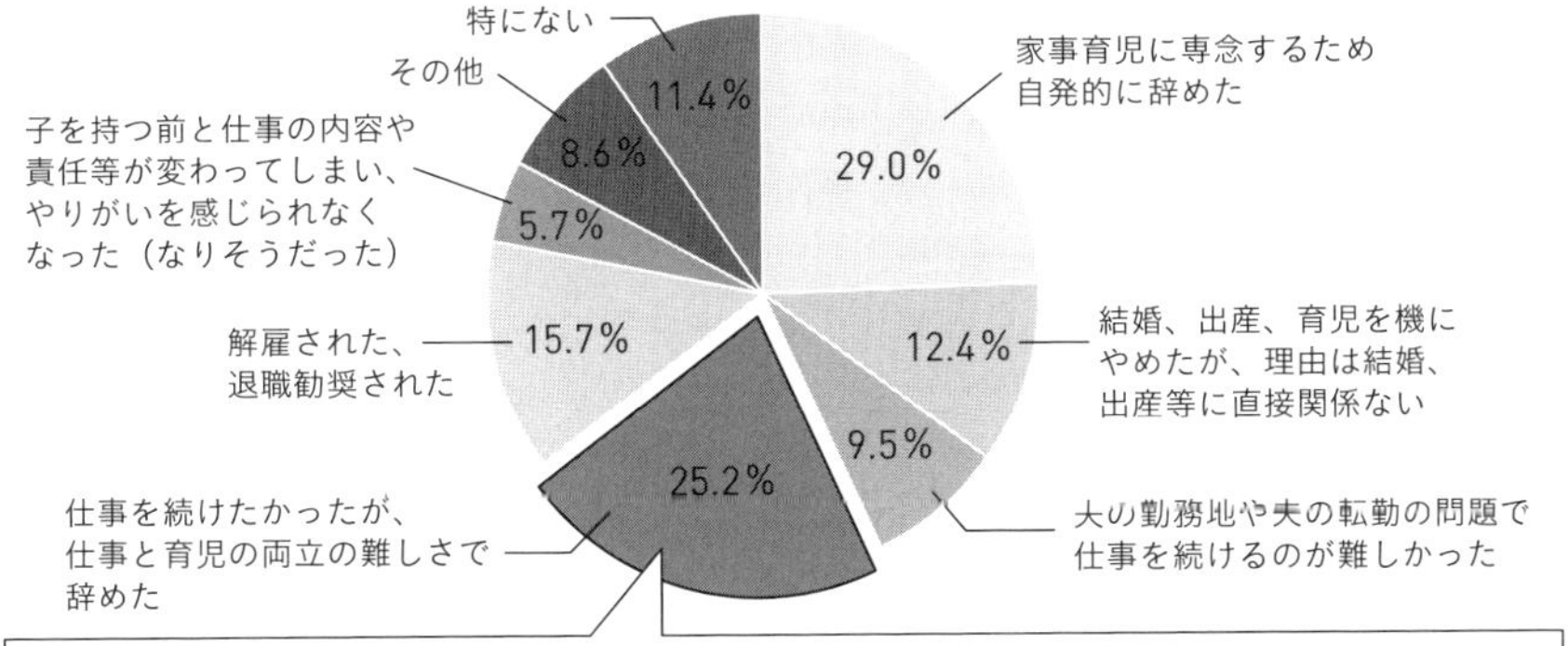

両立が難しかった具体的理由

❶勤務時間が合いそうもなかった（56.6%）
❷自分の体力が持たなさそうだった（39.6%）
❸職場に両立を支援する雰囲気がなかった（34.0%）
❹子どもの病気等でたびたび休まざるを得なかった（26.4%）
❺会社に産休や育休の制度がなかった（22.6%）
❻つわりや産後の不調など妊娠・出産にともなう体調不良のため（20.8%）
❼保育園に子どもを預けられそうもなかった（預けられなかった）（17.0%）

※就業形態は正社員（末子妊娠時）

出所：厚生労働省、三菱UFJリサーチ＆コンサルティング「平成27年度仕事と家庭の両立支援に関する実態把握のための調査研究事業報告書」より、石田まさひろ政策研究会が作成した図表を基に作成

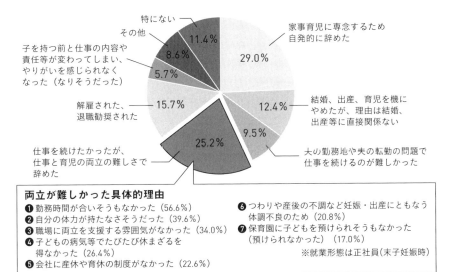

ると、「時間が足りない」「体力が持たない」となるのは容易に想像がつきます。

夫の長時間労働を働く妻が支えるという構図が一般的である一方で、実は男性の意識は変化してきています。内閣府の調査によると、育児休業を取得したいと考えている男性は3割を超えており、家事や育児が「妻の役割」であると考えている男性は、20代だと30％以下で、40％以上が「夫も妻も同様に行う」と答えています。また、25％は「どちらかできるほうがすればよい」と考えており、若い世代の家事や育児に対する考え方が、確実に変わってきているのがわかります。[22]

選択肢があり、自分らしくいられる環境

D&Iには、これまでマイナスと考えていたことについて、いったんラベリングを取り外して見方を変え、プラスに捉え直すという発想の転換が必要となってきます。たとえば日銀短観の項目の一つである業況判断指数（DI）は、これから経済がよくなると思っている会社の数から悪くなると思っている会社の数を引いて算出したものです。DIがマイナスになることで景気がさらに悪化することもありえますし、反対にDIがプラスに転じれば、景気が底を打って上向くような側面もあります。同じことがD&Iにもいえるのではないでしょうか。

負担だ、マイナスだと思っていることをプラスに思考転換した瞬間に、そこをベースにするスパイラルが起きるはずです。労働時間数や管理職比率などの数値目標だけでは決して変わらず、せいぜいマイナスをどのくらい軽減するかという話に留まってしまうことも、プラス思考への転換で劇的に変わる可能性があります。

女性活躍、働き方進化、制度改革、男性の心理改革といったことも、SDGsの根底にある、Freedom（自分らしく）やWell-Being（よく生きる）を源泉とし、そこから演繹して考え、結果として女性管理職比率や残業時間等の数値に効果が表れるような流れで進める必要があります。長時間労働や社員のエネルギーの積み上げではなく、社員一人ひとりの心理的安全性が保たれ、選択肢があり、自分らしくいられる、そのような環境を作り出すことの重要性に、多くの企業が気づきはじめているのも事実です。

D&Iの本質とウェルビーイング

ここまでD&Iの権利性の話や、経済的合理性の話をしてきました。ここからは、SDGsの達成に欠かせないD&Iの本質に迫っていきます。

現在日本で盛んにダイバーシティ経営という言葉が使われています。多様な人材が個々の能力を発揮することで、イノベーションが生まれ、価値創造が促進される環境を作り出す経営が「ダイバーシティ経営」であるといわれています。しかし、企業によっては、「多様な人材の確保」を推進することが目標になっており、異なる価値を尊重し、一人ひとりの特質を活かすといったところまで至っていないといった状況が多いようです。従業員の多様化が進んでも、意思決定者は日本人男性ばかりということも多く、本書で繰り返し述べているSDGsの思想であるFreedomやWell-Beingが確保されていないという現実が多く存在します。

リクルートワークス研究所の大久保幸夫氏は、D&Iの本質を語る上で、「インクルージョンを実現するためには、新しく迎え入れる多様な人ではなく、今いる人達が変わらなければならない」

と述べています。[23]まさに、これまで述べてきた意識改革、発想の転換の話に通じる考え方です。ではインクルージョンを実現するとは、具体的にどのようなことを意味するのでしょうか。

差別をしないことと
インクルーシブであるという状態は違う

インクルージョンはもともと教育分野で使われ始めた概念で、障がいを持つ子どもたちと持たない子どもたちが一緒に学び、遊び、成長することを通じて、ともに生きることを学ぶ、つまり共生社会をつくることを目指すものです。まず差異があることが前提で、それによって生じる特別なニーズがあれば相応の配慮をすることは当たり前であり、それらをチームワークの一部だと自然にとらえることができ、お互いの強みを生かしてチームとして繁栄していくこと、これがインクルージョンです。

2006年に国連総会で採択された障害者の権利に関する条約（略称：障害者権利条約）には、「障害に基づく差別」が図7－10の通り定義されています。[24]

よく見ると、排除や制限はもちろんのこと、区別もしてはいけないとされています。しかし、区別せずにどうやって権利を保障できるのでしょうか。そもそも区別とは、どのような行為を指すのでしょうか。

図7 10　障害に基づく差別

障害者の権利に関する条約　第二条　定義

「障害に基づく差別」とは、障害に基づくあらゆる区別、排除又は制限であって、政治的、経済的、社会的、文化的、市民的その他のあらゆる分野において、他の者との平等を基礎として全ての人権及び基本的自由を認識し、享有し、又は行使することを害し、又は妨げる目的又は効果を有するものをいう。障害に基づく差別には、あらゆる形態の差別（合理的配慮の否定を含む。）を含む。

出所：外務省による仮訳

区別というのは、ある性質や形質に関して、それを持つ人たちのグループに対してラベリングをすることを意味します。障がいを持っているグループに対して障がい者というラベルを貼り、遺伝子的に肌の色が濃い人たちのことを黒人とラベリングする。これは区別です。一方、片足で歩いている、あるいは手が動かない、といった特徴をすべて個性と捉え、同じような特徴を持った人たちをグループに入れてしまうのではなく、その個性を活かす体制をつくろうというのが今目指すD&Iの、あるいは差別をなくすための、最も重要なポイントであるといえます。すなわち、区別ではなく個性であり、グループではなく個である、ということです。

誰ひとり取り残さないための「合理的配慮」

一人ひとりの差異や個性を活かす上で重要になってくるのが**合理的配慮**という考え方です。すべての人が選択肢を持ち、自分らしさを発揮できるように、それぞれの特徴や場面に応じて発生する障がいや困難さを取り除くため、個別に調整や変更を行うことです。ＳＤＧｓの「誰ひとり取り残さない」という理念をそのまま体現する仕組みといってもいいでしょう。２００６年の国連総会で採択された障害者権利条約を日本で批准するに当たり、障害者雇用促進法が改正されたり、障害者差別解消法が施行されたりしましたが、その中で事業者に対する合理的配慮の提供義務が明文化されました。

合理的配慮とは、どのようなことを指すのでしょうか。プロゴルファーのケーシー・マーティンの例が有名です。彼は生まれつき右足に障がいがあり、長い距離を歩くことができないため、全米プロゴルフ協会（ＰＧＡ）に、公式試合中の移動をゴルフカートで行うことを許可してくれるよう「合理的配慮」を求めました。ところがＰＧＡはコースを歩くことが競技の一環であり、ゴルフの本質的な要素であるからという理由で要求を却下しました。本件は最高裁で争われ、ゴルフの競技において、カートに乗ることがどのような意味を持つのか議論されました。カートに乗ることで、「エネルギー消費が抑えられ、スタミナを保つことができるから、乗るほうが有利である」という意見が出た一方で、「歩いてしか得られないようなコースの特徴を得ることができないから不利である」という意見も出たそうです。最終的にはカートに乗ることが競技の本質を変えるものではないという判断が下り、ケーシーは裁判で勝利し、ＰＧＡツアーでのカート移動を許可されます。[25]

寺田ユースケさんという脳性麻痺で車椅子生活をしている方が、次のような話をされています。小学生のとき、野球が好きだった彼は、野球部に入りたいと思いながらも、障がいのため走れないことで周りに迷惑がかかると思い、入部を諦めていました。すると彼の友達がやってきて、入部をすすめ、「寺ちゃんが走れないならオレたちが走るよ」とまで言ってくれたおかげで入部を決心したといいます。入部後に足の不自由な彼がバッターボックスに立ち、ヒットしたらほかのメンバーが彼の代わりに走るというルールも作られたのだそうです。[26]これも「合理的配慮」のよい例で、このような視点がインクルージョンを実現する上で非常に重要です。つまり強者によって作られたルールは絶対ではないということなのです。

多数派や強者の特徴を持たない人は共同体には入れない、ということではなく、ルールのほうを変えなければなりません。インクルージョンを実現するためには、このような発想の転換が必要です。

パラリンピックはもういらない？

2012年のロンドンオリンピックで、南アフリカのオスカー・ピストリウスという両足義足の選手が男子400メートル走とリレーに出場して話題になりました。彼は個人400メートルでは準決勝まで進出しました。彼の影響もあってか、「オリンピックとパラリンピックを統合して一つの大会にすべきだ」という議論が活発にされるようになってきました。障がい者のオリンピックという場を作り、機会を生み出したことには十分意味があるものの、そもそも強者のルールを少し変えて、違うけれども一緒にできるという段階に持って行くべきなのではないかという声もあるようです。

ピストリウス氏の活躍について、ベストセラー『五体不満足』の著者の乙武洋匡氏と、ロボットや義足研究を専門とする後藤謙氏は、対談で「ピストリウス氏の活躍が美談として扱われたのは、あくまで準決勝止まりだったから」「皆、心の中では『健常者のほうが上』という意識がある」[27]ということを指摘しています。「合理的配慮」のもとに、障がい者も同じようにオリンピックに出場し、義足で世界記録を打ち立ててもいいはずですが、この議論も、乙武氏と後藤氏が指摘しているように、思い込みやマインドセットがインクルージョンの実現を阻んでいる一つの例といえるのではないでしょうか。

障がい者の実情について、動画サイト等で赤裸々に発信しているMａｃｏさんという方がいます。2018年に転落事故に遭って脊髄を損傷し、下半身麻痺になり、車椅子生活をしている20代の女性です。彼女が経験したことを語る動画に対して、視聴者から次々に批判的なコメントが寄せられたことが話題になりました。ある日、彼女は永田町の駅の近くにある店に行こうと地下鉄に乗りました。ところが、永田町駅には地上へのエレベーターがなかったため、駅員さんの助けを得て、階段に設置されている昇降機を使用し、やっとのことで地上に出ることができました。狭い階段で、昇降機に車椅子を載せて動かすと通行人が通れなくなるため、その間は階段の上下に行列ができたそうです。

そのことをMａｃｏさんが説明する動画を見た人たちから、「事前に調べないのが悪い」「昇降機に乗りながらヘラヘラするな。もっと申し訳なさそうにしろ」といったコメントが寄せられました。(28) 同じような障がいを持っている人までもが、地下鉄に乗るときに事前に調べないほうがおかしい、と突き放したのです。障がい者が支援を受けるときは申し訳なさそうにすべき、という考えは、すべての人が選択肢を持ち、自分らしく生きることを否定します。そして強者のルールにすべての人が一様に従わなければならないというような論理がまかり通る社会は、ＳＤＧｓが目指す世界とは程遠いといえるでしょう。

企業の中のマイノリティ

障がい者の雇用対策としての障害者雇用促進法では、企業は雇用する従業員の2・2％に相当する障がい者を雇うことが義務づけられています。これ自体は雇用の機会をつくるという意味からは非常に有効な法律です。しかし、多くの企業が法定雇用率を満たすために、障がい者を雇用するための特例子会社を設立していて、その数は年々増えています[29]。

確かに雇う側からすれば、特例子会社を作れば、障がい者に配慮した設備投資を一か所に集中させたり、人事評価を切り分けたりできるので効率的です。しかしこのような雇用慣行は障がいという差異が企業にとって負担やコストであるというマインドセットに基づいており、インクルージョンの考え方と逆行しています。本来インクルージョンというのは職場に障がいがある人もない人もいて、違いをわかったうえで一緒に仕事をしているという状態であって、特例子会社を作って別に働いてもらうことは、直接的な差別には当たらないとしても、区別はしていることになります。このような観点から、日本の障害者雇用促進法も分析して考える必要があります。

相手をカテゴリーから解放し、個人として相対することは、本来的なインクルージョン実現の第一歩になります。もちろんこれは、女性や障がい者や性的マイノリティといった集団が、これまで社会や企業で直面してきた差別や不平等を無視してもよいということではありません。差別や不平等について、企業は責任をもって是正していく必要があります。その上で、個人レベルの人間関係あるいはチームでは、組織のメンバーを対等な個として扱うこと、そして会社が最も効果的に人財を活用するという観点で、属性ではなくその人が持っている能力に着眼することがとても重要です。

ごちゃまぜで実現するインクルーシブな社会

石川県に「Share《シェア》金沢」という、障がい児入所施設、高齢者向け住宅、学生向け住宅、温泉、食堂などが一緒になっている場所があります。ここでは、働く人にも障がい者とそうでない人が混じっていて、地域の住民たちが温泉に入りに来たり、食堂に食べに来たりして、常に人で賑わっています。障がいを持つ人と高齢者と学生が同じ街に住んでいるだけでなく、温泉やレストラン、ギャラリーや売店、公園やドッグランなどの施設やサービスを通して、大人、子ども、若者、高齢者、障がいのある人、ない人といった具合に、様々な人々が暮らし、交流する場として存在しています。[30] 誰が誰のケアをするかということも、区別せずにあえて曖昧にしてあるのだそうです。

このShare金沢を運営しているのは社会福祉法人佛子園で、雄谷良成さんという僧侶が理事長を務めています。彼はこのようなことを言っています。「障がいのある人でも認知症の高齢者でも、誰もが『そこにいる』ということだけで役割を果たせるんです。何かができるという能力的なことじゃなくて存在自体が非常に社会の役に立つと考えれば、みんなが楽しく幸せに暮らせると思うんですね[31]」

明確に「ごちゃまぜ」ということを打ち出すことを通じて、人間というのはそうした環境の中で自分を見つめ直し、そして初めて死に立ち向かうことができるようになると伝えているのです。Share金沢は、日本で大変成功しているインクルージョンの一つの形といえます。

インクルージョンを実現するためのSML／IPEアプローチ

自分らしさにしても、管理職比率のような具体的な数字にしても、一朝一夕に実現できるものではなく、中長期的な視野がどうしても必要になります。同時に、すぐに目に見える成果も必要です。

人の行動を変えるには、短中長期で異なる施策を組み合わせる必要があります。そのための方法論として本書では、短期的（Short）、中期的（Middle）、長期的（Long）という時間軸と、インセンティブ（Incentive）、ペナルティ（Penalty）、教育（Education）という性質の異なる三つの施策を組み合わせた、**SML／IPEアプローチ**というものを提案します。この3×3を効果的に組み合わせることで、人の行動を変えられるのではないかという仮説です（図7－11）。

図7-11――SML/IPEアプローチで「性暴力の根絶」を考える

人々の行動を変えるには、短中長期（SML）で異なる施策（IPE）を組み合わせる必要がある

例：性暴力	短期的 緊急対応、情報発信等	中期的 制度改革、組織の力	長期的 インフラと人々の思考
インセンティブ	✓被害を受けた女性に対するケア ✓駆け込み寺設立	✓女性起業家の支援 ✓暴力被害者に対する自立支援などエンパワーメント施策 ✓女性取締役増加	✓ESG投資対応などにより女性が活躍する企業がより高い評価を得る
ペナルティとルール化	✓暴力を振るった男性を拘束 ✓厳罰を科す	✓暴力を規制する国内法の整備と強化	✓条約などを含む国際的なルールの強化 ✓そうした国際規範への参画
教育	✓政策広報、ラジオ、張り紙、テレビなどでの発信	✓女性の就学率の向上 ✓女性高度人材の育成	✓小学生や中学生など、将来を担う未成年への継続的な教育

「女性に対する暴力の根絶」というテーマを例にとります。女性に対する暴力をなくすためにまず必要なことは、今この瞬間に暴力を受けている人をどうやって保護し助けるかということになります。すなわち、短期的なインセンティブとして、被害を受けた女性に対するケアは絶対に必要です。またペナルティとして、暴力を振るった者に対して罰則を科すことも必要ですが、罰則だけでは女性に対する暴力はなくなりません。男性が女性を殴るという行為、あるいは女性を殴ってもいいという考えがなくならなければ、状況は変わらないはずです。

　そのためには、中期的施策として、暴力を規制する国内法が整備され、強化されるとともに、その規制が社会においてしっかりと理解される必要があります。女性が教育を受け、知識を蓄え、経済的に自立することも、女性に対する暴力をなく

す上では重要な中期的施策です。

そして長期的には、子どもたちに対しても、絶対に暴力を振るってはならないのだということを教育しなければ、20〜30年後にやはり同じことが起きます。このように、短期、中期、長期でインセンティブ、ペナルティ、教育の施策を戦略的に行っていくことで、人の行動は変わり、社会が変わると考えています。

「自分らしくいられる職場」のためのSML／IPEアプローチ

多くの企業が実践しているD&Iの施策も、打ち手がばらばらになっている場合が多いと感じます。様々な施策を行っているけれども、「効果が実感できない」、あるいは「その施策が正しいのかわからない」と多くの経営者が悩んでいます。施策を見てみると、男性の育児休暇取得を促したり、副業を可能にしたり、リモートワークの環境を整えたり、研修を行ったりといった、短期、中期的なインセンティブを強化する方向性が強く、意識改革や発想の転換を伴うインクルーシブな企業文化の醸成、といった長期的視野が欠けている場合が少なくありません。企業で「自分らしくいられる職場」を実現する取り組みを検討する際にも、このマトリックスが一助になればと思います。

図7-12――「自分らしくいられる職場」のためのSML/IPEアプローチの例

例：よい職場	短期的 1年以内にできること	中期的 5年以内にできること	長期的 10年計画で取り組むこと
インセンティブ	【男性】 ●育児休暇の義務化、育児休暇の権利強化 【女性】 ●セクハラ被害者保護 【働き方】 ●早朝出勤者手当 ●副業を可能に ●役員報酬に付加要素 【インフラ】 ●グループウェア導入 ●リモートワーク導入	【男性】 ●育児休暇と賞与、昇進をリンクする 【女性】 ●育休後の管理職登用 【働き方】 ●テレワーク・フレックス制度の導入 ●成果報酬・登用 【インフラ】 ●サテライトオフィス、社内託児所	【男性と女性】 ●ロールモデル育成 ●中途採用の役員登用 【女性】 ●役員へのキャリアパス強化 【働き方】 ●定年の廃止 【インフラ】 ●転職勧奨金提供
✖			
ペナルティとルール化	【男性】 ●セクハラ・パワハラの厳罰化 【働き方】 ●残業手当の削減 ●ワークフロー合理化 ●無駄タスクの撲滅 【インフラ】 ●360度評価の導入・データベース化	【男性】 ●昇進の際の査定要件 【働き方】 ●同一労働同一賃金 ●解雇条件の緩和 【インフラ】 ●役員会の男女比改善 ●360度評価の昇格審査への活用 ●徹底的AI活用	【男性と女性】 ●終身雇用の基本廃止 【働き方】 ●管理職のジェンダー比率義務化 【インフラ】 ●CoC/PDCA確立
✖			
意識・教育・研究	【男性】 ●ジェンダー人権研修 【女性】 ●メンター制度の確立 【働き方】 ●トップの意思表明 ●管理職研修 【インフラ】 ●オフィス快適化 ●ESG情報の開示 ●心理的安全性追求	【男性】 ●研修成果を昇進と紐付 【女性】 ●30歳までの育成支援・前倒し昇格 【働き方】 ●労働時間と生産性の関係を統計的に把握 【インフラ】 ●労働時間IT計測 ●ESG対応強化 ●家庭を盛り上げる企業文化の醸成	【男性と女性】 ●若手の意識改革 【働き方】 ●キャリアの再定義 【インフラ】 ●常に10年先の企業ビジョンを設定 ●人生を盛り上げる企業文化の醸成

「すべての人が自分らしくよく生きる」社会へ

アドラー心理学研究の第一人者である岸見一郎氏は、古賀史健氏とともに著した『嫌われる勇気』の中で、人生の意味について、人間が自己への執着や自己中心性（self-interest）を超え、社会への関心（social-interest）に切り替えていくことで、他者を自分の仲間とみなし、そこに「自分の居場所がある」と感じられるようになることだと説明しています。これを「共同体感覚」と呼び、その獲得に必要な三つの要素として「自己受容」「他者信頼」「他者貢献」を挙げています。[32]自分が誰かの役に立てているという感覚、誰かの役に立ちたいと思うこと、そして信頼できる他者がいて、そこが自分の居場所だと感じられること——これらは私たち人間が生きる上で持つ普遍的で根源的な欲求といえます。

ＳＤＧｓが標榜する「誰ひとり取り残さない」世界は、言い換えれば「すべての人に居場所がある」世界です。ＳＤＧｓのすべての目標に共通していえるのは、それらの達成が、私たち人間がどれだけ自己中心性から脱却できるかにかかっているという点です。すなわち一人ひとりが自分の価値を感じ、他者を信頼し、貢献し続けていくという姿勢を持つことが、ＳＤＧｓ達成のためには不可欠で、そうしてできる共同体こそが、格差や差別のない、「すべての人が自分らしくよく生きる」ことのできる、インクルーシブな世界であるということになります。

column

育児は負担か、それとも喜びか

育児負担という表現がありますが、はたして育児は負担でしょうか。もちろん育児は簡単なことではないため、もし夫か妻の片方だけに育児を押し付けたら、それは負担と感じられるでしょう。しかし、育児は夫婦二人で行う共同作業であるはずです。二人で力を合わせて取り組むことで、育児は人生の喜びの源になりえます。子育てを人生の喜びの源と捉えると、これまでの負担としてきた議論から一気に違う構成の好循環が生まれます。マイナスのラベリングを取り外して見方を変え、プラスに捉え直すことによって、育児は夫婦がその喜びを分かち合う時間となり、家族とともに過ごす時間を大事にするようになるでしょう。それは仕事を早く切り上げて自宅で過ごすインセンティブになり、一人ひとりが生活と仕事を両立し、自分らしくいられる、言い換えればウェルビーイングが保たれる循環を生む可能性もあると考えられます。

育児休暇は本当に休暇？

育児休暇（あるいは育児休業）という言葉についても、一つ提案をしたいと思います。育児休暇をとっている親たちは、ただのんびり休んでいるわけではありません。むしろ勤務時間が決まっている仕事と違って、昼夜を問わず泣く赤ん坊をあやしたり、自分の食事もままならないような状態で授乳したり、お風呂に入れたり、おむつを替えたり、赤ん坊の世話というのは、それこそ一瞬でも気が抜けない仕事です。これを「休暇」と呼ぶために、職場にいる人たちに対して申し訳なく感じ、「すみません」と言って回る人も多いことでしょう。また、勤務実績がないために、昇進や昇給・賞与の査定に影響するという実態もあります。そして、休暇という名前がついているから、男性は余計に取りづらくなってしまいます。実際は、終日休むことなく働いて新しい仕事を学び、危機管理能力やコミュニケーション能力トレーニングを重ねているような状態です。自分本意な思いや態度が通用しない子ども＝「異質な他者」と向き合うことで、相手の立場や感情を考えながら行動することを学びます。[33] 育休の時間を、職場でも非常に重要となる経験や技能を身につけることができる時間と捉えると、休暇というよりは研修や出向（上司が変わるという意味で）といったニュアンスに転換することも可能性としてはありえます。そうすれば、育児のために一時的に職場を離れる人たちに対する見方も変わってくるのではないでしょうか。

1 格差と不平等という言葉は、しばしば互換的に使用される。厳密には、格差とは、「価格・資格・等級・生活水準などの差を表す言葉（広辞苑）」であり、英単語の「gap」に通じる単語であるのに対し、不平等は、「平等でないこと（広辞苑）」を指す言葉で、英単語の「inequality」の訳語だが、トマ・ピケティの『21世紀の資本』では、inequalityが「格差」と訳されており、同じ翻訳者によるアンソニー・B・アトキンソンの「21世紀の不平等」では同じ語句が「不平等」と訳されている。本章では、「程度の差」を強調する場合に「格差」を、それ以外は「不平等」を用いることとする。

2 トマ・ピケティ『21世紀の資本』（山形浩生・守岡桜・森本正史訳、みすず書房、２０１４年）

3 Oxfam, "An Economy for the 99%"（２０１７年１月）
http://oxfam.jp/news/bp-economy-for-99-percent-160117-en.pdf

4 Reformed Perspective, Jon Dykstra "Are you 'blessed' or 'privileged'?"（２０２０年７月１日）
https://reformedperspective.ca/are-you-blessed-or-privileged/

5 United States Census Bureau "Among the Educated, Women Earn 74 Cents for Every Dollar Men Make"
https://www.census.gov/library/stories/2019/05/college-degree-widens-gender-earnings-gap.html

6 World Economic Forum "Social Mobility Index 2020 edition"
https://reports.weforum.org/social-mobility-report-2020/economy-profiles/?doing_wp_cron=1585188964.5265009403228759765625#economy=JPN

7 OECD "A Broken Social Elevator? How to Promote Social Mobility"
https://www.oecd.org/social/broken-elevator-how-to-promote-social-mobility-9789264301085-en.htm

8 Paul Piff "Does money make you mean?"
https://www.ted.com/talks/paul_piff_does_money_make_you_mean

9 McKinsey & Company "Diversity Wins"
https://www.mckinsey.com/~/media/McKinsey/Featured%20Insights/Diversity%20and%20Inclusion/Diversity%20wins%20How%20inclusion%20matters/Diversity-wins-How-inclusion-matters-vF.pdf

10 Business Journal「オリンパス社員語る、会長訓示『粉飾は大したことじゃない』」
https://biz-journal.jp/2012/06/post_261.html

11 Wikipediaを参考に筆者計算

12 経済同友会「ミレニアル世代がもたらす変化を先取りし、企業の成長戦略の核に　２０１５年米州委員会提言」

https://www.doyukai.or.jp/policyproposals/articles/2016/pdf/160804a.pdf

13 Spencer Stuart “2019 Japan Spencer Stuart Board Index”
https://www.spencerstuart.jp/-/media/2020/february/ssbi_jpn2019_web.pdf

14 McKinsey Global Institute “The Power of parity: Advancing women’s equality in Asia Pacific”
https://www.mckinsey.com/~/media/McKinsey/Featured%20Insights/Gender%20Equality/The%20power%20of%20parity%20Advancing%20womens%20equality%20in%20Asia%20Pacific/MGI-The-power-of-parity-Advancing-womens-equality-in-Asia-pacific-Executive-summary.pdf

15 ゴールドマン・サックス「ウーマノミクス５・０」
https://www.goldmansachs.com/japan/our-thinking/pages/womenomins-5.0/womenomics5.0.pdf

16 内閣府男女共同参画局「男女共同参画白書　平成30年版」第１節 仕事と生活の調和（ワーク・ライフ・バランス）をめぐる状況
http://www.gender.go.jp/about_danjo/whitepaper/h30/gaiyou/html/honpen/b1_s03.html

17 総務省統計局「平成28年社会生活基本調査」
https://www.stat.go.jp/data/shakai/2016/pdf/gaiyou2.pdf

18 内閣府男女共同参画局「男女共同参画白書　平成25年度版」第２節 女性の労働力率（M字カーブ）の形状の背景
http://www.gender.go.jp/about_danjo/whitepaper/h25/zentai/html/honpen/b1_s00_02.html

19 内閣府男女共同参画局「男女共同参画白書　平成25年度版」年齢階級別労働力率の就業形態別内訳（男女別、平成24年）
http://www.gender.go.jp/about_danjo/whitepaper/h25/zentai/html/zuhyo/zuhyo01-00-14.html

20 国税庁「民間給与実態統計調査　平成30年分」
https://www.nta.go.jp/publication/statistics/kokuzeicho/minkan2018/pdf/001.pdf

21 厚生労働省、三菱ＵＦＪリサーチ&コンサルティング「平成27年度仕事と家庭の両立支援に関する実態把握のための調査研究事業報告書」
https://www.mhlw.go.jp/file/06-Seisakujouhou-11900000-Koyoukintoujidoukateikyoku/0000103116.pdf

22 内閣府男女共同参画局「男性にとっての仕事、家事・育児参画」
http://www.gender.go.jp/policy/men_danjo/kiso_chishiki2.html
男女共同参画会議「男性の暮らし方・意識の変革に向けた課題と方策」
http://www.gender.go.jp/kaigi/senmon/kurashikata_ishikihenkaku/pdf/0310honbun.pdf

23 リクルートワークス研究所　大久保幸夫「ダイバーシティではなく、インクルージョンを」
https://www.works-i.com/column/works/detail014.html
24 外務省「障害者の権利に関する条約」
https://www.mofa.go.jp/mofaj/fp/hr_ha/page22_000899.html
25 公益財団法人日本障害者リハビリテーション協会情報センター　障害保健福祉研究情報システム「ピーター・ブランク氏 講演会『アメリカ　ＡＤＡ法の現状と将来展望』」
https://www.dinf.ne.jp/doc/japanese/resource/law/090710seminar/090710_blanch.html
26 現代のもののけ姫Ｍａｃｏ（YouTubeチャンネル）「初デートを6回以上ドタキャンした脳性まひ男子！寺田ユースケさんとコラボ」
https://www.youtube.com/watch?v=FWV1XqhTb0g
27 現代ビジネス「義足の選手がオリンピックに出たらだめな理由は何ですか？」
https://gendai.ismedia.jp/articles/-/52153?page=2
28 現代のもののけ姫Ｍａｃｏ（YouTubeチャンネル）「たくさんの批判があった永田町事件について再度お話させていただきます」
https://www.youtube.com/watch?v=GX6P--WsZeA&t=1146s
29 厚生労働省「令和元年　障害者雇用状況の集計結果」
https://www.mhlw.go.jp/content/11704000/000580481.pdf
30 社会福祉法人佛子園　私がつくる街　Share金沢
http://share-kanazawa.com
31 株式会社オカムラ「子ども、高齢者、障害者、みんながごちゃ混ぜで暮らせる街をつくる［後編］」
https://www.okamura.co.jp/magazine/wave/archive/1512oyaB.html
32 岸見一郎、古賀史健『嫌われる勇気』（ダイヤモンド社、２０１３年）
33 総合人間学会、七星純子「第9回研究大会若手シンポジウム報告：現代社会における子どもと環境のあり方『子育ての経験を共有する意義に関する一考察』」
http://synthetic-anthropology.org/blog/wp-content/uploads/2016/05/Synthetic-Anthropology-vol92015-p186-nanahoshi.pdf

おわりに

本書は私がふだん講演などでお話している内容を土台として、それらを概念的な部分と実践的な部分に分類し、ＳＤＧパートナーズのメンバーが、各人のインプットも交えて原稿にしてくれたものです。まずその意味から、執筆とともに全体をまとめてくれた執行役員の柴田美紀子さん、ディレクターの小林さやかさん、コンサルタントの本田龍輔さんと松原廣幸さん、取締役の吉村美紀さん、そして総務担当の川崎暢子さんに心からの感謝を述べたいと思います。また、北川史花さん、中尾有希さん、根本栞さんにもこの場を借りてお礼を申し上げます。それからインプレス社の今村享嗣さん、あなたがいなければ本はできませんでした。本当にありがとうございました。

同時に、ＳＤＧパートナーズのメンバーはもとより、２０１5年からのこの5年間で、多くの人々に「つなげる」ことを含むＳＤＧｓという思考体系の本当の価値が少しずつ理解され、また経営や組織運営に練り込まれてきたという事実をとても心強く思います。いまやＳＤＧｓの17の目標、１６９のターゲットに個別に取り組むだけでは不足であること、その背景にある大きな思想や世界観を理解してそこに到達するために逆算思考、連関思考を応用することが重要であること、これまでつながらなかった人たちや考え方を「つなげる」ことが決定的に必要であること、こうしたことが明確になってきていると確信します。

2020年の前半は世界が新型コロナウイルス感染症に翻弄され、またこの大きな変化の中で私たち一人ひとりが世界とどのようにつながっているか、つまり相互依存＝「つながり」ということがいやがおうにも明らかになりました。同時に現状のようなどっちへ向かうかわからない世界の中では、一人ひとり、また個々の企業が自分で考え、また目指すべき方向をしっかりと見定めて行動する「自律」ということがさらに重要性を帯びてきたように思えます。実際、新型コロナ禍の最中でもSDGsやESG投資に関する関心は些かも減じているようには感じられず、むしろいろいろな分野で明らかに「加速」しています。

たとえば私が知るいくつかの大きな企業において、2030年を越えて2050年、2060年に実現したい社会、そしてそこで自社が果たしているべき役割についてのビジョンを定め、そこから逆算して今行うべきことを考えようという動きが明確になってきています。10年前だったら「ファンタジー」とも捉えられかねなかった超長期ビジョンが、いまやビジネスの存続のために取締役会で真剣に侃々諤々議論されるアジェンダとなっている。これはある意味でこれまでの日本の経営になかった思考です。ここにSDGsという体系が果たした役割は大きい。

また、そうした過程の中で企業がステークホルダーの意見を取り入れるという動きが活発になり、企業とNGOの関係がまったく新しいものになろうとしています。2000年代はNGOが企業の営利活動を攻撃し、企業はこうした攻撃から自らをいかに防御するかということに明け暮れていました。ところが現在はサプライチェーン上の人権課題にしても、企業による温室効果ガスの排出削減にしても、企業とＮＧＯの目指すところが合致し、場合によってはパートナーシップを組んで一緒に取り組むというような動きとなっています。企業からＮＧＯに対する慈善活動としての寄付などは引き続き継続していますが、むしろ「本業で社会貢献」、その中でのＮＧＯとの協業という流れがはっきりしてきました。

さらに、企業と教育現場との「つながり」も見えてきています。大学発のベンチャーと企業が社会課題への取り組みの上でパートナーシップを結ぶことは一般的になりましたし、いまや小学校や中学校でもＳＤＧｓを体系的に教える時代です。就職活動をする大学生が企業に対して最も求めることは、いかに社会から感謝されるか、あるいは社会に対して貢献ができるかであり、企業の側からすれば優秀な人材を採用し育てるためには自らがＳＤＧｓを理解し、いかに若い世代にとって働きがいのある職場を提供できるかが決定的に重要となってきています。

こうした中で、本書では分量の関係で触れることができなかった、しかし極めて重要な動きとして、地方からの、あるいは中小企業からのＳＤＧｓということが挙げられるでしょう。ＳＤＧｓは中央政府だけのものでも大手上場企業だけのものでもありません。自律分散型の社会という方向性を考えるならば、むしろ自治体や中小企業のほうがＳＤＧｓの本当の主役になりえます。そしてその動きは着実に、特に新型コロナウイルス禍で進んでいるように感じられます。

２０１８年より内閣府地方創生事務局は「ＳＤＧｓ未来都市」と「自治体ＳＤＧｓモデル事業」を策定して、２０２０年までに既に90あまりの自治体に対して指定ないしモデル事業のための補助金の交付を行ってきています。そして、この政府のスキームが優れている点は、環境・社会・経済という三つの分野のそれぞれに努力するだけではなく、それらの「相互関係」と「波及効果」に着目してこれらを「つなげる」事業にお金を出す、としている点です。私は特にその中でも沖縄の恩納村に関わらせていただいているとともに、九州での取り組みに参加させていただいています。また、北海道や関西・東海にも何度も伺っています。

特にこれから重要となってくるのは、地域金融機関（地方銀行・信用組合・信用金庫など）と中小企業の連携です。地域金融機関は地域の産業の要であり、中小企業が継続的に事業を成功させていくための力強いパートナーです。そうした地域金融機関が中小企業や地域の人々とともにＳＤＧｓを深く理解し、新型コロナウイルスを克服した後の世界において、社会の強靭性を高め、自然と共存し、人々がより人間らしく生き、働き、また次の世代にバトンを「つなぐ」ことができるような方向性を明確に持つことが求められてくるでしょう。近いうちに地方と中小企業からのＳＤＧｓについても考えをまとめていければと思っています。

最後に、日本が世界に提示できる価値観、強みについて考えて本書を締めくくりたいと思います。日本人はとにかく積み上げ、「自分ごととしてコツコツ」ということが大好きです。ＯＤＡの主力が青年海外協力隊であるように、現場で同じ目線でできることを一緒に、一つの村は点かもしれないが、いくつも集まれば線になり、また線がいくつも寄り合えば面になり、それが国を変えていく、と考えます。一方で欧米の人たちはまったく逆に考える傾向があります。すなわち、神の声（あるべき姿）があって初めて行動が決まるため、現場からではなく大元の原則や政策の部分を変えないと物事は変わらないのだと考えます。どちらが正しいかというとどちらでもない。現場ばかり見ていても大きな方向性を変えることはできないし、原則だけ変えても現場は変わりません。

つまり積み上げの思考（帰納法）と逆算の思考（演繹法）はどこかで出会って（つながって）初めて辻褄が合う、あるいは新しい物事を生み出すイノベーションとなるように思うのです。しかし、世界で積み上げと逆算を完全に融合してものを考えられる人はほとんどいません。日本人の「和」という思考は、もしかしたらこれを実現するヒントになるかもしれません。

日本人は古来より様々な価値観を「和する」ことによって新しい価値を生んできたように思います。哲学である仏教と倫理である儒教を「和して」新しい宗教体系をつくりあげた空海和尚もそうであるし、「保護と能力強化」を統合することによって人道と開発を一つのものとして考えた緒方貞子先生もそうです。ただたんに共存するのではなく、違う価値観や思考を「つなげる」ことで「和」が生じ、そこに新たな価値が創造されます。これこそが日本が次の50年で世界の持続的な発展に貢献する最も大きなヒントなのではないかと考えます。

世代を超えて、すべての人が、自分らしく、よく生きられる世界へ。もっとつながってまいりましょう。

田瀬和夫

著者プロフィール

田《た》瀬《せ》和《かず》夫《お》

1967年福岡県生まれ。東京大学工学部原子力工学科卒、同経済学部中退、ニューヨーク大学法学院客員研究員。1991年度外務公務員I種試験合格、92年外務省に入省し、国連政策課、人権難民課、アフリカ二課、国連行政課、国連日本政府代表部一等書記官等を歴任。2001年より2年間は、緒方貞子氏の補佐官として「人間の安全保障委員会」事務局勤務。

2005年11月外務省を退職、同月より国際連合事務局・人間の安全保障ユニット課長、2010年10月より3年間はパキスタンにて国連広報センター長。2014年5月に国連を退職、同6月よりデロイトトーマツコンサルティングの執行役員に就任。同社CSR・SDGs推進室長として日本経済と国際機関・国際社会の「共創」をテーマに、企業のサステナビリティ強化、SDGs導入、ESG対応、人権デューディリジェンス実施等の支援を手がけた。

2017年9月に独立し、新会社SDGパートナーズを設立して現在同社代表取締役CEO。

私生活においては、7,500人以上のメンバーを擁する「国連フォーラム」の共同代表を2004年より務める。

SDGパートナーズ有限会社

サステナビリティに特化したコンサルティングファームとして 2017年9月設立。企業、政府、自治体、国際機関、NGO、学術界、ユースなど様々な主体を「つなぐ」ことにより、SDGsが描くウェルビーイングの実現を追求する。特にその中でも、ビジネスが果たせる役割に注目し、SDGsを土台としたビジネスモデルの導入、サステナビリティ方針策定・実施、統合報告書の設計、ESG情報開示、国連を含めた公的機関とのイノベーティブな官民連携、地方自治体との共創、国連ビジネスと人権に関する指導原則(UNGP)を取り入れたサプライチェーン管理などの支援をリードする。また、中小企業や起業家、NPOなどがSDGsを採り入れていくプロセスも支援している。

SDGパートナーズ執筆者プロフィール

吉村美紀《よしむらみき》 取締役[第7章]

教育学博士。カリフォルニア大学バークレー校卒業、早稲田大学修士課程修了、オールドドミニオン大学博士課程修了。同時通訳者、国際NGO、国連勤務を経て現職。

柴田《しばた》(森本《もりもと》)美紀子《みきこ》 アドバイザー[第4、6章]

東京大学教養学部卒。株式会社日本総合研究所、長島・大野・常松法律事務所、在日パキスタン大使館、ヘッジファンド勤務、SDGパートナーズ執行役員を経て2021年4月に独立。現在、株式会社karna代表取締役。

小林《こばやし》さやか アドバイザー[第1章]

米国大学を卒業後、大手外資系法律事務所、日興アセットマネジメント株式会社、国連WFP協会、SDGパートナーズディレクターを経て、現在は株式会社karnaにてサステナビリティの推進に携わる。

松原廣幸《まつばらひろゆき》 コンサルタント[第5章]

慶應義塾大学文学部卒。日系コンサルティング会社を経て、2018年よりSDGパートナーズでサステナビリティのプロジェクトに従事。主に中小企業のプロジェクトや地方創生の分野に関わる。

本田龍輔《ほんだりゅうすけ》 コンサルタント[第2、3章]

日本福祉大学大学院 国際社会開発研究科卒業(開発学修士)。NPO法人、青年海外協力隊、JICA東京国際センターを経て、現在、グロービス・コーポレート・エデュケーション シニアコンサルタント。

スタッフ

ブックデザイン	小口翔平＋奈良岡菜摘＋三沢稜（tobufune）
本文図版	井上敬子
DTP制作	田中麻衣子
校正	聚珍社
デザイン制作室	今津幸弘
制作担当デスク	柏倉真理子
編集	今村享嗣
編集長	柳沼俊宏

購入者限定特典 セミナー動画の視聴

本書をより深く理解していただけるセミナー動画を、以下のURL（または下のQRコード）からご視聴いただけます。

https://book.impress.co.jp/books/1119101160

※「特典」のページに進み、画面の指示に従って操作してください。
※動画のご視聴には、無料の読者会員システム「CLUB Impress」への登録が必要となります。
※本特典の利用は、書籍を購入していただいた方に限ります。

●商品に関するお問い合わせ先
インプレスブックスのお問い合わせフォームより入力してください。
https://book.impress.co.jp/info/
上記フォームがご利用いただけない場合のメールでの問い合わせ先
info@impress.co.jp
◎本書の内容に関するご質問は、お問い合わせフォーム、メールまたは封書にて書名・ISBN・お名前・電話番号と該当するページや具体的な質問内容などを明記のうえ、お問い合わせください。
◎電話やFAX等でのご質問には対応しておりません。なお、本書の範囲を超える質問に関しましてはお答えできませんのでご了承ください。
◎インプレスブックス（https://book.impress.co.jp/）では、本書を含めインプレスの出版物に関するサポート情報などを提供しておりますのでそちらもご覧ください。

●落丁・乱丁本などのお問い合わせ先
TEL　03-6837-5016
FAX　03-6837-5023
service@impress.co.jp
（受付時間　10:00～12:00、13:00～17:30／土日、祝祭日を除く）
◎古書店で購入されたものについてはお取り替えできません。

●書店／販売店の窓口
株式会社インプレス 受注センター
TEL　048-449-8040
FAX　048-449-8041
株式会社インプレス 出版営業部
TEL　03-6837-4635

SDGs《エスディージーズ》思考《しこう》

2030年《ねん》のその先《さき》へ 17の目標《もくひょう》を超《こ》えて目指《めざ》す世界《せかい》

2020年9月11日　初版発行
2021年5月1日　第1版第3刷発行

著　者　田瀬和夫《たせかずお》、SDGパートナーズ
発行人　小川亨
編集人　高橋隆志
発行所　株式会社インプレス
〒101-0051 東京都千代田区神田神保町一丁目105番地
ホームページ https://book.impress.co.jp/
印刷所　株式会社廣済堂

ISBN978-4-295-00997-9　C0034
Printed in Japan